KB264867

일본불교사

일본불교사

일본불교사

초판 · 2009년 3월 3일 | 발행 · 2009년 3월 13일 | 옮긴이 · 계환 스님 | 펴낸이 · 김동금
펴낸곳 · 우리출판사 | 주 소 · 서울특별시 서대문구 충정로3가 1-38호 | 전화 · (02) 313-5047, 5056
팩스 · (02) 393-9696 | E-mail · woribook@chol.com | ⓒ 계환스님 2009, Printed in
Korea | 등록 · 제9-139호 | ISBN 978-89-7561-285-5 03220

정가 11,000원

∗ 잘못 제작된 책은 교환해 드립니다.

일본불교사

우리출판사

전쟁 후 약 20년의 일본 역사, 그것은 더 좋은 사회를 건설하기 위한 노력의 역사였고 모든 사람이 행복하게 살아갈 수 있는 사회를 건설하기 위한 역사였다고 할 수 있다. 그러나 행복한 사회란 어떤 것인가에 관해서는 각자의 이상상(理想像)이 존재하기 때문에, 여러 이견(異見)들이 뒤섞이고 대립하면서 각자가 믿는 나름대로의 길을 걸어 왔다.

이러한 동향은 종교교단의 활동에 많은 문제를 던지고 있다. 특히 전후 새로운 움직임을 보여준 신흥종교의 활동은 종교적 의미에서는 말할 것도 없고, 사회적이나 정치적으로도 사람들의 주목을 끌어 왔다. 그리고 새로운 사회 건설이라는 면에서 종교의 존재를 무시할 수 없는 것이 현재의 상황이라고 할 수 있을 것이다.

현대사회에서의 종교적 역할, 미래사회에서 감당할 종교적 역할 등의 문제를 진지하게 생각해야 하는 시기가 된 것이다. 우리가 종교, 그 중에서도 신흥종교의 사회적·정치적 동향의 시비에 관해서 논하는 것만으로는 충분하지 않은 상황이 되었다. 좋다 나쁘다고 판단할 문제가 아니라, 왜 종교는 20세기 후반인 현 상황에서 얼마만한 의미를 가지고 있는가에 관해서 생각해야 하는 것이다.

이러한 현대사회가 직면하고 있는 문제를 해결하기 위한 실마리를 일

본 불교가 걸어온 역사에서 찾는 것은 역사가에게 부여된 하나의 책무라고 할 수 있겠다. 일본의 불교 역사를 되돌아볼 때, 수많은 종파가 생겨났고, 그것이 급격히 발전하면서 각각의 시대와 사회에 알맞은 사회적·정치적 문제를 제기한 예는 매우 많다. 일본의 역사는 어느 시대를 막론하고 새 시대에 걸맞는 새 종교를 창출해 왔다. 현재 종교사 연구에서 요구되는 것 중의 하나가 왜 시대의 전환기마다 새로운 종교가 요구되어 왔고, 왜 그 요구에 부응하는 새로운 종교가 생겼는가라는 것이다. 따라서 본서에서는 단순히 민족의 오랜 역사 속에서 탄생한 여러 불교의 교리를 살피는데 그치지 않고, 새로운 종파를 성립시킨 원인을, 특히 사회적·정치적·사상적·종교적 환경 속에서 유기적으로 파악하려는 것을 집필방침으로 했다. 그리고 각각의 종파가 각각의 시대에서의 사회와 정치에 대하여 어떤 자세를 표명했던가에 관해서도 중점적으로 검토하려 한다.

이러한 입장에서 가장 고려해야 할 문제가 바로 현대 역사학 연구의 세분화된 현실이었다. 특히 한 시대에 모든 불교의 종파를 한 명의 연구자가 깊은 연구 성과를 내는 것이 거의 불가능하다. 그래서 되도록 많은 전문가에게 집필을 의뢰하여, 각자가 가장 잘하는 분야를 집필하게 하

는 방침을 세웠다. 그러나 원고가 다 모이기까지 3년 가까운 세월이 걸렸고, 그 사이 처음에 원고를 제출해 준 집필자의 연구가 집필 후에 큰 폭으로 발전하는 상황도 일어났다. 그리하여 이미 제출된 원고가 다시 수정되는 경우도 적지 않았지만, 편집자로서는 감격을 금할 수 없는 일이었다.

이 책이 일본불교를 이해하는 데에, 조금이나마 도움이 되었으면 한다. 앞으로 이 책을 개정할 때마다 새로운 연구 성과를 소개함으로써 늘 최신의 연구 성과에 근거한 책으로 만들고자 한다.

마지막으로 이 책의 부록에 있는 '종교계도'를 제작하는 데에 도움을 준 村上重良과 新行紀一 등 여러 사람에게 감사의 뜻을 전한다. 그리고 교정을 담당해 준 辻彦三郎씨에게도 아울러 감사의 말씀을 드린다.

昭和39년 10월

川崎庸之 · 笠原一男

차 례

제1장

나라(奈良)시대의 불교

1. 불교의 전래

1) 최초의 봉불

『일본서기』에 보이는 불교전래와 그에 수반되는 봉불(奉佛)·배불(排佛) 분쟁에 관한 기사는 그 자체가 매우 강한 정치적 색채를 띠고 있으며, 문장도 이에 따른 운문 흔적이 뚜렷하고, 원문만으로는 사실을 그대로 인정하기 어려운 내용도 포함되어 있다. 그 요점은 6세기 중엽에 백제왕이 불상과 경론을 전해준 것에 대해, 이를 적극적으로 수용해야 한다는 소가(蘇我)씨의 입장과 이와는 반대로 이국(異國)의 신을 예배하면 안 된다고 하는 모노노베(物部)·나카토미(中臣)의 입장 사이에 야기된 대립과 항쟁이 기술된 것이다.

그리고 『일본서기』에는 흠명(欽明)6년(乙丑;545)에 백제에서 일본 천황을 위해 장육(丈六)의 불상을 만들고, 흠명13년 임신(壬申;552)에 이것을 보내왔다고 기재되어 있다. 그러나 백제왕이 보낸 연대에 관해서도 별도로 『상궁성덕법왕제설(上宮聖德法王帝說)』을 비롯하여 이것을 흠명 무오년(戊午年)이라 하는 유력한 다른 자료도 있어, 일찍부터 어느 쪽을 따라야 하는가에 관한 논의가 계속되어 왔다. 그 이유는 『일본서기』의 기년(紀年)에 따르면 흠명천황이 재위한 기간에 무오년이라는 해가 없고, 만약 무오년을 채용하면 선화3년(宣化 ; 538)으로 거슬러 올라가야 하기 때문이다.

그러나 최근에 흠명왕조는 안한(安閑)·선화(宣化) 두 왕조의 뒤를 이은 것이 아니고, 오히려 이 두 왕조보다 먼저 성립하여, 얼마간 이 양조와 병립하였다는 견해를 피력하는 학자도 많다.[1] 그것에 따르면 무오년도 자연적으로 흠명천황 재위기간에 포함되기 때문에, 매력적인 학설의 하나로 인정되고 있다(이 무오년은 서력 538년에 해당한다). 그리고 소가(蘇我)씨와 모노노베(物部)씨 간의 대립 문제도 이 양조 병립을 인정하는 입장에서 보면, 하나의 새로운 조명도 가능해진다. 따라서 흠명왕조가 성립됨과 동시에 새롭게 세력을 신장하기 시작한 소가씨의 동향도 엿볼 수 있게 될 것이다.

한편 『일본서기』 민달13년(敏達 ; 584) 9월조를 보면 "불법의 시초가 여기에서 성립한다"는 기사가 있다. 그것은 소가노 우마코(蘇我馬子)가 백제에 청구하여 도래한 2구의 불상을 얻은 것을 기회로 하여 시바노 다쓰토(司馬達等)·이케베노(池邊) 등을 파견하여 찾은 수행자인 고구려의 혜편(惠便)을 스승으로 하고, 시바노 다쓰토의 딸 시마(島) 이하 세

---

1) 공식적인 천황 계보에 따르면 繼體천황(26대)의 뒤를 세 명의 아들이 安閑(27대)·宣化(28대)·欽明(29대)의 순서로 계승하고 있지만, 현대의 일본사연표에 欽明천황이 安閑천황이 즉위하기 전인 531년에 즉위하고 安閑·宣化의 양조는 欽明과 병립하는 형식으로 되어 있다. 일본에서 고래 천황의 혈통은 초대 神武 이래 萬世一系로 보아 왔지만, 현대의 역사가는 欽明의 아버지인 繼體의 正統性에 대해서 큰 의문을 던지고 있다.

명을 출가시켜 비구니를 만들면서[2] 석천사를 창건한 것과 관련이 있다. 그러나 우마코의 봉불에 관해서 처음부터 안작(鞍作)·지변(池邊)·한인(漢人)·금직(錦織) 등 귀화인계 여러 씨족이 협력하였고, 한편으로는 귀화한 여러 씨족 사이에 일찍부터 봉불 사실이 있었음을 나타내는 것이다. 『부상약기(扶桑略記)』등에서 전하는 시바노 다쓰토의 봉불 기사도 그런 의미에서 고려되어야 할 내용이다. 우마코는 그러한 상황에서 새로운 불교의 외호자로서 등장한 인물인 듯하다.

이어서 『일본서기』에는 숭준1년(崇峻;588)에는 이 세 비구니의 수학을 위해 백제에 파견한 것, 590(숭준3)년 귀국한 세 비구니가 사쿠라이지(櫻井寺)에 거주하면서, 새롭게 오오토모(大伴)의 딸 선덕(善德) 이하 10명의 비구니를 제도하고 시바노 다쓰토의 아들 다수나(多須奈)도 같은 때에 출가시킨 것 등을 기재하고 있다. 새롭게 출가한 사람 중에 오오토모의 딸 이름이 보이는 것을 주목해 보면, 이로써 불교는 처음의 귀화인 이외에 유력한 구 씨족 사이에서 신봉자를 획득했음을 알 수 있다.

또한 오오토모는 『일본서기』에 따르면 537(宣化2)년에 일찍이 임나(任那)의 장군으로서 부임한 적이 있고, 562(흠명23)년에는 고구려를 공격하여 큰 공적을 세웠다고 한다. 따라서 그는 한반도 특히 백제의 사정에 밝은 사람으로 백제 땅에서 유행하던 불교의 실태에 관해서도 어

---

2) 『일본서기』 敏達13(584)년 9월조의 기재는 다음과 같다. 이 해 司馬達等의 딸인 島를 11살의 나이에 출가시켜 善信尼라고 불렀다. 그리고 善信尼의 제자 두 명을 출가시켰는데, 그 중의 하나는 漢人夜菩의 딸인 豊女로, 법명을 禪藏尼로 하였고, 다른 하나는 錦織壺의 딸인 石女로, 법명을 惠善尼로 하였다. 蘇我馬子가 혼자 불법에 의지해서 세 명의 비구니를 공경했다.

느 정도 파악하고 있었을 것이 충분히 짐작되는 상황이다. 그러한 의미에서 생각하면 선덕니(善德尼)의 출가가 그다지 어색하지는 않을 것이다.

한편 오오토모의 아버지 오오토모(大伴金村)는 모노노베씨의 탄핵을 받아 어쩔 수 없이 은퇴한 사실도 있고, 상기의 양조 병립의 사실도 또한 그 동향과 무관한 일이 아니었다면 오오토모가 그 당시 신흥세력인 소가씨와 결속하여 장래를 대비했다고 해도 결코 이상하지 않다. 그가 스스로 봉불을 결단한 동기 또한 그러한 점에서 생각할 수 있을 것이다. 그 사이 때마침 모노노베씨가 쓰러지고, 사천왕사(四天王寺)나 법흥사(法興寺)를 건립하려는 서원[3]도 실현되기 시작하면서 불교를 받아들여질 만한 여건이 구비되었다고 할 수 있다.

2) 성덕태자(聖德太子)

법흥사는 소가노 우마코의 소원에 의해 건립된 것이지만, 추고(推古) 연간에 돌아온 '삼보의 동량'으로 불린 혜자(惠慈)·혜총(惠聰) 두 명의 스승이 여기에 거주하게 된다. 이후 사실상 이 절은 불교 흥륭의 중심지가 되고, 규모면에서도 일본 최초의 본격적인 큰 절로 불릴 만한 것이었음이 몇 년 전의 발굴조사에서 밝혀졌다.

추고14년(推古;606)에 장육(丈六)의 불상을 그 금당에 안치할 때 천황

---

3) 『일본서기』崇峻天皇 卽位前紀 7월조에 의하면, 物部守屋과의 전쟁에 승리한 결과, 전쟁 직전의 맹세에 따라서 蘇我馬子는 飛鳥(아스카)에 法興寺를, 성덕태자는 攝津(大阪府)에 四天王寺를 각각 건설했다고 한다.

이 '수공(秀工)' 구라쓰쿠리(鞍作鳥)의 공적을 칭찬함과 동시에 조부 시바노 다쓰토(司馬達等) 이후의 공헌을 포상하여 대인(大仁)의 위계를 수여했다는 사실이 전해지고 있는 것도, 그러한 의미에서 주목할 만하다. 4월 8일의 관불회(灌佛會)나 7월 15일의 우란분회(盂蘭盆會)도 이 해부터 시작했다고 기록되어 있다. 따라서 아스카(飛鳥)불교의 주류에 관한 것은 우선 이 절에서 찾아야 할 것으로 생각된다.

　법흥사에 비해 사천왕사나 법륭사는 규모가 작고 가람배치의 양식도 훨씬 간소한 것이 오늘날에 와서 새삼스레 인식되고 있는데, 법륭사가 지니고 있던 학문사(學問寺)로서의 성격에 주목해야 할 것이다. 이는 불교 흥륭의 주류를 이룩한 큰 절들과 비교할 때, 규모는 작은 절이지만 학문사로서의 성격을 지닌 절이 일찍이 등장했음을 의미한다. 법륭사의 건립은 성덕태자의 아버지인 용명(用明) 천황의 서원에 의한 것으로 전해지며, 이 절은 단순히 예배를 위한 시설이라기보다 성덕태자의 불교 연구의 장소로 새롭게 형태를 정비했다는 것이 중요하다. 이것은 불교를 내면적으로 이해하려는 기운이 싹트기 시작했음을 의미하는 것으로 법륭사　건립의 의의는 바로 이 점에서 찾을 수 있다. 법흥사와 법륭사는 후세에 불법흥륭의 주도권을 둘러싸고 서로 대립적인 존재가 되어, 그 배후에 소가씨와 상궁왕가(上宮王家 ; 성덕태자와 그 아들들)와의 정치적 상극이 숨어 있었다는 견해도 있지만, 원래는 역시 공적인 예배시설과 사적인 연구시설의 차이에 의한 것이었다고 생각된다.

　정리하자면 법륭사에서 불교 그 자체를 내면적으로 이해하려는 기운이 싹트기 시작한 것은 주목할 만한 일이며, 태자가 견수사(遣隋使)와 학문승을 수나라에 파견한[4] 의미도 이러한 측면에서 검토해야 할 것이다. 이 견수사에 관련한 『수서(隋書)』 「왜국전(倭國傳)」의 기사는 그러한 의미에서 하나의 진실을 전한 것이라고 할 수 있겠다.

다만 그러한 상황 속에서 성덕태자 자신의 불교 이해가 어느 정도까지 내면적으로 심화되어 있었던가는 차치하더라도, 『승만경』과 『법화경』 그리고 『유마경』의 주석서에 관해서는 아직까지 풀리지 않은 문제가 있다. 따라서 그에 대한 결론을 도출하는 것은 현재의 단계로서는 이르다고 할 것이다. 단, 이 세 가지 경전은 모두 당시 대륙에서 유행한 경전이며, 주석서도 이미 많이 저술되어 있었으므로 일반적인 가능성에 비춰 볼 때 성덕태자가 그 경전들을 취사하여 새롭게 소(疏)를 만들었을 수도 있다.

그러나 현존하는 의소(義疏)에는 태자보다 후세 사람의 설도 인용되어 있다는 난점이 있어 성급하게 일반적인 가능성으로 문제를 해결해서는 안 될 것이다. 하지만 『법왕제설(法王帝說)』에는 혜자(惠慈)가 “상궁(上宮；성덕태자) 어제(御製)의 소(疏)를 가지고 본국(고구려)으로 돌아가서 이것을 유포했다”고 전하고 있다. 또한 법륭사에서는 일찍이 태자의 서원으로 매년 법화·유마·승만의 세 경전을 설하여 불법을 만대 후까지 융성하게 한다는 말이 전해져오고 있다.

뿐만 아니라 상궁성덕법왕어제(上宮聖德法王御製)라는 세 경전의 주석이 현존하기 때문에 그것들이 법륭사의 권위를 유지하는 유력한 지주

---

4) 『일본서기』에서 遣隋使 파견에 대한 기사는 607(推古15)년과 608(推古 16)년에 볼 수 있다.

가 되었던 것이 확실하다. 따라서 이 자료 (『법륭사가람연기유기기자재장(法隆寺伽藍緣起流記資財帳)』)가 지니는 의미도 함께 생각해 보아야 할 것이다.

다음으로 17조헌법[5]의 '독경삼보장(篤敬三寶章)'에 대해 살펴보면, "삼보는 즉 사생의 종귀(終歸), 만국의 극종(極宗)이다"라는 것을 생전의 태자가 인식하였다고 하더라도, 오히려 헌법 그 자체가 법가 정신에 깊이 뿌리를 내린 것이고, 불교는 전체적으로 상대적인 가치를 인정받은 것에 불과하다. 그렇기 때문에 단순히 이 하나의 장이나 기타의 부분적인 대목을 통해 태자의 사상을 온전히 파악할 수는 없다. 또한 태자가 헌법 그 자체를 지었다는 것에 대한 설득력 있는 다른 의견이 있는 것도 주지의 사실이다.

그러나 단 하나, 확실한 태자의 말은 중궁사(中宮寺)의 '천수국수장(天壽國繡帳)'[6] 명문 중에 있는 "세간허가 유불시진(世間虛假 唯佛是眞)"이라는 구절이다. 이것을 태자의 측근 사람들의 서원에 의해 제작된 법륭사 금당 석가불상 광배 명문 가운데 "이 원력을 받아 병을 고치고 수명을 연장하여 세간에 안주하기를 기원한다. 만약 이것은 정해진 업[定

---

5) 17條憲法(憲法17條) : 604(推古12)년 성덕태자가 제정한 17개조의 조령이다. 신하들에 시범하는 훈계인데, 일본의 고유정신을 기반으로 하여 유·불의 사상을 조화하고 군신의 길 및 인민이 지켜야할 도덕을 가르치는 것이 주요내용이다.

6) 天壽國繡帳 : 성덕태자 몰후 妃인 橘大女郎(다치바나노 오오이라츠메)이 태자와 태자의 어머니가 왕생한 천수국의 양상을 시녀들에게 명하고 자수시키면서 추모한 금석문이다. 원래 법륭사에 있었지만, 지금은 파손된 작은 잔결만 中宮寺에 남아 있다. 자수 중에 있던 銘文이 『法王帝說』 중에 채록되어 있다. 중궁사는 법륭사 옆에 있는 비구니 절이다.

業]이기 때문에 세상을 떠나게 되면, 정토에 왕생하여 일찍 묘과(妙果)로 오를 것을 기원한다”라는 구절과 대조하면, 여러 가지 재미있는 점이 발견된다. 즉 하나는 ‘안주세간(安住世間)’을 원하고, 다른 하나는 ‘세간허가(世間虛假)’를 관하는 것이기 때문에, 여기서 바로 태자와 그 측근의 이해의 차이나 깊고 얕음을 말할 수는 없을 지도 모른다. 그렇더라도 “세간허가 유불시진”이라고 단언한 태자의 말속에서 불교 교리의 내면에 매우 깊게 자기 사상을 심화한 사람의 유언으로 느껴질 만한 독자적인 울림이 내포되어 있다. 단순히 ‘안주세간’을 바라는 사람들의 입장과는 그 차원이 확연히 다르다고 보아야 할 것이다. 과연 태자는 어떻게 해서 이 관상(觀想)에 도달하였을까? 이를 사실상 구체적으로 추적하는 것이 아직까지는 어렵지만, 이 구절이 시류를 한 걸음 앞서 간 사람의 생각이었던 것만은 인정하지 않을 수 없다.

3) 아스카(飛鳥)불교의 성격

아스카시대의 불교는 전체적으로는 백제불교를 직수입한 것이라고 말해지지만, 그 동안에 혜자(惠慈) · 승륭(僧隆) · 운총(雲聰) · 담징(曇徵) · 법정(法定) 등 고구려 승려가 내조한 경우도 있고, 하타(秦)씨의 경우는 신라 계열의 불교를 신봉하였다고 한다. 그리고 신라불교의 거점이 된

---

7) 廣隆寺의 본존상은 彌勒菩薩半跏像이고, 『일본서기』603(推古11)년 11월에 선덕태자가 秦河勝에게 불상을 하사한 기사가 있다. 이것은 목상이지만, 서울에 있는 국립중앙박물관의 금동미륵보살상과 매우 흡사하다.

절이 광륭사(廣隆寺)이고, 그 본존상[7]은 성덕태자가 하타노 가와카쓰(秦河勝)에게 하사한 것이라고 한다. 그러나 이를 법흥사와의 대립적 입장에서 소가씨·하타씨의 중심세력에 대항하여 태자와 하타씨의 제휴에 의한 새로운 세력배치로 보는 새로운 견해도 있다. 이것은 앞에서 말한 소가씨와 상궁왕가(上宮王家)의 대립과도 연관되는 의미에서 주목될 만한 견해이다. 그러나 광륭사의 본존상을 하쿠호(白鳳)시대의 작품으로 보는 유력한 견해도 있으므로, 이 문제는 바로 해결할 수 있는 성격의 것이 아니라고 할 수 있다. 백제불교에 대한 신라불교의 새로움이라는 관점에서 문제를 제기하는 것도 역시 그 필연성에서 납득이 되지 않는 점이 있고 무엇보다도 태자의 견수사와 학문승 파견의 의의를 애매한 것으로 만들 우려가 있다.

성덕태자가 건립한 절은 『법왕제설(法王帝說)』에서 사천왕사·법륭사·중궁사·귤(橘)사·봉구(蜂丘)사·지후(池後)사·갈목(葛木)사 등의 일곱 사찰을 열거하고 있다. 그러나 『대안사가람연기유기자재장(大安寺伽藍緣起流記資財帳)』에는 태자가 별도로 구마고리(熊凝)의 도량을 큰 사찰로 조성하려는 뜻이 있었다고 하고, 이것이 후세 대안사로 발전했다고 되어 있다. 만약 이것이 사실이라면 태자는 그 생애의 마지막 순간에 큰 사찰을 건립하려는 뜻을 세우고 이를 다무라(田村皇子;후에 舒明천황)에게 위촉한 것이 되어, 그 자체가 하나의 새로운 문제를 내포한 것이 된다. 얼마 후 이 황자가 성덕태자의 아들인 야마시로(山背)와 서로 경쟁하는 관계가 된 것을 생각하면, 이에 관해서도 쉽게 동의할 수 없는 문제가 있다.

다만 『일본서기』가 전하는 백제대사(百濟大寺;大安寺) 건립의 해인 639(서명11)년 경은, 태자가 수나라에 파견한 학문승들이 장기간의 유학을 마치고 잇달아 귀국하던 시절이었다. 이 절이 사실상 대륙불교 이식에 최초의 거점이 되었다는 것을 유의해 보면, 성덕태자의 유지가 우선 이 대사의 건립이라는 형태로 결실을 맺었다는 것은 엄연한 사실로 받아들여야 할 것이다.

『일본서기』는 624(추고32)년 당시 절 46, 승려 816, 여승 569라는 숫자를 기록하고 있지만, 그 연대의 사실 여부와는 별개로 그 숫자 자체가 결코 과장되지 않았음이 오늘날의 조사에서 밝혀지고 있다. 그 중 태자가 건립한 절이 7개 또는 8개로 전해지는 것도 주목할 만한 숫자이다. 다만 그 중에는 사천왕사처럼 특수한 내력을 가지는 것과 봉구사(蜂丘寺)·갈목사(葛木寺)처럼 실제는 하타(秦)씨 또는 갈성(葛城)씨가 건립한 것도 있다. 따라서 엄밀한 의미에서 태자가 건립한 절이라기보다 차라리 그 배후에서 조성한 것으로 보는 것이 적절한 경우도 있다. 일괄적으로 말할 수는 없지만, 태자가 불교 흥륭의 새 시대를 연 것만은 사실이며, 이로써 앞에서 말한 법륭사 건립의 의미도 자연적으로 명확해진다.

대안사는 서명조(629~641) 말기에 백제대사가 건립되기 시작한 이후, 역대의 천황이 그 일을 인계하고 문자 그대로 '관사(官寺)'로서의 위용을 갖추려고 한 것이다. 따라서 건립 규모도 몇 차례 변경되었고 그가 마지막으로 형태를 정비한 것이 천평시대에 들어온 후였다. 대안사 건립의 역사상 천무조(673~686)의 다케치다이지(高市大寺)의 건립은 하나의 획기적 일이었다. 그러나 한편 천무조 말기에 새로이 약사사 건립도 서원되면서, 마침내 후지와라경(藤原京)을 중심으로 하쿠호(白鳳)문화가 꽃피기 시작했다. 법흥사도 여전히 일본 최초의 큰 절로서의 권위를 잃지 않으며, 새 시대가 열리기 시작한 것은 사실이었다.

그리고 652(백치4)년 당나라에 건너가 직접 현장삼장의 가르침을 받은 도소(道昭)는 귀국한 후, 이 절(법흥사)의 동남쪽 구석에 특별히 선원을 세워 거주하였다. 뿐만 아니라 "전국을 주유하고 길가에 우물을 파고, 여러 나루터에서 배를 만들고 다리를 건설했다."(『속일본기(續日本紀)』)는 것처럼, 이전에는 볼 수 없었던 활동을 하는 승려에 대한 기록이 나타난 것도 주목할 만한 대목이다.

또한 짚고 넘어가야 할 것은 이 시기의 법륭사의 존재 여부이다.[8] 법륭사의 재건과 비재건에 관한 논쟁은 거의 해결점에 도달하여 현재의 법륭사는 넓은 의미에서 하쿠호 시대에 재건된 것으로 여겨지고 있다. 문제는 그 건축법이 결코 하쿠호의 신 양식을 채용하지 않고, 어디까지나 아스카의 옛 양식을 재현하는 것을 목표로 했던 점이다.

예를 들면 앞에서 말한 대안사 건립 계획이 도중에 몇 번 변경된 것은 사실이나, 약사사가 거기에 또 하나의 새로운 양식을 부가하려 했던 것을 생각하면, 아스카의 옛 양식을 지키려고 한 것은 그 자체만으로도 주목할 만한 사실이라고 할 수 있다. 그것은 또한 대안사나 약사사와의 규

---

8) 607년에 성덕태자가 창건했다고 전해지는 法隆寺는 670년에 소실되었지만, 그 후 8세기 초까지의 사이에 옛 자리에 원래의 건축 양식(飛鳥樣式)에 따라 재건되었다는 것이 현재의 정설이다. 재건된 것이지만 금당 오층탑을 중심으로 한 건축물은 현존하는 세계 최고의 목조 건물로서 유명하다. 원래의 절터는 전후 발굴 조사되어 若草(와카쿠사)伽藍이라고 불린다.

모의 차이에서도 나타난다. 이를테면 금당의 경우, 완성된 대안사에는 길이 11장8척, 너비 6장, 기둥 높이 1장8척으로 기록되어 있지만, 같은 시기의 법륭사에서는 길이 4장7척5촌, 너비 3장6척5촌, 기둥 높이 1장2척6촌으로 되어 있어서 그 차이가 일목요연하다.

한쪽에서는 후지와라경을 중심으로 대안사나 약사사와 같은 대규모의 새로운 양식의 조영이 진행되어 있던 시기에, 옛날의 땅 아스카에서는 철저하게 창건자의 의도를 지키면서 100장 사방의 땅을 구획하고 당초의 계획 그대로 화려하게 건축하려고 했음을 알 수 있다.

그러나 여기에 후지와라경의 큰 절을 중심으로 적극적으로 새로운 시대의 양식을 열려고 하는 사람들과, 어디까지나 성덕태자의 업적을 기리며 태자의 유업을 전술한 세 경전의 강설을 중심으로 불법 흥륭을 꾀하려는 사람들과의 사이에 입장차를 볼 수 있다. 관사에 대한 학문사로서의 법륭사의 성격은 이러한 점에서도 제고해 볼 필요가 있을 것 같다. 다만 그것이 어떤 사람이었냐는 점에 관해서는 오늘날 그 실마리를 거의 알 수 없는 것이 유감스러울 뿐이다. 어쨌든 결국은 이 사람들에 의해 『법왕제설』과 같은 책이 편찬되었고, 세 경전의 의소(義疏)도 오늘날의 형태로 전해졌을 것이라고 여겨지므로, 법륭사의 재건 문제는 매우 중요한 의의를 지닌다고 할 수 있겠다. 불교 전래를 단순하게 새로운 예배대상이 전해져왔다는 뜻에서만 파악할 것이 아니라 새로운 세계관의 도입이라는 입장에서 보면, 이 문제는 그 중요성이 더욱 커지게 된다. 후대 사이쵸(最澄)나 신란(親鸞)의 안목이 새삼스레 태자 한 사람의 업적에 주목하게 된 이유도 바로 여기에 있었다고 생각된다.

2. 교단과 육종겸학(六宗兼學)의 문제

1) 나라(奈良)불교의 학문적 성격

나라불교의 특색 중에 하나는 학문적 성격을 가지고 있었다는 것이다. 어떻게 해서 그러한 성격을 가지게 되었는가를 생각할 필요가 있다.

아스카시대는 주로 한국에서 불교를 받아들였지만, 나라시대가 되면서는 주로 중국으로부터 받아들이게 되었다. 거기에 나라불교의 특색이 있다. 그리고 중국에서 불교를 받아들이게 되자, 중국으로부터 엄청난 경론소가 수입되기에 이른다. 바로 여기에 중국의 학문적 불교를 받아들인 나라불교의 특색이 있다.

나라불교에는 주술적 성격도 있었지만, 거기에는 학문적 성격이 수반되어 있었다.

불교를 주술로써 이용하는 것은 예전부터 있었지만 『대반야경』이라는 사상적 근거가 부여된 것은 나라시대부터이고, 이것은 나라불교의 큰 특색이 된다.

남도 학승의 저술을 『동역전등목록(東域傳燈目錄)』에서 살펴보면, 학문연구는 나라시대에 시작된 것을 알 수 있으며, 또한 718(양로2)년에 태정관(太政官)이 승강(僧綱)에게 명하여 사원마다 승려가 학업에 정진하도록 장려했다. 천평(天平) 연간(729~749)에 사경과 경전의 강독(講讀)·전독(轉讀)이 가장 융성했던 것을 생각하면 양로·천평 연간에 정부의 장려 등에 의해 남도에 학문단체가 형성되어 학문연구가 성행한 것을 알 수 있다.

사원의 명칭이 군(郡) 이름보다 불교교리와 관련이 있는 것으로 변경된 것도 이 시기 전후부터이고, 그것은 불교가 학문적 성격을 띠게 된 것을 말해 준다. 그리고 연구는 개인이 하는 것보다도 공동으로 하는 것이었고, 종파로는 삼론종이나 법상종이 있었다. 양로·천평 연간에 남도에 학문단체가 형성되고, 지칠 줄 모르는 노력은 이윽고 큰 결과를 가져오기에 이르렀다. 정부는 예전부터 승려를 통제하여 왔지만, 이 무렵이되면 승려통제를 위하여 승려를 사원에 머무르게 할 필요성을 느껴 그 수단으로써 학문을 장려했던 것이다. 그리고 천평 10년대(738~747)에 이르러서는 불교계에서의 학문 융성이 최고조에 달하였다.

천평10년에 학문이 융성하게 되자, 그 기초가 되는 경론 등 책의 존재가 문제가 되었다. 그에 관해서 도소가 천지(天智) 천황원년(662)에 창건한 선원사(禪院寺)의 도서가 사용되었음을 짐작할 수 있다. 선원사는 처음 아스카 원흥사의 동남쪽 구석에 있다가, 평성(平城) 천도 다음 해(711)에 평성 우경(右京) 4조 1방으로 이전되었다. 『연희식(延喜式)』에 선원사의 경론은 3년에 한번 거풍하고 성료(省寮)·승강(僧綱)·삼강(三綱)·단월(檀越)이 이것을 점검해야 한다고 쓰여 있는데, 이처럼 경권

보존에 유의하고 있는 점에서 그 중요성을 알 수 있다. 천평 10년대에 이 절 경권의 이용 상황을 보면, 742(천평14)년 7월24일에서 743(천평 15)년 6월경에 걸쳐 224부에 이르는 많은 경론 서사가 금광명사(金光明寺)[9] 사경소에서 이루어졌는데, 이것은 선원사에서 차용한 경권에 의거하면서 행해졌다. 747(천평19)년에 사일체경사(寫一切經司)에서 사경을 위해서 검증된 968권의 경권 중 413권이 선원사본이었다. 선원사는 도소가 중국에서 가져온 경을 근본으로 하고, 그 후에 당나라 시대의 신역 경전도 더하면서 나라시대를 통한 굴지의 도서관적 존재가 되었다. 그리고 그것은 천평 10년대에서의 불교 융성 및 학문적 연구 융성의 기초가 되었다.

이시다(石田茂作)씨가 정창원(正倉院) 문서를 근간으로 하여 연구한 결과에 따르면, 당시 일본에서 서사된 경전은 인도 찬술의 것이 1193부 4884권이고 중국 찬술의 것이 636부 4218권으로 합계 1829부 9102권이었다. 이것은 현재의 경전과 비교하면 훨씬 많은 것으로, 당시 경전이 얼마나 풍부했던가를 알 수 있다.

당시의 학문 연구 실상을 보면 일사일종(一寺一宗)이 아니고, 하나의 절에 각 종파가 있었다. 따라서 종파의 입장에서 보면, 하나의 종파가 각 절에 있었다. 절로서 통합되어 있었음과 동시에 종파로서의 통합도 있었다. 후세에서 보는 것처럼 하나의 종파가 하나의 절을 독점하지 않았기 때문에, 종파로서의 결속은 후세보다 약했다.

---

9) 동대사의 742~743년 당시의 명칭은 大和金光明寺이었다.

가. 삼론종(三論宗) 일체의 모든 사물은 고정적 실체가 없는 것을 설한다. 그 교설은 파사현정(破邪顯正)인데, 파사는 고정적 실체에 집착하지 않는 것이며 거기에 올바른 견해가 나타나게 된다. 그것이 현정이다. 고정적 실체에 집착하지 않는 것이 공(空)이므로, 삼론종 교설은 공이라고 할 수 있다. 이것은 용수(龍樹)의 『중관론(中觀論)』과 『십이문론(十二門論)』 및 제바(提婆)의 『백론(百論)』 등 삼론에 의거하고 있으므로 삼론종이라 한다. 삼론종 연구에는 여러 계열의 주소(註疏)를 참고하지만, 길장(吉藏)의 저술을 중심으로 연구되었다.

나. 성실종(成實宗) 삼론종과 더불어 공을 설하지만, 양자 간에는 차이가 있다. 성실종에서 말하는 공을 삼론종에서는 유에 대한 상대적인 공, 즉 개념적인 것이라 하여 물리치는 경우가 있다. 성실종은 하리발마(訶梨跋摩)의 『성실론』을 소의 논서로 하는 점에서 생긴 이름이지만, 나라시대에는 종법사(宗法師)의 소를 중심으로 연구되었다.

다. 법상종(法相宗) 삼론종에서 말하는 현정 세계의 모습을 명백히 밝히는 종파이다. 즉 법의 상(相)을 밝힌다고 하여 법상종이라 명명한다. 이때의 법은 식(識)을 주체로 하기 때문에 유식종이라고도 한다. 식에 8종류가 있고, 그 근원이 되는 것을 아뢰야식(阿賴耶識)이라고 한다. 법상종은 도소(道昭)에 의해 전해졌고, 나라시대에 절정에 이른다.

이 종파는 『해심밀경』·『유식론』·『유가론』의 1경2론을 소의경론으로 하는데, 그 중에서도 특히 『유식론』의 연구가 핵심을 이룬다. 이 시대에는 그것들의 이역(異譯) 별행(別行)이 많이 전해졌고 엄청난 수의 경론과 주석서가 있었다. 그리고 당시의 법상학은 후세처럼 자은대사(慈恩大師) 한 사람에 의한 것이 아니고, 더 넓고 자유로운 입장에서 연구되었던 것을 알 수 있다.

라. 구사종(俱舍宗) 현장이 인도에서 가져온 『아비달마구사론』에 의한 종파로서 구사종이라고 한다. 일체는 유(有)라고 설하여, 우리의 존재를 규정하는 것은 행위이고 행위의 근원에는 심적 작용이 있고 선(善)의 실현은 무아의 체험이라고 한다. 나라시대의 구사종은 『구사론』 연구만이 아니고 『대비바사론』·『아비담심론』·『순정리론』 등의 연구도 아울러 행해졌다.

마. 화엄종(華嚴宗) 법상종이 아뢰야식을 근원으로 하는 반면, 화엄종은 진여(眞如)를 근원으로 하여 일체는 독립적이면서도 통일되어 있다고 설한다. 화엄종은 『대방광불화엄경』을 소의경전으로 하는데, 여기에는 구역과 신역의 두 가지가 있다. 경전 연구에 이론적 근거가 되는 것으로서는 『십지경론』·『십주비바사론』·『기신론』 등이 있고, 이를 연구하였다. 또한 이 논서들에 대한 주석서가 엄청나게 많다. 그리고 주소(注疏)의 저자 이름으로 나누면 나라시대의 화엄학에는 신라계의 화엄, 지론종(地論宗)계의 원시화엄, 법장(法藏)의 성립화엄 등의 세 종류가 있고, 후세의 사정과 달리 자유로이 광범위하게 연구되던 상황이었음을 알 수 있다.

바. 율종(律宗) 간단히 말하면 계율을 존중하는 종파이다. 불교에서 중요한 덕목으로 계·정·혜의 삼학이 있지만, 율종에서는 계율을 엄숙하게 지키면 정·혜도 구비되어 깨달음을 얻을 수 있다고 설한다. 율은 소

승율과 대승율로 나누어진다. 나라시대의 소승율은 사분율이 중심이었
고, 남산종(南山宗) 중심이었다. 대승율에는 범망율(梵網律)과 유가율
(瑜伽律)이 있다. 나라시대 초기에는 대승율이 없었지만, 말기쯤에는 감
진(鑑眞)이 범망율의 정신에서 사분율도 설하고자 했다.

　이상이 남도육종인데, 여기서 육종이 동대사와 관계가 있는 것이 주목
된다. 동대사대불개안공양(東大寺大佛開眼供養)[천평승보4년(天平勝寶
;752)4월]에 앞서 높이 6척이나 되는 '육종주자(六宗廚子)'가 대불전
내에 안치되었다. 각각의 문에 조사상이나 보살·호법선신을 그렸고 옻
칠을 하였다. 이것은 대불개안공양이 육종의 성립과 밀접한 관계가 있
고, 동대사가 육종겸학(六宗兼學)의 관사로서 창건된 것임을 가리키는
것이다.

3) 여타의 종파

　가. 밀교(密敎) 심오한 비밀의 가르침이라는 의미에서 밀교라고 말해진
다. 즉 가지기도(加持祈禱)를 주로 하며, 선무외(善無畏)·금강지(金剛
智) 이전에 중국에 전해진 단편적인 고밀(古密)과 선무외·금강지 이후
중국에 전해진 조직적·체계적인 신밀(新密)의 두 가지가 있다. 나라시
대의 밀교는 고밀이 대부분이지만, 신밀도 약간 행해지고 있었다. 어떤
밀교경전이 우바새에게 수학되고 있었는가를 살펴보자.

　732(천평4)년에서 745(천평17)년 동안 43명의 우바새의 수행에 관해
서 살펴보면, 송주(誦呪)로는 불정다라니 14명, 천수다라니 13명, 십일

면주(十一面呪) 9명, 불공견색주(不空羂索呪) 8명, 대반야주 6명, 금승주(金勝呪) 5명, 반야다라니 4명, 근본다라니 4명, 허공주(虛空呪) 3명이라고 되어 있다. 그리고 송경(誦經)으로는 『약사경』 10명, 『관음경』 10명, 『다심경(多心經)』 15명, 『최승왕경』의 일부 송경 5명, 『이취경(理趣經)』 4명으로 되어 있다. 이에 의하면 다라니·신주는 합계 66명에 의해 독송되고 있고, 이들 이외의 경전은 합계 44명에 의해 독송되어 있는 것으로 보아, 밀교 경전의 학습이 얼마나 우바새의 수행에서 비중을 차지하고 있었던가를 알 수 있다.

다라니는 짧으므로 외우기가 쉽고 병을 치료하기에도 도움이 되기 때문에, 적극적으로 배웠다고 생각된다. 당시 가격이 비싼 한약은 일반인으로서는 구입하기가 어려웠기 때문에 다라니 독송 등이 병을 치료하기 위한 중요한 수단이 되었다. 다라니 중에서 불정존승(佛頂尊勝)다라니는 우바새공진해(優婆塞貢進解)[10] 가운데 가장 많은 비율을 차지하고 있는 것으로 보아 특히 중요시된 것으로 보인다. 현재 고야산 정지원에 소장되어 있는 불정존승다라니의 발문(跋文)에 따르면 739(천평11)년에 성무천황이 승정 현방(玄昉)의 질환 평유를 빌기 위해서 서사한 것임을 알 수 있다. 그리고 현방도 성무(聖武)천황·원정태상(元正太上)천황·광명(光明)황후를 위해서 741(천평13)년 9월에 천수천안(千手千眼)다라니경을 서사했다.

---

10) 優婆塞貢進解 : 신앙심이 깊은 재속의 남녀를 정부에 추천하고 득도하기를 출원한 문서이다. 732년의 解를 비롯하여 100여통이 正倉院文書에 남아 있다. 被貢進者의 성명·나이·본관·호주·독송경전·추천재(승려·관료·國郡司 등)·淨行年數 등이 기록되어 있다.

나. **정토교**(淨土教) 미륵정토·약사정토 등 각종 정토로 왕생하려는 것이 정토교이다. 미타정토는 정토삼부경을 소의경전으로 하는 것이고, 이들 경전은 모두 나라시대에 전래되었다. 기타의 경론과 주소(注疏)도 상당수가 전래되어 있었다. 주소는 선도(善導)를 중심으로 하고, 그 이외에 법상계·신라계도 있었다. 미륵신앙에 관해서는 미륵정토에 왕생하려는 신앙이 현저했다. 미륵이 이 세상에 내려 와서 민중을 구제해 준다는 미륵하생신앙은 이 시절에는 아직 없었다.

다. **선종**(禪宗) 소승선과 대승선으로 나누는데, 나라시대에는 대승선이 행해졌다. 당시의 선원으로는 원흥사(元興寺)의 선원과 대안사(大安寺)의 선원이 있었다.

라. **천태종**(天台宗) 천태삼부경도 모두 전래되었으며, 각각 많은 주석서가 지어졌다. 특히 『법화경』 주석서의 수는 당시 종파들 가운데 가장 많았던 모양이고, 이로써 법화신앙의 융성을 짐작할 수 있다. 감진의 귀국은 나라불교를 크게 변모시키는 동기가 되었다. 그에 의해 계율이 정식으로 전래되고, 그 이외에도 천태종의 교학을 소개함으로써 사이쵸(最澄)가 천태종을 독립시키는 계기가 되었다.

후지와라 나카마로(藤原仲麻呂)는 저서인 『대직관전(大織冠傳)』에서, 후지와라 가마타리(藤原鎌足)에 관해 "가마타리는 본래 삼보를 숭상하고 사홍(四弘)을 흠상(欽尚)하며, 매년 10월에 법연(法筵)을 마련하고 유마의 훌륭한 행동을 본받아 불이(不二)의 묘한 이치를 설했다"고 전하고 있다. 이 문장의 후반부는 가마타리가 유마회를 시작했다는 것을 말하는 것인데, 『속일본기(續日本紀)』에도 이에 관한 기록이 있으므로 사실일 것이다. 그러나 그 전반부에 있는 '사홍을 흠상했다'는 것에 관해서는 『속일본기』의 어디에도 기록이 없다. 『일본서기』에도 가마타리의 전기를 기록한 부분이 있고, 그 문장은 『대직관전』과 같은 부분이 많다.

그런데 여기에 '사홍을 흠상하였다'는 것은 어디에도 적혀 있지 않다. 따라서 가마타리가 '사홍을 흠상했다'는 것은 의문스럽다. 나카마로는 자기 자신이 '사홍을 흠상'하고 있었기 때문에, 그것을 조상인 가마타리의 일로 한 것 같다. 『일본서기』에 그것에 관한 기록이 없기 때문에 그렇게 생각할 수 있다.

물론 이 사홍이란 사홍서원이고, 보살이 중생을 구제하기 위한 네 가지 서원 — 중생무변서원도·번뇌무진서원단·법문무진서원학·불도무상서원성 — 을 말한다. 이 사홍서원은 『법화경』에 실려 있고 주로 천태종에서 설해진다.

이렇게 생각해 보면, 나카마로의 불교에는 천태종의 일승사상과 연결되는 부분이 있음을 알 수 있다. 그리고 나카마로는 감진과 관계가 있고, 감진을 보호하는 입장에 있었으므로 사홍서원의 생각은 불교학 전문가인 감진으로부터 배웠다고 생각된다. 천태학 전문가이기도 한 감진이 그 일부분인 사홍서원의 사상을 나카마로에게 전하였다. 이에 따라 나라시대 말에는 천태사상이 서서히 침투해 들어갔으며 그 기초 위에 사이쵸에 의해 천태교단의 독립이 이루어졌다. 요컨대 사이쵸의 천태종 개종은 갑자기 일어난 것이 아니었던 것이다.

3. 나라불교의 수용자들

　종래의 불교사는 교리와 교리를 만든 승려에 대해서만 생각하는 경향이지만 그것만으로는 충분하다고 할 수 없다. 어떤 사람들이 어떤 이유에서 나라불교를 수용했는가에 관해서도 생각해 볼 필요가 있다. 나라불교를 수용한 사람들은 어떤 사람들이었을까?

귀화인

　먼저 귀화인을 꼽을 수 있다. 도소(道昭)·자훈(慈訓)·행기(行基) 등 유명한 승려 중에 귀화인 출신이 적지 않다. 나라불교는 대륙에서 전래한 것이었고, 귀화인은 대륙에 관한 지식이 있고, 심정(心情)도 대륙의 경향에 적응되어 있었기 때문에 불교를 수용하기가 쉬웠다. 귀화인 출신의 저명한 승려에는 도자(道慈)·지광(智光)·경준(慶俊)·근조(勤操)·도소·의연(義淵)·행기·양변(良辯)·자훈·호명(護命)·행표(行表)·사이쵸 등이 있다.

　귀화인은 여러 계통이 있었지만, 그 중에서 왕인(王仁)의 후손 씨족이 불교를 수용한 것이 명백하다. 응신(應神)천황 때(5세기 경) 백제의 학자 왕인이 귀화하고, 그 자손은 가와치국(河內國) 고시군(古市郡) 부근에 거주하면서 서(書;西)씨라는 직업과 관련 있는 씨족 이름을 부여받아 조정에 출사하게 되었다. 이 씨족은 귀화한 후 오랜 세월이 흐르는 사이에 식구가 팽창해 씨족 분화를 일으키고 많은 분기 씨족을 냈다.

가와치국 서림사(西琳寺)는 니시후미(西文)씨의 원찰이지만, 이 절의 연기(緣起)에는 아미타상의 명문이 기록되어 있는데, 니시후미씨 가문이 아미타신앙을 믿고 있었던 것을 알 수 있다. 그 가문이 중국에서의 불교 신앙 유행에 매우 빨리 반응하고 있었던 것을 알 수 있다. 이 가문 출신의 저명한 승려로는 도소 · 자훈 · 경준 등이 있다.

호족

호족은 일찍이 불교가 전래된 이래 계속 불교를 수용해 왔다. 고총(高塚) 형식의 고분 소재지와 아스카시대의 사원 소재지가 대략 일치하는 것은 주지의 사실이다. 나라시대에도 많은 호족들이 불교를 수용했다. 다치바나(橘諸兄)가 정권을 장악한 시대는 지방 호족들이 중앙 정계로 진출했지만, 이때 진출한 현방(玄昉) · 행기 등의 승려는 지방 호족이었다. 나라시대의 불교 수용자의 주력은 호족들이었다.

민중

민중이 불교를 수용한 예로는 평성경(平城京;나라) 및 그 주변의 민중과 가미쓰케국(上野國)의 두 지역이다. 전자는 행기를 따라서 민중불교의 운동을 하였고, 후자는 가미쓰케국의 금정택(金井澤) 비문에서 '지식(知識)을 맺었다' 라고 표현되어 있는 것에서 알 수 있는 것처럼 종교집단을 결성하여 신앙하고 있었다.

행기 주변에 모여 온 사람들은 평성경을 수도로 하였기 때문에 종래의 공동체가 해체된 것에 의해 공동체의 연대에서 떨어졌거나 지방 공동체를 떠나 수도에 모여든 사경생(寫經生) 등의 임금노동자이었을 것이다.

요컨대 이 사람들은 공동체의 보호를 잃은 사람들이었다. 공동체의 수호자가 신이었지만 이 사람들은 공동체에서 배제되어 신의 보호를 받을 수 없게 되었다. 따라서 고유신 이외의 다른 새로운 수호신을 찾아야 했다. 거기에 행기가 나타나고 부처님의 영험을 설했을 때, 이 사람이야말로 새로운 수호자라고 생각하여 그에게 귀의했다고 생각된다.

지식(知識)이란 함께 불도를 수행하는 도반이라는 의미로 불교신앙단체이다. 이것은 비구나 사미 등의 출가자가 아니고, 보통 사람과 같이 생산 활동에 종사하면서 때때로 집회에 참석하고, 절 건설을 돕거나 사경하거나 비석을 만드는 일을 한 사람들로서 민간 신앙단체인 것이 특징이다.

우바새란 속인생활을 하면서 불법에 따라 오계를 지키는 남자이고, 여자일 경우 우바이라고 부른다. 우바새나 우바이가 모여서 지식을 형성하였다.

관인(官人)의 불교신앙

다음은 정부 관리 중에 불교를 신앙하는 사람이 나타난 것을 주목하고자 한다. 그 예로 이시카와노 도시타리(石川年足)의 경우를 들 수 있다. 도시타리는 이시카와노 나타리(石川名足)의 자식으로 출운수(出雲守)·동해도순찰사(東海道巡察使) 등으로 임명되어, 여러 지역의 국분사(國分寺) 건립을 재촉하였다. 또한 율령과 함께 격식도 필요한 것을 아뢰어 스스로 별식(別式) 20권을 작성하였다.

뿐만 아니라 730(천평2)년 11월에 아버지 나타리를 위해서 『미륵성불경』 10부를 서사하고, 738(동10)년 6월에 출운국(出雲國) 재임 중에 미륵보살상 1구를 만들고, 『미륵보살상생도솔천경』을 서사하였으며, 739(동11)년 7월에는 『대반야경』 1부를 서사하여 정토사(淨土寺)에 안치했다. 730년에 서사한 『미륵성불경』의 발문에는 "공손히 미륵경 10부를 서사해 올린다. 원하기를 반드시 도솔천에 왕생하여 자씨(慈氏)에게 봉사하고 정법을 듣고, 각로(覺路)에 올라 마지막에는 깨달음을 얻고자 한다"는 문장이 있는걸로 보아 미륵 신앙을 가지고 있었음이 잘 나타나 있다.

도시타리가 관인으로서 사료에 나타나는 것은 735(천평7)년이고, 그때 이미 48세였다. 735년 4월에 정6위상(正6位上)에서 종5위하(從5位下)로 승진하고, 739(천평11)년 6월에 출운수로서 선정을 폈다고 칭찬받고, 740(천평12)년 정월에 종5위상, 743(동15)년 5월에 정5위하가 되었으며, 744(동16)년 9월에 동해도순찰사가 되었고, 746(동18)년 4월에 육오수(陸奧(青森縣)守)가 되어 정5위상으로 승진했는데, 그의 나이 59세였다. 이와 같이 도시타리는 생애의 대부분을 관인으로서 불우한 지위에 있었다고 할 수 있다.

이윽고 후지와라(藤原仲麻呂)가 정권을 장악하자 도시타리는 중요한 지위에 오르게 되지만, 그 전까지는 불우한 지위에 있었다. 이러한 사정은 그가 미륵신앙에 심취하게 된 이유가 되었다. 현세에서의 영달을 단념하고, 안주의 땅을 바라며 미륵 정토에 대한 서원을 가지게 되었던 것이다.

도시타리 이외에도 불교를 신앙한 관인으로서는 야마노우에(山上憶良)·기비(吉備眞備)·이시카미(石上宅嗣) 등이 있었다. 『만엽집(萬葉集)』에 실려 있는 야마노우에의 만가(挽歌)의 머리말에 "이 예토(穢土)를 염리(厭離)하고 원을 세워 생을 저 정찰(淨刹)에 맡긴다"라고 적혀 있는 것으로 보아, 정토사상을 가지고 있었음을 알 수 있다.

기비(眞備)가 만든 『사교유취(私敎類聚)』라는 책의 목록이 『습개초(拾芥抄)』라는 책에 인용되고 있는데, 그것에 의하면 그 제13장이 '불교를 믿어야 하는 것'으로 되어 있으므로, 기비도 불교를 신앙하고 있었다고 생각된다. 이시카미는 유마를 마음속으로 존경하고 자신의 저택에 아촉사(阿閦寺)를 건축하고, 그 절의 한구석에 운정(芸亭)이라는 도서관을 지었으므로 역시 불교를 신앙하고 있었다고 생각된다.

이들 관인들이 불교만을 신앙하고 있었던 것은 아니었다. 유불 병용의 입장을 취하고 있었다. 그리고 그들의 불교 신앙은 강한 것이 아니었다. 또한 이들 관인의 불교는 생애를 통해서 계속한 것이 아니고, 한 시절만의 것이었을 가능성도 있다. 그러나 한정된 시기의 것이라 하더라도 불교를 신앙하고 있었다는 사실은 주목해야 할 것이다. 그렇다면 왜 불교를 신앙하게 되었는가.

나라시대의 관료사회는 정치세력의 교체가 격심하여 관인의 지위가 안정적인 것이 아니었으므로 이것에 무상감을 품고, 그에 따른 안심입명을 불교에서 찾았던 것으로 보인다.

4. 나라불교와 사회

1) 현세이익

나라시대의 불교에서 현저하게 볼 수 있는 것은 불교가 현세이익을 위하여 이용되고 있었다는 것이다. 현세이익을 희구하는 것은 나라불교의 큰 특징으로 지적할 수 있는데, 현세이익을 바라는 이야기는 『일본영이기(日本靈異記)』 등에 많이 나오고 있다. 현세이익을 바랄 때는 관음·약사·길상천 등이 많이 신앙되었다.

관음에는 7난을 구제하는 서원이 있지만 특히 전쟁에 임하여 개인적인 위해를 막는 경우에 신앙되었는데, 무사시국(武藏國) 하세베노아타에(丈直山繼)라는 사람은 그의 처와 함께 관음을 신앙하고 하이(蝦夷)[11] 토벌에 출정하였다가 무사히 돌아올 수 있었다고 한다. 약사여래는 병을 고치기 위해 신앙되었는데 특히 눈병의 치유를 위하여 신앙되는 경

---

11) 蝦夷(에조 또는 에미시) : 고대에 동북지방에서 北海道지방에 걸쳐 살던 인종으로 아이누족이라는 설과 일본인의 일부라는 설이 있다. 나라시대와 헤이안시대에는 조정에 복종하지 않는 에조를 정복하기 위해 잇달아 군대가 동북지방에 파견되었다.

우가 많아, 나라에 사는 한 맹녀는 "원하건대 나에게 눈을 주십시오"라고 빌었다고 한다. 이때 『약사경』을 읽거나 약사정토변을 그리거나 하는 것을 실천하였다.

신농(信濃)에 사는 우바새는 길상천에게 "천녀와 같은 예쁜 여자를 저에게 주십시오"라고 빌었다고 하는데, 이는 불교 본래의 사상이 나라시대에 그대로 이해되지 못하고, 현실적인 일본인의 경향에 따라 현세이익을 소망하는 것에 이용된 것을 짐작할 수 있다.

밀교는 재해를 제거하거나 현세적 이익을 받거나 하는 것뿐만 아니라, 개인의 적대자·대립자를 제거하는 데에도 도움이 된다고 생각한 듯하다. 그에 대한 한두 가지 예를 들면 신호경운 3년(神護景雲;769) 5월쯤에 인판(忍坂)·석전(石田) 두 공주는 염소왕(鹽燒王)의 아들 지계지마려(志計志麻呂)를 천황으로 세우기 위하여, 칭덕(稱德) 천황의 모발을 훔쳐서 좌보천(佐保川)에서 찾은 해골에 넣어 궁궐에 가지고 오면서 저주를 세 번 하였다는 기록이 있다.

또한 보구 3년(寶龜;772) 3월에 광인천황의 황후 이노우에(井上內親王)는 황태자 타호친왕(他戶親王)과 같이 천황을 죽게 하는 저주를 몇 번에 걸쳐 실행하였다가 그 죄에 의해 폐위 처분을 받았다고 한다. 이것은 모두 밀교적 기도에 의거한 것이었다고 생각된다. 이 밖에도 『일본영이기』에서는 신주에 의해 사람을 움직이지 못하게 한 이야기가 실려 있다.

2) 대반야경의 전독(轉讀)

현세이익을 희구할 때 많이 이용된 것이 바로 『대반야경』이다.

『대반야경』은 제법개공을 설한 것으로서 정식 명칭은 『대반야바라밀다경』이며, 당나라 현장에 의해 번역된 600권의 방대한 경전이다. 이 경에는 "보살마하살이 있어서 반야바라밀다를 수행할 때, 정계(淨戒)·정진바라밀다에 안주하고 일체지·일체상상지도(一切相相智道)를 청정하게 한다. 필경공이면서 지계(持戒)·범계(犯戒)·적정·산란의 마음을 일으키지 않기 때문에"라는 문장도 있고, 반야바라밀다를 수행하면 일체공이 되어 범계·산란 등의 나쁜 마음이 사라진다는 내용도 있다.

『대반야경』이 나오는 최초의 문헌은 『속일본기(續日本紀)』 대보3년(大寶;703) 3월10일 조의 "사대사(四大寺)에 조서를 보내어 대반야경을 읽게 하면서 100명을 제도시켰다"고 하는 기사이다. 그 이전은 조선에서 불교를 수입하였기 때문에 당나라 현장에 의해 역출된 『대반야경』이 일본에 전래하지 않았지만, 대보 연간에 와서는 중국에서 불교를 수입하게 되었기 때문에 현장역 『대반야경』이 일본으로 들어오게 되었던 것이다. 이후 천 수백 년 동안 일본에서 모든 기도에 『대반야경』이 독송되어졌으므로, 가장 널리 보급된 경전이 처음 수입된 해인 대보3년(703)이라는 해는 일본불교사에서 중대한 의미를 가진 해라고 할 수 있다.

『속일본기』에는 경전을 기도 때문에 전독하거나 강독한 기사가 많이 나온다. 어떤 경전이 그러한 경우에 사용되었는가를 조사해 보면 제1표와 같이 된다.

이 표를 보면 『대반야경』을 이용하는 경우가 압도적으로 많았던 것을

알 수 있다. 다음에 『대반야경』이 어떤 목적에서 독송되었던가를 보면
제2표와 같다.

<table>
<tr><td align="center">제1표</td><td></td><td align="center">제2표</td></tr>
</table>

제1표	
오곡성취경(五穀成就經)	1
대반야경(大般若經)	17
금광명최승왕경(金光明最勝王經)	2
금광명경(金光明經)	5
최승왕경(最勝王經)	6
금강반야경(金剛般若經)	3
인왕경(仁王經)	3
범망경(梵網經)	2
약사경(藥師經)	1
대집경(大集經)	1
인왕반야경(仁王般若經)	1
합계(合計)	42

제2표	
천하태평(天下太平)	1
국가안녕(國家安寧)	2
재해소제(災害消除)	1
지　진(地震)	1
일　식(日蝕)	1
호사진국(護寺鎭國)	1
성명평안(聖明平安)	1
제재이(除災異)	2
중궁불예(中宮不豫)	1
무기재(無記載)	9

표에 의하면 『대반야경』이 여러 목적으로 사용된 것을 알 수 있는데,
국가안녕과 같은 일반적이고 정신적인 목적을 비롯하여 지진·일식·
치료 등 구체적인 재해·천변을 제거하기 위해서도 사용되었음을 알 수
있다.

그리고 불교에 있는 자비사상이 나라시대에 사회적으로 실현되어, 방

생이나 살생금지가 실행되었다. 나라시대에는 짐승을 방생하거나 살생을 금지하는 법령을 자주 공포하였다. 예를 들면 양로 5년(養老;721) 7월에 유교는 인애(仁愛)를 가르치고 불교는 살생을 금함에 따라 방응사(放鷹司)의 매와 개, 대선직(大膳職)의 가마우치 및 제국의 닭과 멧돼지를 방생할 것을 명령하고 있다.

그리고 천평17년(745) 9월에는 3년 동안 천하의 모든 짐승을 죽이는 것을 금지하고 있다. 그러한 사상은 또 민중들에게까지 파급되어 죄인에 대한 사면도 실시되었다. 천평승보6년(754) 11월에 효겸(孝謙)천황은 "방생 가운데 사람을 살리는 것보다 더 우월한 것이 없다"고 말하며 전국적으로 대대적인 사면을 실시했다.

또한 불교가 나라시대에 일본사회에 적응하는 형태로 변경된 예로는 조상숭배를 들 수 있다. 나라시대에 정토교는 지식으로 존재했다. 정토교 중의 아미타신앙에 관해 살펴보면, 나라시대의 아미타신앙은 죽은 사람의 추선공양을 위한 것으로 구제종교적인 성격이 아니었다는 것이 주목된다. 나라시대의 아미타불상·아미타정토변상의 명문 및 아미타정토에 관한 사경의 발문 등의 사료를 보면 당시의 아미타신앙이 기본적으로 추선공양을 위한 것이었음을 알 수 있다.

나라시대의 불교는 세계종교로서의 본질을 그대로 발휘한 것이 아니고, 일본사회의 실상에 적응하는 양식으로 변모되어 있었다. 아미타신앙이 그 본래의 성질을 잃고, 조상의 추선공양을 위한 것이 된 것도 그 예이지만, 그 이외에도 몇 가지 예가 더 있다. 나라시대에 조정에서 실시하였던 불교 법회 중에는 도시고이노 마쓰리(祈年祭)나 오오하라이

(大祓)[12] 등 민속종교적 의례에 유사한 기능을 가진 것이 많았다. 이것은 불교의 일본적 변질로서 중요한 의의를 갖는다.

이와 같이 나라시대의 아미타신앙은 기본적으로 조상의 추선공양을 위한 것이었지만, 예외도 있었다. 승려사회에서는 본래의 의미에서 정토왕생을 희구하고 현세에 대하여 부정적 생각을 가진 자도 있었다. 흥복사에 있는 선주(善珠)의 『본원약사경(本願藥師經)』[천평보자(天平寶字) 연간(757~765)에 저작되었다고 추측됨]의 발문에는 현세에 대한 부정적 시각이 나타나 있다.

3) 신불습합(神佛習合)

나라시대에는 불교가 매우 성행하여 신기(神祇)신앙과 기타의 신앙이 그다지 많지 않았다고 생각하면 오산이다. 신기신앙도 행해졌고, 또 음양도 · 유교 등도 행해졌다. 그들 중에서 무엇이 가장 성행하였는가를 순서 짓는 것은 아주 어려운 일이다.

불교와 신기신앙과의 관계를 생각하면 신불습합이 일어난 사실에 주목하게 된다. 신불습합이라는 것은 나라시대 불교에서 현저하게 볼 수 있는데, 주술에 의한 현세이익의 추구라는 점을 불교와 신기가 공통으

---

12) 大祓(오오하라이) : 예부터 6월과 12월의 말일에 궁중 · 신사에서 하는 큰 액막이 의식이다. 온 인민의 죄나 부정을 씻기 위한 것으로, 액막이의 신도 의식으로서는 물로 몸을 씻는 禊(미소기)도 있다. 미소기의 경우 祓(하라이)보다 죄나 부정을 자발적으로 씻는 성격이 강하다. 어쨌든 옛날부터 일본인은 하라이를 받거나 미소기를 하거나하면 자기가 저지른 죄가 소멸된다고 생각하는 경향이 있다.

로 하고 있었기 때문이다. 고유신앙의 신에게서도 현세이익을 빌 수 있지만, 새로 전래된 부처님에 의해서도 이것이 가능해진 것이다.

그리고 부처님 쪽이 새로 전래되었기 때문에 한층 더 효력이 있는 것처럼 생각된 경우도 적지 않았다. 신불습합과 관계가 있는 불교경전으로는 『대반야경』이 첫 번째였다. 『대반야경』을 전독하는 것에 의해 제재(除災)·호국(護國)의 현세이익을 희구한 것은 『속일본기』에 많이 기재되어 있다. 이것이 나라시대에 두드러졌던 것이 사실이므로, 『대반야경』은 신불이 습합한 것을 알 수 있는 중요한 불교경전이라 할 수 있다. 신불이 습합할 때 이 경전이 신 앞에서 봉독되었다.

그 대표적인 사례로 740(천평12)년에 후지와라(藤原廣嗣)의 반란사건이 일어났을 때, 정권 담당자인 다치바나(橘諸兄)는 성무천황을 모시고 이세신궁(伊勢神宮)을 참배했는데, 그 때 승려 행기도 그들을 따라가 이세대신(伊勢大神) 앞에서 『대반야경』을 봉독했다고 한다. 그때 봉독한 『대반야경』은 승려 도행(道行)이 서사한 것이었다. 도행은 행기의 제자였으므로 스승인 행기도 본지수적설(本地垂迹說)을 믿었다는 것을 최근 니시다(西田長男)씨가 발표하였다. 쓰지(辻善之助)씨는 본지수적설이 헤이안시대부터 시작되었다고 한 후, 이것이 정설로 되어왔으나 그에 대한 다른 견해를 제기한 셈이다.

나라시대에는 신·유·불의 각 사상이 병존하였는데, 그것들이 어떻게 해서 병립할 수 있었던가에 주목해야 한다. 과거의 일을 생각할 때는 신도의 원리에 의하고, 현재의 일을 생각할 때는 유교의 원리에 의하며, 미래의 일을 생각할 때는 불교의 원리에 의함으로써, 세 가지를 구별하여 사용하였기 때문에 아무런 충돌도 일어나지 않았던 것으로 보인다.

뿐만 아니라, 기존의 연구에서 지역성이 무시되어 왔다. 나라시대 불교에 관해서도 종래의 연구는 전국적으로 같은 상황이었던 것처럼 되어 있다. 중앙의 야마토(大和) 또는 그 주변이 연구되어, 그와 같은 불교가 전국적으로 한결같은 상황이었던 것처럼 쓰어 있다. 그러나 그것은 큰 잘못이다. 지방에 따라서 큰 차이가 있으므로 그러한 점을 고려해야 한다. 여기서는 그 점을 살펴보려 한다.

먼저 규슈(九州)가 문제이다. 규슈는 해외로부터 일본으로 불교가 들어올 때 최선단인 진입구로서 이곳에 일찍이 불교가 수입되었다. 규슈의 축자(筑紫)·풍전(豊前)·풍후(豊後) 등의 지역에 불교가 널리 보급된 것으로 보인다.

규슈의 불교는 종(鐘)을 만드는 것이 특징이다. 종을 만드는 것은 단지 종을 만들 수 있는 재력 있는 호족이 있느냐 없느냐 하는 문제로 환원될 성격이 아니고, 불교의 질적인 차이를 포함한다고 생각해야 한다. 종을 지니는 불교와 그렇지 않는 불교와는 질적으로 차이가 있는 것이다. 종을 지니는 불교는 그렇지 않는 불교와 비교해 보면 불교의 교리를 추구하는 성격이 강하다고 말할 수 있다.

간토(關東)지방의 불교는 종을 지니는가라는 점에서 규슈의 불교와 큰 차이가 있었다. 헤이안시대 말기까지 간토에서는 종이 만들어지지 않았다. 간토지방의 불교는 종을 지니지 않는 불교였다. 또 나라시대의 간토지방 사원 터에서는 신라계의 옛날 기와가 출토되었으므로 신라불교가 행해진 것을 알 수 있다.

풍전·풍후에서는 아주미(阿曇)씨에 의해 신라불교가 도입되었다. 간토지방의 풍전·풍후에서도 모두 신라불교를 도입했지만, 어떤 곳에서는 종(鐘)을 만들고 어떤 곳에서 종을 만들지 않았던 것은 같은 신라불교를 받아들이면서도 받아들이는 방법에 차이가 있었음을 알 수 있다.

다음은 야마토(大和) 및 그 주변의 불교인데, 이 지방은 중앙정부의 소재지이었기 때문에 불교가 정치에 이용된 특색이 있다. 동대사·국분사를 만든 것이 그것을 단적으로 나타낸다. 종에 관해서는 규슈에서 만들어진 종이 야마토에 전해졌기 때문에, 규슈의 불교와 친근성이 있다고 볼 수 있다.

4) 불교와 장례제도

나라시대에 불교가 일본의 오래된 관습에 구애받지 않고, 불교 본래의 모습을 변경하지 않은 사례로 화장이 있다. 인도에서 온 불교는 화장 풍습을 수반하여 중국이나 일본으로 들어왔다. 중국에서는 주검을 존중하는 풍토가 강하였기 때문에, 화장 풍습이 환영을 받지 못하다가 민중에게까지 파급된 것이 송나라 이후였던 것으로 보인다.

일본에서는 나라시대 초기쯤에 화장이 실시되었다. 문무4년(文武;700)에 도소는 유언에 의해 화장되었고, 703(대보3)년에 지통(持統)천황, 707(경운4)년에 문무(文武)천황, 721(양로5)년에 원명(元明)천황이 화장되었다. 종전 토장의 풍습을 가지고 있던 일본인은 8세기 초 무렵에 화장의 풍습을 도입했다. 처음에는 상층계급에만 한정되어 있었지만 서서히 민중에게 파급되었다. 이렇게 일찍 도입된 이유는 일본 국토의 생산력이 낮고 호화스런 장례를 치를 여유가 없었기 때문에, 대화개신(大化改新)의 조칙에서 호화스런 장례를 금지하고 불교가 화장풍습을 가지고 있던 것이 절약의 요구와 일치하여 화장이 도입된 것으로 보인다.

5. 나라불교와 권력

1) 고대국가와 불교

대화개신(645년) 이전의 고대국가는 신기신앙을 정치적인 지배에 이용하고 있었다. 신기신앙은 하늘·천둥·바람·비·산·강·태양·물·뱀 등 자연을 숭배하는 것이다. 그러한 자연 중에는 태양·비와 같이 인간에게 행복을 가져오는 것도 있지만 그것은 비교적 적고, 눈·홍수·바람·독사 등 인간에 해를 주는 경우가 많았다. 자연의 위협은 인간에게 두려움의 대상이었기 때문에 자연을 신으로 제사지내 그 노여움을 완화하려고 했다. 그러한 역할을 담당하는 신기신앙을 지배자가 독점하고, 지배자에게 복종하지 않은 민중은 자연의 위협에서 벗어날 수 없다고 하여 민중을 두려워하게 하였다. 천황은 지배자 중 최대의 권력으로서 그러한 의도의 신기신앙을 실시하였다.

천황의 그러한 신기신앙은 율령시대에도 계승되었다. 율령국가에서도 신기관(神祇官)[13]을 설치하여 신기신앙을 국가 지배의 한 수단으로 삼아 중요시했다.

불교가 일본에 전래된 후, 부처님은 이국의 신으로 여겨지며 신기신앙의 연장으로 생각되었다. 불교는 아름다운 불상, 빼어난 가람, 심오한 사상을 수반하고 있었기 때문에 역대의 천황 중에는 신기보다 불교 쪽을 중시한 자도 있었다(성무천황 등). 불교는 원래 은혜의 성질이 강한 종교이지만, 고대국가에 의해 신기의 연장으로 생각된 경우에는 그 두려운 성질이 이용되는 경우도 있었다.

국분사는 그 칠층탑에 『금광명경』을 안치하였는데, 『금광명경』에 설해진 사천왕사상은 불교의 적을 공격하여 멸망시키고 사천왕의 신자를 지킨다는 것으로, 여기에 외포성(畏怖性)이 나타나있다. 관음신앙마저도 외포성을 발휘하는 경우가 있다. 초기불교의 관음신앙은 추선(追善)적 성격이 강하였지만, 율령시대가 되면 외포의 성격을 발휘하고, 후지와라(藤原廣嗣)나 다치바나(橘奈良麻呂)의 반란 사건 때(각각 740년과 757년)에 반란군의 토벌을 관음에게 기원했다. 그러나 외포성만이 아니고 은혜의 성질도 이용되어, 기우·병 치유·국가평안 등의 기도가 불교에 의해 실시되었다. 불교는 방대한 내용을 가진 것이기 때문에 여러 방면으로 이용할 수 있지만, 율령국가의 지배자들은 이상과 같은 방법으로 정치적 지배를 위하여 불교를 이용했다. 그리고 이러한 성질을 독점하면서 민중이 불교를 이용하는 것을 방해하였다. 승니령에 의해 승니의 민간전도를 금지한 것은 그 발로였다.

---

13) 神祇官 : 大寶令(701년 시행)에 의해 제정된 관청으로, 太政官과 병립하고 神祇의 祭祀를 관장하고 諸國의 官社(국영의 신사)를 통할했다.

2) 천황정권과 불교

나가야왕(長屋王)의 불교신앙을 보이는 것으로 『대반야경』이 있다. 왕은 화동5년(和銅;712)과 신구5년(神龜;728)에 각각 『대반야경』을 서사하였다. 712년에 필사한 것의 발문에는 "대단히 성의를 다하여" 만들었다고 쓰인 것에서 『대반야경』에 대한 왕의 관심이 지극히 강하였음을 알 수 있다. 『대반야경』은 현세이익이나 호국을 빌기 위하여 이용된 경전이기 때문에 나가야왕은 불교에 기도적 효과를 기대하고 있었다. 나가야왕은 불교의 주술에 의지해서 정치를 하고자 하였던 것이다.

나가야왕에 뒤이어 천황정치를 실시한 자는 다치바나(橘諸兄)인데, 다치바나정권은 불교에 대해서 어떤 자세를 취하였는가. 그 정권을 지지한 사람 중에 승려 현방(玄昉)이 있었는데, 현방은 불교를 주술적인 것으로 이해하고 있었던 인물이다.

밀교적 주술과 권력과의 관계를 생각해 볼 때 문제가 되는 것은 내도량(內道場)과 호지승(護持僧)에 관한 것이다. 내도량이란 궁궐 내에서 불사(佛事)를 행하는 곳으로, 중국에서는 당나라 시대에 성행하였고, 일본에서는 7세기 말 쯤에 만들어졌다. 현방은 입당승(入唐僧)이었으나 일본으로 돌아온 후 737(천평9)년에 내도량의 내공봉승(內供奉僧)이 되어 궁자랑(宮子娘;성무천황의 어머니)을 간병하였다. 그의 간병 덕분에 병이 완쾌된 궁자랑은 모자의 회견도 이루어졌다. 그 때문에 현방은 비단·솜·실·포목을 각 천 개씩 하사받았고 중궁직 여섯 명의 위계도 상승하였는데, 기비 마키비(吉備眞備)는 그들 중의 한 사람이었다.

이러한 과정 속에서 현방과 마키비의 친밀한 관계가 시작되었고, 머지 않아 두 사람은 결탁하여 정계에 진출하고 다치바나정권의 유력한 지지자가 되었다. 그런데 내도량에서 천황의 신변을 옹호하는 내공봉승은 천황의 신뢰를 얻고 있는 것에 편승하여 정치에 관여하거나 권력을 휘두르는 경우가 많았다. 현방에게도 그러한 경향이 있었고, 그것이 실각하는 원인이 되었다. 칭덕(稱德)황제의 신임을 받은 도경(道鏡) 역시 그러한 경향이 있었다.

나라시대의 내공봉승과 비슷한 역할로서 헤이안시대에 호지승이 있었다. 호지승은 기도를 통해 천황을 지키는 승려로 처음에 사이쵸(最澄) · 구카이(空海) · 원진(圓珍)의 세 명이 임명되었고, 이어서 그 문도가 임명되었다. 다치바나정권 밑에서 실시된 국분사 건설은 『금광명경』에 의거한 진호국가사상에 근거를 둔 것으로 볼 때, 다치바나정권은 불교를 주술로 이용하려 한 것임을 알 수 있다.

또한 황친관료도 불교를 주술로 이용하려는 경향이 있었다. 국가가 불교를 옹호하는 것은 승니가 직접 국정에 관여하는 측면과 기도에 의한 호국의 측면이다. 나가야왕 정권과 다치바나 정권에서는 후자에 의거한 국가옹호가 실행되었다.

율령국가가 불교를 정치적 지배의 수단으로 이용하기 해서 만든 기관이 국분사이다. 동대사와 같은 가람 배치에 의해 건설되고, 금당 · 강당 · 칠층탑 · 승방 · 경장 · 종루 · 회랑 · 중문 · 남대문 등의 건물이 있었다. 금당에는 석가 등의 불상을 안치하고, 칠층탑에는 『금광명최승왕경(金光明最勝王經)』을 안치했다. 국분사에는 강사(講師) · 독경사(讀經師)가 배치되어 해당 지역에서의 불교전파라는 직책을 수행했다. 강사는 독경·강설을 함과 동시에 승니를 통제하고, 독경사는 안거법회 등에서 경론을 독송하였다.

국사(国司)가 국분사의 창건·관리를 담당하고, 국분사는 국아(國衙)와 관계가 깊어 국아 부근(대략 2km 이내)에 건설되었다. 국분사의 경내는 2정(1정은 약 100m) 사방이고 국아도 2정 사방이었다. 국분사와 국아는 지방정치의 2대 기관이어서 거의 같은 비중으로 생각되었다.

이로부터 율령국가는 종교와 정치의 실무를 같은 비중으로 보려고 한 것을 알 수 있지만, 헤이안시대가 된 후에는 그 비중이 무너지고 정치 실무 쪽을 중요시하기에 이른다. 국분사에는 국가적 보호가 부여되어 논 10정이 보시되었다. 국분사는 『금광명경』의 공덕에 의하여 국가안온을 기도하는 것을 주된 기능으로 하였다. 헤이안시대가 된 후 율령국가가 변질됨과 함께 국분사의 기능도 쇠퇴해 갔다. 그 후 지방 민중의 지지를 얻기 위해서 종래의 성격을 바꾸어 약사불을 안치하면서 민중의 병을 치료하는 기도를 하게 되었다.

3) 국가불교에 대한 저항

나라시대에는 불교에 대해 국가권력이 영향이 미치고 있었는데, 그에 대해 저항하는 승니도 나타났다. 그러한 승려로서는 도자(道慈)와 행기(行基)가 있었다. 도자는 양로(養老) 연간(道慈) 경에 주로 활약한 승려이고, 정부 내부에서 정부의 종교정책을 비판했다. 행기는 민간에서 제자를 인솔하고 사회사업을 실행했다. 행기는 양로에서 천평 연간

(729~749) 경에 활동했다. 행기의 활동은 승려가 민중을 대상으로 포교하는 것이었기 때문에 승니령에 위반하는 것이 되어 정부의 탄압을 받게 되었다.

그러나 제자와 신도의 신망을 얻고 있어 그 세력을 무시할 수 없었기 때문에, 동대사 대불을 조성할 때 정부는 행기를 기용하게 된다. 율령정부가 언제 승니령을 포기하였던가는 고대 불교사상의 중요한 문제점이지만, 행기를 기용했을 때 정부에는 승니령을 지키려는 의사가 희박한 상태이었던 것을 알 수 있다.

천평 10년대(738~747)에 후지와라노 히로쓰구의 반란사건, 귀족끼리의 대립항쟁, 질병의 유행 등에 의해 사회 불안이 일어나고 정권이 동요했다. 그 때문에 여러 번 천도(遷都)를 하며, 동대사를 건립하고 그 본존 노사나불의 공덕에 의하여 국정을 재정비하려고 했다. 그것은 불교가 국가의 목적을 위하여 이용된 대표적인 일이었다.

이런 시절 우바새사(優婆塞司)·출가인시소(出家人試所)라는 관청이 설치되었다. 우바새사는 율령국가가 우바새를 직접 지배하기 위한 관청이고, 여기서부터 우바새의 인물·학업에 관한 정보를 현번료(玄蕃寮)나 승강(僧綱) 등의 관청에 통지한 것으로 보인다. 이 관청은 745(천평17)년에 존재했던 것으로 알려져 있다. 존재한 연대로부터 추측하면 행기를 관승으로 등용한 것과 관계가 있었던 것으로 짐작된다. 행기가 대불 조성을 위해 기용됨으로써 민간불교를 통제하는 인물이 없어졌기 때문에 정부가 민간불교를 통제하기 위해 설치한 것이 아닌가 한다.

출가인시소는 우바새·우바이를 출가시키고 사미·사미니를 양성하기 위하여 인물·학업을 심사하는 곳이었을 가능성이 있으며, 743(천평 15)년과 745(천평17)년의 기록에서 그 존재를 알 수 있다. 우바새사나 출가인시소의 설치는 국가불교가 성행한 것을 보여주는 근거이다.

한편 도경(道鏡) 정권시대의 조서 중에는 부처님이 신보다 우위에 있다는 말이 자주 나오고, 귀족·부호에 의한 토지 개간을 금지하면서도 사원만은 예외로 하였기 때문에 사전(寺田)이 증가했다. 또 사원에 봉호(封戶)와 노비가 수여되면서 사원의 경제적 기반이 견고하게 되었다. 그러나 불교정치라고 불리는 도경 정치의 불교성을 과대평가해서는 안 될 것이다. 도경은 보통 강대한 권력을 가지고 있었다고 생각되었지만, 칭덕여제의 죽음과 동시에 지위를 잃고 그때 불교계에도 도경을 지지하는 사람이 나타나지 않았던 것을 고려하면 오히려 실권은 여제에 있었고 도경은 여제의 권력 밑에서 휘둘렸을 뿐이었다. 도경전권(道鏡政權) 때 심복의 부하 원흥(圓興)을 법신(法臣)으로, 기진(基眞)을 법참의(法參議)로 한 일은 있었지만, 그 정도만으로는 불교정치라 일컬을 수 없을 만큼 그 실태는 별로 대수롭지 않다고 말할 수 있다.

4) 나라시대 말기의 권력과 불교

광인조(光仁朝;770~781) 정치업적의 하나로 불교를 질적으로 발전시킨 일을 들 수 있다. 도경 정권은 승려의 세속적 세력을 확장시켰지만, 불교를 질적으로 발전시킨 일은 없었다. 예를 들면 산림에서 승려가 모여서 경을 설하거나 참회하는 것을 금지했다. 광인조에 들어와서 승강(僧綱)이 산림불교의 부활을 출원하였으므로 그것을 허용하였다. 승강마저도 도경의 불교정책을 좋아하지 않았던 것이다.

양로(養老)·천평(天平) 연간에 민중불교의 선구자 행기가 나타나고 49개의 사원을 만들었다가 그 후 점점 쇠퇴하여 갔다. 광인조에서는 "고대승정 행기 법사는 계행을 구족하고 지덕을 겸비하고 있었다. 선대가 존경한 사람이고 후세의 모범이 되는 사람이다"라는 생각에서 49개의 사원을 보호하였다. 이것은 정부가 자발적으로 한 것이었지만, 후지와라(藤原)씨의 불교에 대한 깊은 이해가 그 배후에 있었던 것이다.

그리고 779(보구10)년에 치부성(治部省)은 국분사의 승니 중에서 수도(나라)에 거주하는 자가 많지만, 지행(智行)이 구족하고 특히 희망하는 자만 거주를 허락하고 나머지는 모두 고국으로 귀국시켜야 한다고 명했다. 승니가 성실히 수행하는 것을 희망했기 때문이다. '지행구족(智行具足)'이라는 말이 승니의 바람직한 자세를 단적으로 가리키고 있다. 그 때까지의 정치를 위한 불교에서 수양을 위한 불교로 이행되고, 불교에 대한 정부의 이해가 변한 것을 알 수 있다.

나라시대에 있어 국가 권력과 불교와의 관계에 관해서는 여러 문제가 있지만, 대략 말하면 처음에는 승니령이 제정되면서 국가 권력이 불교를 통제하였다가, 말기에는 차차 불교의 자주성이 고양되어 사이쵸에 의한 천태교단 독립이라는 형태로 결실을 맺었다. 그리고 당나라 승려 감진의 도래는 그 불교의 자주성 강화에 어느 정도의 도움이 되었다. 감진이 율과 함께 천태를 배운 인물이었고, 사이쵸의 선구적 위치에 있던 사실에서 그렇게 생각할 수 있다.

6. 나라시대의 사원

　나라시대에는 많은 사원이 있었고 제각각 특유의 기능을 발휘하고 있었지만, 특히 대안사(大安寺)와 동대사(東大寺)와 비소사(比蘇寺)의 세 절에 대해 살펴보고자 한다.

대안사(大安寺)

　대안사는 원래 대관대사(大官大寺)라고 불리다가 성무천황 때에 대안사로 개명되었다. 그리고 동대사·서대사에 대비해서 남대사로도 불렸다. 이 개명의 배경에는 도자(道慈)의 활동이 큰 역할을 했는데, 도자는 당나라에서 돌아온 박식한 학승으로 『우지일권(愚志一卷)』을 저술하고, 일본 불교가 당나라 불교의 규범에 맞지 않은 것을 개탄하여 혁신적 입장을 취하고 있었던 것을 알 수 있다.

　또 천평 연간쯤에는 이 절에 도선(道璿)이라는 학승이 있었다. 도선은 학문에 조예가 깊고 계율을 존중하고 있었다. 그리고 많은 경론을 가져온 인도승 보리(菩提)와 승정도 대안사에 머물렀다. 대안사에 거주했던 승려들의 활동에서 보면, 천평 연간까지 대안사에 많은 고승이 함께 거주하여 학문적 분위기가 조성되어 있음을 알 수 있고, 그들 중에는 혁신적 입장을 취한 자도 있었다고 생각된다.

그런데 천평시대가 지난 후 대안사에 변화가 일어난 것으로 보인다. 절의 경제적 기초를 보면 다음 표와 같이 된다.

연 대	식봉(食封)	출거도(出擧稻)	간전(墾田)의 한도
674천무(天武2)년	300호		
686주조(朱鳥)원년	700호	30만속(束)	1,000정보(町步)
749천평승보(天平勝寶)원년	50호		
761천평보자(天平寶字5)년			

761(천평보자5)년에 정해진 여러 절의 간전(墾田)의 한도는 동대사가 4,000정, 원흥사가 2,000정, 약사사·흥복사·대왜법화사(大倭法華寺)·대안사 등이 제국 국분사와 같은 1,000정으로 되어 있다.

경제적 기초를 보면 천평 연간이 지난 후 대안사는 그 때까지의 관사 제1위의 지위에서 제3위의 지위로 떨어졌다고 볼 수 있다. 그렇게 된 이유는 잘 알 수 없지만, 무렵부터 대안사의 성격은 종래와 달라졌다고 생각된다.

광인천황 황자 중에 출가하여 대안사에서 거주한 이가 있었는데, 이 황자에 대해 『제호사본제사연기집(醍醐寺本諸寺緣起集)』에는 "정교(正教)의 능지(陵遲)를 슬퍼하고 미도(迷塗)의 위환(危幻)을 애통하며, 여기에서 영원히 생사를 꺼리면서, 보리를 희구했다"고 쓰인 것으로 보아 올바른 불교가 쇠퇴하고 있었던 상황을 개탄하고 있었다고 생각된다.

헤이안시대의 초기에 사이쵸·구카이라는 두 명의 스님이 출현하여 천태·진언 양종을 개종한 것은 유명한 일이지만, 여기에는 나라불교에 대한 혁신적 의미가 있었다. 그런데 이들 두 사람은 대안사와 관계가 있었다. 『고야대사어전(高野大師御傳)』에 "대사는 대안사의 승려이다"라는 말이 있고, 『칠대사일기(七大寺日記)』와 『칠대사순례사기(七大寺巡禮私記)』의 대안사 금당 조에 '홍법대사어불(弘法大師御佛)'이라는 주(注)가 남아있는 등신(等身)의 천수관음상이 있었던 것도 기록되어있다. 후대의 사료이지만 『대안사주려기(大安寺住侶記)』·『전교대사유서(傳敎大師由緒)』등에 의하면 사이쵸는 히에산(比叡山)에 입산하기 전에 대안사에서 거주하였던 것으로 전해지고 있다. 이러한 정황을 감안하면 대안사가 나라시대에 혁신적 입장에 있었다고 생각된다.

이 절에 관하여 알 수 있는 또 하나 사실은 밀교의 융성이다. 이시다(石田茂作)씨의 조사에 의하면 나라시대의 대안사에는 밀교의 장서가 두 종류가 있었다고 한다. 나라시대 초기에 대안사에 거주한 도자는 밀교를 이 절에 전했다.

그리고 인도에서 도래한 보리도 대안사에 거주하고 있었는데, 736~738(천평8~10)년에 걸쳐서 신밀교의 사경이 많이 있는 것으로 보아, 도래해 온 보리나 당시 귀국한 현방에 의해 전해진 것이 아닌가 생각된다. 그리고 보리의 제자 수영(修榮)의 비문에 보리에 관해 쓰인 "가장 주술을 잘한다"는 문장에서 보리도 밀교를 수행한 사실을 알 수 있다. 대안사에서는 구밀교와 동시에 신밀교도 행해졌다. 대안사는 나라시대

밀교의 집결지였다. 그렇기 때문에 거기에서 젊은 날을 지낸 구카이가 이윽고 밀교를 대성시키고, 밀교에 의한 한 종파를 독립시킨 것은 당연한 과정이었던 것이다.

동대사(東大寺)

733(천평5)년 평성경 동쪽에 금종사(金鐘寺)라는 절이 건립되고, 그것이 742(천평14)년에 대화금광명사(大和金光明寺)가 되었다. 노사나대불은 743(천평15)년 10월에 당시 수도였던 오우미국(近江國) 시가라키경(紫香樂京)의 갑하사(甲賀寺)에서 조성되기 시작했다가 수도가 평성경으로 돌아온 후에는 대화금광명사에서 조성하게 되었다.

노사나대불의 불사가 평성경으로 옮긴 후, 대화금광명사가 동대사로 불리게 되었다. 국분사가 『금광명경』을 안치한 탑을 위주로 하는 것에 대하여 동대사는 노사나불을 안치할 금당을 우선시하여 두 사찰의 건립 취지에는 차이가 있으므로, 동대사를 총국분사(總國分寺)로 생각하는 것은 무리이다. 대불을 조성하는 기술은 어려웠기 때문에 주조의 신으로 생각되어 왔던 팔번신(八幡神)이 우사(宇佐)에서 권청되었다. 어려운 주조 일에 진력한 인물은 구니나카노무라지(國中連公麻呂)였다고 전해진다.

대불개안 때 『화엄경』이 강독되었으므로 대불은 『화엄경』의 교주이다. 대불 대좌의 연화 꽃잎에는 엽상대석가설법도(葉上大釋迦說法圖)가 음각되어 있다. 이것은 757(천평보자원)년에 『범망경』에 의거하여 조각되었으며, 성무천황의 명복을 위해 『범망경』에서 설하는 정토 즉 연화장

세계를 나타난 것이다.

비소사(比蘇寺)

나라시대에는 산림사원에서 승려가 수행하는 경우도 있었다. 현세이익의 영험의 힘을 얻기 위해서는 산림에서 수행하는 것이 필요하여 산림에서 수행하는 자가 꽤 많았다. 승강(僧綱)에서 사이쵸와 대립한 호명(護命)은 한 달의 전반은 산에 들어가서 허공장법(虛空藏法)을 수행하고, 한 달의 후반은 원흥사에서 종학을 연구하였다.

나라시대에 몇 군데 있던 산림사원의 대표인 비소사는 대화(大和) 길야군(吉野郡) 대정정(大淀町)에 있었지만, 가람은 남쪽을 향하고 앞은 요시노(吉野)강을 바라보는 경치가 좋은 곳에 있었다. 이 절은 요시노지역에서 가장 오래된 사원이고, 나라시대에는 신예(神叡) · 승우(勝虞) · 호명(護命) · 도선(道璿) 등이 거주하였다.

신예는 계 · 선에 뛰어난 스님이었다. 『원형석서(元亨釋書)』[14]에 "허공장보살의 영감을 얻었다"고 기록되어 있는 것으로 보아 허공장법을 수행하고 있었던 것으로 보인다. 도선은 계 · 선에 뛰어나고, 특히 『범망경』을 열심히 배웠다. 이러한 사정으로 비소사에서는 허공장법이 행해지고 계 · 율이 수행되면서 『범망경』이 연구되었다. 이 절의 불법은 헤이안시대 초기에 두각을 나타나고 신불교를 형성한 사이쵸에게 영향을 주

---

14) 『元亨釋書』: 일본 臨濟宗의 승려 虎關師鍊이 1322년(鎌倉時代)에 저술한 30권의 승전이다. 불교가 일본으로 도래한 이후의 역사와 400여 명의 승전이 기록되어 있다.

었다.

　사이쵸는 말년에 남도의 학승과 논쟁했을 때, 자신이 설한 것을 권위화하기 위해서 비소사의 ‘자연지종(自然智宗)’을 인용하였다. 이 ‘자연지종’이란 ‘자연생득(自然生得)의 지혜’에 의거한 불법을 의미하는 것으로, 그것은 앞에서 나온 허공장법과 같은 것이 아닌가 싶다. 허공장보살은 광대한 지혜를 가지고, 허공장법은 그 지혜를 개발하여 자기 자신의 것으로 하고자 하는 것이기 때문이다.

제 2 장
헤이안(平安) 시대의 불교

1. 나라(奈良)불교에서
헤이안(平安)불교로의 이행

1) 환무(桓武)천황의 헤이안 천도(遷都)

환무천황의 천도는 세속적으로 강대해진 남도(南都)의 큰 사찰들의 세력으로부터 피하기 위해서 실시되었다고 하는 설이 상당히 유력하다. 이 통설의 배경을 찾아보면 첫 번째로 도경(道鏡) 일당의 승려정치, 두 번째로 그와 대조적인 광인(光仁)·환무(桓武)의 엄격한 불교 통제라는 두 가지 사실이 주된 이유로 떠오른다.

우선 도경 정치의 실체에 관해서 살펴보면, 도경 일당에서는 승려로서 있을 수 없는 행동이 보이나, 이로써 섣불리 당시의 불교 전체가 타락하고 있었다고 보면 안 된다. 도경을 추종한 사람은 그의 가문과 극소수의 승려에 불과하며, 사려가 있는 승려는 유명한 현빈(玄賓)처럼 산에 숨어 본래의 불교수행에 몰두했다. 오히려 그 책임은 속승(俗僧)에 빠진 칭덕(稱德)여제와 이를 수수방관한 정부 관료에게 있었다고 말해야 할 것이다. 도경의 정치는 전제군주제의 약점이 창출한 특이한 정치체제였기 때문이다.

여제가 승하하고 도경이 실각한 후 천지(天智) 천황의 후손으로부터 벗어나 황통을 회복한 광인·환무 부자의 왕조가 불교 또는 남도의 대사들에게 상당히 엄격한 국가적 통제를 실시한 것도 도경 정치와 비교할 때 앞 통설의 유력한 논거가 되는 것이지만, 이것도 약간 납득할 수 없는 이야기다.

역설적으로 말하면, 그만큼 통제력이 있었던 왕조가 무엇 때문에 대사들의 세력을 피하여 나가오카경(長岡京)이나 헤이안경(平安京)으로 이동해야 할 필요가 있었을까. 이 통설은 근거가 불충분하다 할 것이다. 그리고 불교 융성이나 타락이라는 말 자체가 매우 주관적이고 상대적인 평가라는 것이다. 극단적인 말이 될지 모르지만, 일반사람에 불교 융성을 의미하는 사항이 진지한 승려에게는 타락으로 밖에 생각되지 않는 경우도 있기 때문이다.

환무천황이 수도를 나가오카에서 또 다시 헤이안으로 옮긴 것은 나라시대 70년의 율령정치가 막다른 골목에 다다른 상태를 타개하기 위해서였다. 직접적인 계기가 된 사건은 780(보구11)년의 에조(蝦夷)의 대반란과 그에 의한 정세불안이었지만, 북방의 불안이라는 것도 결국은 파견된 군대만의 문제가 아니고, 강한 수비대를 파견할 수 없는 율령국가의 약세에 원인이 있었다.

그러한 이유로 환무천황은 천도와 에조 토벌의 두 사항에 자기 정치생명을 걸고 국가의 모든 기능을 여기에 투입하였다. 그렇게 하기 위해서는 국가의 모든 체제를 재정비할 필요가 있었다. 환무조의 일련의 내정개혁이란 이런 것이었다. 즉 정부의 잉여 인원을 줄이고, 국사 교체 사무의 감독을 강화하고, 군대 조직을 개편하는 등의 일이었다. 사원에 대한 통제 강화도 이러한 내정개혁의 일환이었다고 할 수 있다.

그러나 에조 토벌과 천도의 2대사업은 그리 쉽게 성공하지 못했다. 784(연력3)년 천황은 수도를 나가오카에 옮겼다가, 후지와라(藤原種繼) 암살사건 이후에 신수도 건설은 지지부진하여 진척되지 않았다. 또 정동군(征東軍) 파견에 관해서는 789(연력8)년 3월에 모든 나라의 보병과 기병 52,000명을 다하성(多賀城)에서 회동하게 하고, 눈이 녹자마자 대규모의 공격을 가했지만, "적군의 목을 베는 것은 100명에 못 미치고, 아군의 손실은 3,000명에 도달했다"는 참패를 전하고 있다. 아마도 나가오카에 수도를 둔 10년간은 환무천황 치세에서 가장 어려웠던 시기이었다고 할 것이다.

793(연력12)년 천황은 수도를 산성국(山城國)、갈야군(葛野郡)、자태촌(字太村)로 옮길 것을 결심했다. 그리고 이 무렵으로부터 사태는 서서히 호전하는 징조를 보이기 시작했다. 다음 해인 794(연력13)년 봄, 사카노우에(坂上田村麻呂)가 거느린 정병이 적지를 향하여 출발했다. 그리고 정동군(征東軍)이 혁혁한 전과를 올렸다는 급보가 수도에 도착한 그 날, 즉 794년 10월28일을 기해 천황의 행렬은 신수도로 향하였다.

이상은 헤이안 천도의 경위와 그것을 둘러싼 당시 정치정세를 살펴본 것이지만, 이로써 알 수 있는 것처럼 나라시대 불교의 융성 혹은 타락과 천도 원인에는 직접적 인과관계가 없다. 그러나 이 헤이안 천도가 계기가 되어 정치·사회·문화에서 큰 전환이 일어난 것을 부정할 수 없다. 특히 정치의 중심이 그때까지의 나라시대 불교의 본거지이었던 남도와

멀어진 것은 결과적으로 불교의 현황에도 큰 변화를 야기한 것이었다. 그렇다면 그것이 어떤 변화였던가에 관해 이어서 살펴보기로 하겠다.

2) 국가와 불교

일반적으로 나라시대의 불교(이하 나라불교로 함.)의 기본적 성격을 가리켜 '국가불교' 또는 '호국불교'라 한다. 이에 대해서 헤이안불교의 주된 기능을 '진호국가(鎭護國家)'라는 말로써 표현하는 경우도 있다. 양자 모두 불교 수용의 근본적 입장을 '국가'에 두었다는 점에서 같은 맥락에 있고, 이것이 자주 혼동해서 이해되는 이유이지만, 자세히 검토해 보면 반드시 이 둘을 동일시할 수 없다. 나라·헤이안 양 불교 사이에는 국가와 종교의 관련성에서 결정적인 차이가 있었다고 생각된다. 이하 이러한 점에 관한 양자의 차이를 분명히 하려고 한다.

일반적으로 불교 또는 불교 교단의 권위를 가장 구체적이고 순수하게 나타내는 것은 교단 구성원인 승니에게 그 자격을 수여하는 권리이다. 당시 일반적으로 승니가 되는 자는, 유년에 출가하고 동자로서 스승을 모시고 15~6세에서 일정한 국가시험을 본 후에 승려 자격이 수여되었다. 이것을 득도(得度)라고 했다. 그 뒤 몇 년간 더 수행을 한 후, 계를 받고서야 어엿한 승려[大僧]라고 함. 엄밀한 의미에서의 승려가 될 수 있었다. 즉 대승으로 되기 위해서는 득도·수계의 두 가지 관문을 통과할 필요가 있었다.

그렇다면 득도 및 수계는 어떤 절차를 밟아서 허락을 받을 수 있었는

가. 정창원 문서 중에 천평연간(729~749)의 우바새공진문(優婆塞貢進文)이 남아 있는데, 이 경우의 득도권의 소재가 어디에 있었는가를 공진문 및 당시의 여러 기록에서 추측하면, 이 시대의 득도권은 국가의 수중에 있었다고 단정할 수밖에 없다. 즉 공진문을 보낸 대상이 치부성(治部省) 관할하의 현번료(玄蕃寮)이었고, 현번료는 규정에 따라 간단한 시험을 실시하여 득도를 인증했다. 그리고 득도한 자에 대해 현번료는 도첩(度牒)을 발행하고, 그것에는 치부성의 도장이 날인되어 있었다.

그리고 그때 감적(勘籍)이라는 것도 실시되었다. 이것은 득도자 각자의 본관지역의 호적을 조합하는 일종의 신원 조회인데, 이것에 의해 득도자의 신분은 본관 호적에서 현번료 관할의 승적으로 이적되고, 동시에 세금 부과도 면제되었다. 이상의 절차에 의해, 득도자는 공민 신분에서 승니 신분으로 편입되는 수속이 끝난다. 그러므로 득도를 수여할 수 있는 것은 국가였다. 그리고 그 이외의 비합법 득도자는 사도승(私度僧)이라고 불리고, 승니령[15]을 비롯해서 역대의 법령은 이것을 엄하게 금지하였다. 그리고 득도 의식도, 천황의 병이나 재액이 있을 때에는 궁중에서 실시되는 경우가 많았다. 동시에 1,000명이나 2,000명이라는 많은 득도자를 남발한 것도 이 시대의 두드러진 특색이었다.

예를 들면 사이쵸의 스승인 행표는 741(천평13)년 12월14일의 칙명에 의해 궁중에서 천황을 위해서 득도한 713명 중의 한 사람이었다. 그리고

---

15) 僧尼令 : 불교를 율령국가 체제에 편입시키기 위해서 작성된 승니를 통제하는 법령이다. 718년에 제정된 養老令 중의 篇目의 하나로 27조가 있다. 唐令에는 승니령이 없고, 도교의 道士 · 道士女 및 불교의 승니를 통제하는 道僧格이 있었다.

구카이의 스승인 근조(勤操)는 신호경운4(神護景雲;770)년 가을 천황의 병 때문에 칙명에 의해 궁중 및 흥복사에서 득도한 1,000명 중의 한 사람이었다. 이러한 경우 승려의 법명도 정부가 하사했을 가능성이 있고, 대량 득도의 경우 법명의 처음에 오는 한자가 같은 승려가 동시에 몇 백 명 속출되었다. 위의 근조의 경우 그때 동시에 득도한 천명의 '근(勤)'자 돌림의 한 사람이었다고 한다. 그러한 상황으로 보아 당시의 승려는 명실상부 국가의 관승이었다.

수계의 경우도 같은 상황이었다. 원래 나라불교에서 계법은 완비되어 있지 않았다. 승니 신분의 획득에 관한 지표는 '득도'에 있었지만, 승려의 비행이 많아짐에 따라서 계사 초청의 필요성이 늘었다. 이러한 사정으로 귀국한 스님이 감진이었다. 그런데 감진이 가져온 계법이 반드시 당시의 국가불교를 장엄하는 것은 아니었다. 즉 그의 계법은 삼사칠증(三師七證)이라고 하여, 석존 이래 적류(嫡流)의 상승(相承)을 받은 계화상이 다른 2사와 함께 일곱 명의 증사 앞에서 계체(戒體)의 수수(授受)를 수행하는 것이었다.

계율 수여의 권한은 인도 이래의 사자상승(師資相承)의 전통을 배경으로 한 계화상인 감진에게 있었다. 따라서 이것이 모든 승려자격의 임면권을 획득한 당시의 국가불교에 날카롭게 거역하는 것이었던 것은 말할 필요도 없었다.

일본에 온 감진이 남도 불교계로부터 걸핏하면 소외당했던 이유도 이러한 사정에 있었다고 짐작할 수 있다. 결국 정부는 감진이 창건한 당초제사(唐招提寺) 계단(戒壇)에 대항하여, 동대사에 계단을 마련하고 또 하야(下野) 약사사·축전(筑前) 관세음사에도 그 분단을 세워, 이것을 천하의 3계단으로 명명하면서 수계권을 국가 수중으로 회수했다.

이상 득도·수계의 제도를 통해서 고찰한 바에 따르면, 나라불교가 국가불교라고 불린 이유는 불교가 국가에 종속되었기 때문이다. 사원은 국가의 한 기관이었고 승니는 관리였다. 재미있는 것은 감적(勘籍)의 제도에 관한 것인데, 당시 감적을 필요로 한 계급은 음자손(蔭子孫)[16]·위자(位子)·사인(舍人) 및 기타 잡색(雜色) 등이었다. 여기서 승니는 말하자면 기도 예불을 업무로 한 하급관의 기술자로 받아들여졌던 것이다. 그러므로 국가불교에 반발한 인물, 즉 사도승 무리의 선도자가 되어 사회사업을 추진한 행기와 수계권의 정당한 행사를 주장했다가 용납되지 않았던 감진이 민중의 공감을 얻으며 역사상에 이름을 남긴 것은 결코 우연한 일이 아니었다.

3) 종파의 형성

그렇다면 득도·수계권의 올바른 행사란 어떤 것이었을까? 다시 감진의 경우로 되돌아가서, 그가 석존 이래의 사자상승의 전통을 배경으로 수계권이 자신의 수중에 있다고 주장한 것을 생각해 보자. 이러한 상승의 전통을 불교에서 혈맥이라고 부른다. 그것은 승려로서의 존재를 가

---

16) 蔭子孫(온시손) : 율령제에서 3위 이상 사람의 자식과 손자, 5위 이상 사람의 자식을 말한다. 그러한 사람이 각각 21세가 되면 위계를 수여받을 수 있는 제도를 蔭位라고 한다. 일본 말 蔭(가게)은 덕분이라는 의미이다.

장 근본적으로 규정하는 것이기 때문에 현실의 육친관계에 비유하여 혈맥이라고 불렀던 것이다. 그런데 이러한 사자상승의 혈맥 관계를 중심으로 형성된 교단조직이 바로 종파였다. 원래 득도·수계를 거쳐서 승니가 되는 것은 이러한 사자상승의 계보에 연결하는 자격을 얻는 것이었다. 그렇다면 득도·수계를 수여하는 권한이 국가나 영주 등 제삼자가 아닌 혈맥 상의 사주(師主) 혹은 종파에 있는 것은 새삼스럽게 말할 필요도 없다.

그러나 나라불교에는 엄밀한 의미에서 종파는 존재하지 않았다. 바꾸어 말하면 앞 항목에서 설명한 것처럼, 종교가 국가에 종속되고 있는 단계에서는 참된 의미에서의 '종파'가 성숙되었을 리가 없다. 다만 나라시대에도 사자관계는 존재하고 있었고, 또 '종'이라고 칭하는 교단 조직도 싹트기 시작하고 있었다. 그러나 국가불교적 색채, 즉 위로부터의 통제를 받은 집단이라는 측면이 강하였기 때문에 그것은 고작 같은 학문을 연구하는 학파 정도의 의미만을 가지는 것이었다.

그리고 다른 '종파'에 소속한 승려들이 같은 사원 안에 함께 살면서, 태연하게 같은 부처님을 예배하고 같은 경론을 읽는 상황이었다. 이것도 나라불교가 국가에게 그 주체성을 빼앗겼던 것에서 오는 필연적 귀결이었다.

새로운 헤이안시대 불교는 같은 '진호국가'를 표방하면서도, 국가에 대하여 주체성을 가지고 대처하였다. 사이쵸와 구카이라는 두 명의 개창자는 먼저 천태·진언 양 종의 개창이라는 형식에서 종파의 주체성을 수립하고, 더 나아가서 사이쵸는 대승 원돈계(圓頓戒)의 독립, 구카이는 진언관정(眞言灌頂)의 수계라는 형식으로 혈맥상승의 원칙을 관철하였다. 이것은 남도불교에 대한 비판 또는 결별이라는 형식에서 실행되었지만, 그것은 동시에 국가불교에 대한 비판·결별이기도 했다. 다음에 이러한 점에 주목하면서 두 사람의 생애를 간결하게 살펴보고자 한다.

2. 사이쵸(最澄)와 구카이(空海)

1) 사이쵸와 천태종

헤이안불교의 개창자의 한 사람인 사이쵸는 신호경운1년(神護景雲;767) 오우미(近江) 자하현(滋賀縣)에서 태어났다. 12세때 오우미의 대국사(大國師)[17] 행표(行表)에 입문하여, 14세에 득도하고, 19세 때의 연력4년(延曆;785) 4월에 동대사에서 구족계를 받았다. 여기까지 지극히 평범한 경력을 겪은 그는 그해 7월에 갑자기 히에산에 칩거했다. 이상적인 성격의 사이쵸는 남도에서의 형식화한 수계를 계기로 하여, 종교적 주체성을 결여한 나라불교와 결별한 것이다.

이것이 첫 번째 전기라고 하면, 두 번째 전기는 입산 중의 일이었지만 천태의 전적(典籍)과 만난 것이다. 이 사건은 그의 생애를 결정한 점에서

---

17) 大國師 : 이 경우의 國師는 지방의 승관을 뜻한다. 702년에 처음으로 諸國의 국사가 임명되었으며, 770년 이후에 국사의 수가 많아짐에 따라 783년에는 國마다의 국사의 인원이 제한되어, 大國의 경우 두 명의 국사를 大國師·小國師로 구별했다. 行表는 近江國 國分寺의 대국사이었다. 일본의 경우 국가적 차원에서의 國師의 칭호는 14세기부터 시작했다.

더 중요한 일이다. 전기에서는 시기 · 장소 등을 명백히 하고 있지 않지만, 그 전적들은 모두 약 30년 전에 감진이 당나라에서 가져온 것이었다.

천태종은 수나라의 지의(智顗)에 의해 대성되었다. 천태종이라는 명칭은 지의가 수행한 중국 절강성(浙江省)의 산 이름을 채용한 것이다. 그는 혜사(慧思) 선사에게서 일심삼관(一心三觀)의 선요(禪要)을 배우고, 이에 의하여 『법화경』에 대한 독특한 해석을 시도하면서 웅대하고 치밀한 천태교학을 대성했다. 이것의 사상사적 의미를 찾아보면, 구마라집이 전한 용수의 중관설에 실천적 성격을 가미한 것이라 할 수 있고, 또 이러한 점(敎觀一致)에서 천태종은 기존의 학파불교와 다른 종파불교로서의 특색을 갖게 되었다. 그러나 당나라 시대에 현장의 신역이 이루어지고 인도에서 새로이 세친의 유가유식 교학이 전래된 후, 신유식이 중국 불교계를 풍미하게 되었다.

바로 현장의 제자 규기(窺基)에 의해 체계화된 법상종라고 불리는 것이다. 일본에서 나라시대에 법상종이 가장 성행한 것은 당나라 불교계의 동향을 반영한 것이다. 그런데 중국에서 법상종의 유행에 압도되어 침체되어 있던 천태종을 만회한 사람이 지의 6대 후의 제자 담연(湛然)이었다. 담연의 노력에 의해 천태종은 다시 강남지방을 중심으로 부흥의 기운을 맞이하게 된다. 강남지방을 중심으로 교화활동을 하고 있던 감진과 그의 제자인 법진(法進) · 사탁(思託) 등이 천태학을 깊이 이해하고, 또 많은 천태전적을 일본에 가져온 배경에는 중국에서의 이와 같은 사정에 영향을 받은 것이었다.

천태전적이 일본에 전래된 경위는 대략 이상과 같은 사정이지만, 이에 주목하고 자기 진로를 천태로 선택한 것은 역시 사이쬬 자신의 뛰어난 사상가적 소질에 의한 것이다. 그렇다면 그는 천태교학에 무엇을 기대한 것인가? 802(연력21)년, 사이쬬는 와케노(和氣廣世)가 주재한 고웅산사(高雄山寺)의 법화경 강회에 초대되면서 입당구법의 기회를 잡았는데, 그 때 환무천황에 올린 상표문에서 "삼론·법상은 논종(論宗)이지만, 오직 천태만은 경종(經宗)이라고 할 수 있다"고 하였다. 나라불교를 학파불교라고 배제하고, 종교적 주체성의 회복을 천태종에 기대하자고 하는 그의 주장은 이 '논종'과 '경종'이라는 표현에 단적으로 나타나 있다.

이윽고 숙원이었던 입당(入唐)을 실현하고 담연의 제자 도수(道邃)와 행만(行滿)으로부터 정통한 천태교학의 전수를 받은 후에 일본에 돌아온 사이쬬는 그때 임종의 병상에 있던 환무천황을 위해 여러 가지 행법을 시도한 결과, 그 포상적 차원에서 천태종에 연분도자(年分度者) 2명의 혜택을 받았다. 그때 동시에 남도의 5종도 각각 연분도자를 배당받도록 규정되었다.[18]

806(연력25)년 3월17일 환무천황은 승하하고 "붉은 태양에는 빛이 없어지고, 오오이(大井)·히에(比叡)·오노(小野)·구루스노(栗栖野)의 산은 다 같이 불타고, 연기와 재가 사방에 가득하고 교토 시내는 낮에도 어두웠다"는 기이한 며칠이 지나갔다. 이윽고 평성(平城) 천황이 즉위하고

---

18) 年分度者 : 불교 각종의 대사들에서 해마다 인수를 정하고 학업을 시험하여 득도자를 선발하고, 소정의 경·론을 배우게 한 사람이다. 803(연력22)년에 분도자의 학업을 삼론·법상에 각각 5명씩으로 정해졌다가, 806(대동원)년에 최징의 上表에 의해서 천태·화엄·율에 2명, 삼론(성실 1명 포함)·법상(구사 1명 포함)에 3명의 연분도자가 허용되었다.

대동(大同)이라는 연호가 되면서 정국은 어수선하게 돌아가기 시작했다. 환무천황이라는 최대의 외호자를 잃은 사이쵸와 그의 교단은 침체기로 접어들었다.

『풍신첩(風信帖)』 등에서도 알 수 있듯이 구카이와의 친한 교제는 이 시기에 이루어진 것이었다. 두 사람은 경전 이해에 관한 질의, 도서대여, 제자들의 교환 교육 등을 통하여 서로가 최고의 벗임을 인정했다. 그러나 최고의 벗은 또한 최대의 원수이기도 하다. 제자 태범(泰範)의 거취를 둘러싸고, 양자는 존경하면서도 헤어지게 된다. 그리하여 최대의 외호자와 최고의 벗을 잃은 사이쵸는 조용히 관동지방으로 떠났다. 그 때가 816(홍인7)년 사이쵸 50세 때였다.

사이쵸의 관동 포교는 그와 연고가 깊은 감진의 제자인 도충(道忠)의 제자들이 근거지로 하는 상야(上野)의 녹야사(綠野寺)와 하야(下野)의 소야사(小野寺)를 중심으로 하여 전개되었다. 이들 두 절에 천부법화경탑(千部法華經塔)이 건립되고, 열정적으로 『법화경』을 설법하는 사이쵸의 전도에는 이전에 볼 수 없었던 힘찬 의욕이 넘쳤다. 아이즈(會津)의 덕일(德一)과의 사이에 벌어진 유명한 삼일권실논쟁(三一權實論爭)[19]이 시작된 것도 이 무렵이었다.

이 논쟁은 법상 대 천태의 순수한 교리논쟁이었음에도 불구하고, 사이쵸는 이 논쟁을 통하여 자기 교학의 우월성을 자각하였으며, 또한 비타

---

19) 三一權實論爭 : 최징은 법상종의 德一을 주된 論敵으로 하여 法相宗義를 비판하고 일승진실의 입장을 宣揚했다. 최징은 남도불교와 대결하고 천태종의 독립을 도모하기 위해, 남도불교의 대표인 법상종을 논적으로 삼아 법론을 전개한 논쟁을 말한다.

협적 정신을 체득하였다. 이미 50세를 넘어 여생이 얼마 남지 않았다고 생각한 사이쵸는 마침내 평생의 염원을 실현하는 중대한 결단을 선택하였다. 그것이 대승계단 독립운동의 전개였다.

818(홍인9)년 5월에 사이쵸는 '천태법화종연분학생식(天台法華宗年分學生式(六條式))'을 제정하여, 그가 19세였을 때 동대사에서 받은 소승 250계를 폐기할 것을 선언하고, 『범망경(梵網經)』에 기초한 대승원돈계 독립의 칙허를 요청했다. 그것은 어떤 의미를 가진 것인가. 남도(나라) 측의 주장에 따르면 『범망경』의 대승계란 보살계이므로 대승(大僧;출가한 수행자)계가 아니다.

보살계는 사분율에 근거한 남도의 대승계보다 한 단계 낮은 차원에 위치해야 하는 것이다. 그런데도 사이쵸는 이 보살계로써 대승계와 같은 차원으로 하려고 하였기 때문에, 그 때까지의 불교 상식을 완전히 일탈한 주장이라고 할 수 밖에 없었다. 그러나 사상사의 발전이라는 견지에서 보면, 이러한 상식을 벗어난 행동이 큰 역할을 하는 것을 역사에서 자주 볼 수 있다. 사이쵸의 상식을 벗어난 행동은 신란의 육식대처(肉食帶妻) 등과 비견할만한 사상사적 도약이었다고 말해야 한다.

이미 노쇠해진 사이쵸가 이렇게 불교의 상식을 어기게 만든 이유는 도대체 무엇이었을까? 그것은 바로 교단의 권위, 즉 종교적 주체성을 교단 자신의 수중으로 회복하려는 사이쵸 자신의 내면적인 목소리였다. 이 문제를 교리적으로 보면, 그것은 어디까지나 계율에서의 대승·소승의 우열론에 지나지 않지만, 교단사적 현실에서 보면 득도·수계권의 소재를 어디로 할 것인가라는 문제에 귀결된다.

즉 사이쵸의 의도는 국가의 권력에 묶여있던 남도의 승계를 국가 손아귀에서 해방시키고, 원래의 형태인 교단의 자주적 관리를 회복하려는 것이었다. 남도의 반박에 답하는 형식으로 집필한 사이쵸의 『현계론(顯戒論)』에 의하면, 천태종의 연분도자는 승적에 들어가지 않고 승강에도 소속하지 않는다고 하였다. 여기서 종교의 주체성 회복과 교단의 자주성 확립의 주장이 선명하게 나타나고 있는 점에 주의를 기울어야 한다. 천태의 연분도자는 히에산에서 득도하고 또 히에산에서 수계한다. 감적(勘籍)할 때도 산을 내려가지 않고, 태정관 관인이 도첩을 가지고 히에산까지 오는 것이다.

그러나 계단 독립은 사이쵸 생존 중에는 실현되지 못했다. 그는 822(홍인13)년 6월4일에 히에산에 있는 중도원(中道院)에서 쓸쓸히 숨을 거뒀다. 그때가 56세였다. 그의 숙원은 남은 제자들 중에 특히 광정(光定)의 노력과 양잠안세(良岑安世)와 등원동사(藤原冬嗣)의 주선으로, 입적 7일 후인 6월11일에 칙허되었다. 일본최초의 자주적 교단은 이때 처음 성립되었던 것이다.

2) 구카이와 진언종

구카이는 사이쵸보다 7년 후인 보구5년(寶龜;774) 사누키(讚岐) 향천현(香川縣)에서 태어났다. 생가는 사에키(佐伯)씨라는 이 지방에서 가장 명문이었고, 일족 중에는 관인이나 학자가 많았다. 그도 15세 때에 이예친왕가(伊豫親王家)가 학사(學士)이었던 외삼촌 아토(阿刀大足)을 따라 상경하여, 18세 때 대학의 명경도(明經道)[20] 시험에 합격했다. 관료로서의 수재 과정을 밟으며 진급할 기대를 모았던 구카이에게도 얼마 안 있어 사이쵸와 같이 생애의 전기가 찾아왔다. 그것은 어느 행자와의 만남이었다.

일설에서는 이 행자가 근조(勤操)라고도 하고 다른 설에서는 그렇지 않다고 하는데, 그 행자에게서 허공장구문지법(虛空藏求聞持法)이라는 신비한 행법을 배우고 이것에 완전히 마음을 사로잡혀 버렸다. 그는 관료로서의 출세를 미련 없이 단념하고, 이 행법으로써 아와(阿波)의 대농악(大瀧嶽)이나 토좌(土佐)의 실호기(室戶崎) 등 유수한 성지를 편력하게 된다.

헤이안불교는 산림불교라고도 불린다. 사이쵸는 남도를 떠나 히에산에 들어가고, 구카이는 대학을 버리고 산림에서 두타행을 하였다. 그리고 사이쵸는 히에산을 개산하고, 구카이는 고야산(高野山)을 개산하였다. 두 사람이 모두 입산한 것을 두고 나라시대 이후 산림수행의 전통이 지니는 영향을 생각하는 것도 이유가 있는 일이다.

옛날 천평 연간에 법상종의 신예(神叡)라는 고승이 요시노(吉野)의 비소산사(比蘇山寺)에 들어가 허공장구문지법을 수행한 이후, 도선(道璿) · 승우(勝虞) · 호명(護命) 등 남도의 명승들이 잇달아 거기에 머물었다고 한다. 당시 그런 승려의 무리를 비소산의 자연지종(自然智宗)이라

---

20) 明經道 : 율령제 대학의 四道(紀傳 · 明經 · 明法 · 算道) 중의 하나이며, 『論語』와 『孝經』을 필수 과목으로 배웠다.

고 칭한 것이 사이쵸의 저술 중에서도 보인다. 구카이의 구문지수법(求
聞持修法) 배경에는 이러한 산림수행의 전통이 있었던 것을 잊어서는 안
된다.

그리고 사이쵸는 도선(道璿)의 여래선(如來禪)을 스승 행표를 통해서
전수받았다고 전해진다. 헤이안불교는 나라불교의 산림수행을 통하여
육성되었다고 해도 과언이 아닐 것이다. 확실히 나라불교에서의 산림은
유일하게 자유스러운 종교적 실천의 장소였다. 승니들은 여기에서만은
국가에의 봉사라는 임무에서 해방되어, 자기를 위한 수행에 열중할 수
있었다. 여기에 나오는 구문지수법은 그 자체 기억력을 양성하려는 극
히 저속한 기도법이었지만, 그것은 국가를 위해서가 아닌 자기를 위해
행해졌다는 것만으로도 충분히 의미가 있는 것이었다.

구카이에게 두 번째의 전기는 구미사(久米寺)에서 『대일경(大日經)』을
터득한 사건이었다. 그는 사이쵸과 같은 때에 입당하고 수도 장안에서
본격적인 밀교를 배웠는데, 그에 앞서 밀교의 근본성전의 하나인 『대일
경』을 접했던 점에 주의할 필요가 있다. 밀교는 크게 고밀(古密;雜密)과
신밀(新密;純密)로 나눈다.

원래 밀교는 인도에서의 불교 발전과정 중의 가장 말기에 나타난 것이
었지만, 불교가 동쪽으로 전파됨에 따라 중앙아시아를 거쳐 꽤 일찍 중
국으로 전래되었다. 이것이 이른바 고밀이다. 이것이 당나라시대가 되
어 남해무역이 성행함과 동시에 밀교의 본거지인 남인도에서 남해를 통
해 직수입된 것이 신밀이다. 그것을 최초로 수입한 이는 금강지(金剛
智;Vajrabodhi)였지만, 실제로는 그보다 앞서 북방의 육로를 통하여

본격적으로 밀교를 전한 이가 있었다. 바로 선무외(善無畏;Śubhakara simha)이다. 이들 두 삼장 이후를 보통 신밀로 한다. 종래 나라시대의 밀교는 고밀이라고 해 왔지만, 최근의 연구에서는 신밀의 성전도 꽤 많이 전래되었던 것을 알 수 있다.

그 대표적인 것이 선무외가 번역한 『대일경』과 『허공장구문지법(虛空藏求聞持法)』이다. 허공장구문지법을 초래한 자를 대안사의 도자로 하는 고전이 있는데, 이것이 사실이라면 구문지법은 도자가 귀국한 718(양로2)년에 일본에 전래한 것이 된다. 그렇다면 717(당 개원5)년에 선무외가 당나라에 와서 처음 번역한 구문지법은 그 다음 해에 일찍이 일본에 전래된 것이다. 나라시대에 밀교의 재빠른 수입은 앞서 산림수행의 성행과 아울러 매우 흥미로운 일이다. 헤이안불교는 결코 갑자기 나타난 것이 아니었고, 충분한 준비기간 후에 출현한 것임을 잊어서는 안 된다.

그러나 구카이가 나라불교의 평범한 후계자였다는 의미는 아니다. 입당한 구카이는 선무외·금강지 두 삼장의 손제자 혜과(惠果) 아도리(阿闍梨)로부터 정통 순수밀교의 상승을 인가받고, 아사리의 입멸을 조우함으로써 그 장례식에서 대중의 추천을 받아 분묘의 비문을 제작하는 중책을 다하고 귀국했지만, 그의 밀교 초래도 또한 단순한 승계가 아니었다. 당시의 중국밀교는 인도에서 전래된 지 얼마 안 되는 상황이어서 교의적으로 아직 채 소화되지 않고 잘 정리되지 않은 단계에 있었다. 구카이는 이것을 문자 그대로 사병(瀉瓶)하고 일본으로 가져오면서 그것을 진언종이라는 하나의 교의체계로 완성하였다. 그가 쓴 『십주심론(十住心論)』은 밀교에서 최초이자 최고의 교판론이라는 평가를 받고 있다.

구카이가 귀국한 대동1년(大同;806) 8월은 환무천황이 이미 승하한 후였기 때문에, 진언종의 연분도자는 천태종의 그것보다 훨씬 늦어져서 승화2년(承和;835)에 이르러 겨우 인정되었다. 그처럼 진언종은 그 출발에서부터 천태종보다 늦어졌다. 이 지연을 만회하기 위해 구카이는 선천적인 풍부한 문필 재능을 구사하면서 천황을 비롯한 귀족들과의 접근을 시도했다.

헤이안불교의 특색은 종교를 국가권력의 굴레에서 해방하려는 것이었는데, 그것의 인정을 받기 위해서 국가 또는 귀족의 힘을 빌려야 했던 것은 역시 어쩔 수 없는 일이었다. 809(대동4)년 구카이는 세설을 묵서한 병풍을 평성천황에 올리고, 다음해 홍인1년(弘仁;810)에 동대사 별당[21]으로 임명되었다.

그해 약자(藥子)의 난[22]에 연좌하여 폐립된 비운의 황태자 고악친왕(高嶽親王;眞如)을 비롯하여 동대사 남원과 관계를 맺은 많은 승려들이 구카이의 교화를 받았다. 811(홍인2)년에 『유희이집(劉希夷集)』을 사가(嵯峨) 천황에게 헌납하고, 이어서 너구리 털 붓 네 자루와 사취(史就)의 『급취장(急就章)』(이상 812년), 『범자실담자모병석의(梵字悉曇字母竝釋義)』(814년), 시구를 쓴 병풍(816년) 등을 헌납했다.

이와 같이 시문의 교양을 바탕으로 궁중사회에 진출함과 동시에 고응

---

21) 別當(벳토우) : 동대사·興福寺 등의 대사들에서 寺務를 통괄한 승관이다. 일본에서는 寺務를 담당하는 직책의 명칭은 절에 따라 다르다.

22) 藥子(구스코)의 亂 : 810년 平城上皇의 총애를 받은 藤原藥子 등이 平城京에의 천도 및 평성상황 재 즉위를 도모하다가 실패한 사건이다.

산사(高雄山寺)에 관정단을 설치하고(812), 동사(東寺)를 하사받고(823년), 대안사 별당에 보임되는(829) 등 팔면육비의 대활약을 계속하였다. 그리고 834(承和원)년에는 궁중의 감해유사청(勘解由使廳)을 진언원(眞言院)으로 하면서, 거기에 당나라의 내도장을 본떠 만다라단(曼茶羅壇)을 건립하였다. 동대사 남원(진언원)에서 궁중 진언원의 건립에 이르기까지 구카이의 교세 확장에는 항상 일관된 방침이 있었다. 그것은 일종에 포용주의로써 그의 교양의 광대함, 성격의 관대함을 반영한 것이었다. 즉 구카이는 사이쵸처럼 구불교와 전면적으로 대립하는 것을 피하고, 우선 타협하고 동조하면서 부지불식간에 상대를 자기 쪽으로 동화시키는 것과 같은 방법을 취했다.

이것은 또한 진언종 교학의 특색이기도 하였다. 그의 주저로 평가되어 있는 것은 상술한 『십주심론』10권인데, 본서는 『대일경』『주심품(住心品)』에 의거하면서 인간의 주심 즉 종교의식의 발달을 10단계로 구분하고, 불교의 여러 종파를 비롯하여 세속의 윤리도덕까지도 이 10가지로 분류하여, 밀교의 가장 뛰어난 점을 내세운 교판론이다. 동시에 교리를 단계별로 구분하고 가치판단된 모든 종교의식을 이면에서 바라볼 때, 그 어느 것에도 대일여래의 완전한 지혜가 숨어 있지 않은 것이 없다고 설하고 있다. 진언비밀의 가르침이란 구카이에 따르면 모든 사상(事象)에는 진리가 비장되어 있다는 의미, 즉 즉사이진(卽事而眞)이라는 것이었다.

이리하여 구카이의 행동은, 그의 인품 및 교학의 성격을 반영하여 매우 타협적인 것이라고 판단되는 경우가 많다. 그럼에도 불구하고 여전히 그의 진언종은 뚜렷한 종파불교이면서, 나라의 여러 종파와 같은 수준으로 논할 수 없는 것이다.

이미 설명한 것처럼, 남도의 대사들은 승려들이 종파에 상관없이 구애받지 않고 같은 절에 거주하고, 같은 부처님을 예배하고, 같은 경전을 독송하고 있었다. 사이쵸는 히에산사(후에 연력사로 됨)를 일향대승사(一向大乘寺)로 하려는 과정에서 남도와의 사이에 물의를 일으켰지만, 구카이는 그러한 과격한 수단을 택하지 않고, 자연스럽게 일을 진행시켜 동사를 오로지 진언승만이 거주하는 절로 인가를 받는 것과 같은 교묘한 방법을 펼쳐나갔다.

사이쵸가 동국(관동지방)으로 포교를 떠난 816(홍인7)년, 구카이는 서쪽으로 향하여 고야산을 열었다. 그때 천황에게 올린 『걸입정처표(乞入定處表)』에는 "산천지수(山川地水)는 모두 천황의 소유이지만, 그 국주의 소유권에서 벗어난 청정한 성지로서의 고야산을 하사받고 싶다"고 말하고 있다. 그의 교학은 모든 문화현상에 파고들어 파급되었지만, 그 근원이 되는 순수하고 청정한 성지인 고야산은 세속사람인 국왕의 소유권을 배제한 '결계(結界)' 이어야 했다.

우리는 여기에서 국가와 종교의 새로운 관계가 성립한 것을 확인할 수 있다. 덧붙여 말하면 그때 하사받은 태정관부(太政官符;816년 7월8일)는 중세를 통해 고야산이 사령을 보전하는 최고의 증권(證權)이 되었다.

구카이는 사이쵸보다 13년 후까지 살았는데, 이 13년 동안은 사이쵸의 말년과 비교하면 훨씬 화려한 것이었다. 특히 문인 군주인 사가천황의 총애를 받으면서 그 재능을 맘껏 신장시켰고, 관위는 대승도(大僧都)에 이르렀다(827년). 그렇게 하면서 835(승화2)년 3월21일에 고야산에서 입적했다. 그때 63세였다. 921(연희21)년이 되어 홍법대사(弘法大師)라는 시호를 받았다.

3. 헤이안불교의 전개

1) 남·북 양불교(兩佛敎)의 새로운 기운

　사이쵸·구카이의 눈부신 활약에 의하여 천태·진언 양종이 개종되면서, 불교계의 주류는 이들 양종을 중심으로 한 헤이안경으로 옮긴 느낌이 있었다. 그러나 한편 남도에는 동대·흥복·대안·약사·원흥 등의 큰 사찰들이 즐비하고 천평연간 이래의 국가불교로서의 전통을 중시하여, 쉽게는 그 주도권을 북경(北京;교토)에 양보하지 않을 상황이었다. 그 결과 불교계의 주도 세력은 구 육종계의 남도와 천태·진언계의 북경으로 양분되었고, 남북이 대립한 상황에서 헤이안 말기로 향했다.

　그런데도 양자 간에 격렬한 대립과 항쟁이 있었던 시기는 히에산을 둘러싼 대계(大戒) 논쟁이 끝난 822(홍인13)년쯤까지로 그 이후는 궁중의 재회(齋會) 등에서 삼일권실논쟁(三一權實論爭)이 반복되거나, 말기에는 남도북령(南都北嶺) 간의 승병 분쟁이 가끔 발생하는 경우가 있었지만, 표면적으로는 평온하고 어느 정도의 조화된 안정감이 지배적이었다. 그 이유는 남도불교와 북경불교가 원래 다른 교의와 성립 과정을 거치면서도 어느 사이에 같은 기반 위에 입각하고, 같은 구조를 가지는 교단으로 변해 있었기 때문이다. 사실 양 불교 모두가 헤이안시대 초기가 지날 무렵에는 명백한 귀족불교로 변모하였다. 이하에 잠시 그 과정을 설명하기로 하겠다.

앞에서 나라불교를 국가에 종속한 불교이고, 헤이안불교를 주체성을 가지고 국가를 진호한 종교라고 규정했다. 그러면 이 경우의 국가란 고대 율령국가인 것은 말할 필요도 없다. 그렇기 때문에 연희(延喜)연간(900년 경) 이후 율령국가 쇠퇴가 급속도로 진전되었을 때, 남북의 불교는 종속이든 진호이든 간에 그 대상을 잃게 되었다. 불교의 귀족화는 율령국가의 쇠퇴라는 외부적 조건에 의해 진행된 것이었다. 즉 헤이안불교가 귀족에의 접근을 시도한 것은 이러한 사태에 대처하고 교단의 존속을 도모하기 위해서 피할 수 없는 궁여지책이었을 것이다.

한편 귀족 측에도 불교에 대해서 기대하는 바가 있었다. 첫 번째로 율령국가 권위가 쇠퇴하고 경찰력이 무력화되었을 때, 무력이 없는 귀족들은 그 특권과 영지를 보전하기 위해서 종교적 권위를 필요로 했다. 두 번째로 귀족정치에 파벌투쟁은 필연적으로 수반되는 것이다. 밀교화된 불교의 기도법은 권세 다툼의 도구가 되었다.

그리하여 국가권력의 굴레를 벗어나 주체성을 확립한 헤이안불교는 귀족에게 접근하여 귀족정권과 유착하기에 이르렀다. 결과적으로 보면 사이쵸나 구카이가 수행한 일은 국가불교를 귀족불교로 전환시키기 위한 준비작업이었다고 할 수 있다.

나라시대 후기에 육종 중에서 가장 우세를 띤 것은 법상종이었다. 법상종에는 두 가지의 전승이 있는데, 흥복사의 것을 북사전(北寺傳), 원흥사의 것을 남사전(南寺傳)이라고 부른다. 그런데 법상종학이 열심히 연구되어, 진가를 발휘한 시기는 나라시대보다 오히려 헤이안시대 초기 이후였다. 그것은 북경에 천태·진언 양종이 발흥한 것에 대한 반사적 현상이었다고 생각할 수 있다.

사이쵸·구카이와 거의 같은 시기에 흥복사에는 수원(修圓)이 있었고 강세한 일파를 형성하였다. 『풍신첩(風信帖)』 중에 수록된 구카이가 사이쵸 앞으로 보낸 편지[최징완공해서안(最澄宛空海書翰)]에 “저와 당신과 수원 세 사람이 북교 발전에 관해서 협의하고 싶다”고 씌어 있는 것으로 보아, 사이쵸와 구카이마저 경의를 표할 만큼의 학자였던 것을 알 수 있다.

수원에게는 저술도 많았고, 제자 중에는 사이쵸의 논적 덕일(德一)이 있었다. 원흥사에는 전술한 비소자연지(比蘇自然智) 무리의 한 사람인 호명(護命)이 있었다. 그는 816(홍인7)년 대승도가 되어 승강의 상위에 있었기 때문에, 대계문제(대승원돈계의 독립)에 임해서는 사이쵸와 적대하지 않으면 안 되는 입장이었지만, 구카이와는 매우 친한 사이였다. 문하에 영재들이 운집했고, 그 중에서 중계(仲繼)·명전(明詮)이 가장 뛰어났다. 그 중계와 명전이 활약한 시대에 법상교학은 전성기를 맞이하였다.

중계는 한 때 약사사에 거주하고, 830(천장7)년 9월에 약사사에서 최승회(最勝會)를 개최하는 칙허를 얻었다. 이것은 궁중어재회(宮中御齋會)와 흥복사 유마회와 아울러 3대회로 불렸고, 승려의 등용문 역할을 했다. 859(천안3)년 정월에 발표된 조칙에 의하면 제종의 학식자를 매년 10월의 유마회 강사로 임명하고, 이윽고 익년 정월의 어재회와 3월의 최승회에도 임명한다고 되어 있다.

이 삼회강사를 거친 자를 '이강(已講)'이라고 부르고, 차례로 승강의 율사로 임하는 것이 제도화되었다. 그리고 834(승화원)년 정월의 조칙에 의하면 유마회 수의(竪義)에 급제하면 제국안거(諸國安居)의 강사[23]로 임명되었다. 그리하여 삼회 중에서도 처음에 거행되는 유마회는 승려가 출세하는 등용문이었다. 유마회는 후지와라노 가마타리(藤原鎌足) 이후, 후지와라씨가 단월이 되어 거행한 법회였다. 남도불교는 유마회를 통하여 귀족과 직결됨과 동시에 승강을 통해서 국가기구 내부에서의 발언권을 유보하였다. 유마회를 비롯한 삼회 코스와 승강조직을 독점하는 것으로 남도불교는 신흥 북경불교에 대항하기로 했던 것이다.

그러나 헤이안시대도 초기를 지날 무렵부터 남도불교도 쇠퇴의 색채가 농후하게 되었다. 이런 양상은 후지와라씨 등 귀족과의 연결이 희박한 원흥사 등에서 먼저 보였다. 원흥사의 명전은 당대 제일의 법상종 학장이었는데, 그의 명성을 질투한 악승이 있어서 그의 죄를 고발하기로 했다.

명전은 원흥사 남쪽 구석에 별원을 지어 살았다. 악승은 여러 절의 나쁜 승려 60명 정도를 모으고, 명전의 승방으로 밀어닥치면서 "자네는 원흥사의 별당이면서도 별원에 거주하고, 본사의 경제를 고려하지 않은

23) 講師 : 795년 제국의 國師를 강사라고 부르게 되었다.

것이 매우 부당하다"고 말하며 다그쳤다. 그 때 명전은 태연하게 "원흥사의 수입이 궁핍에 빠지기 시작한 것은 연상승정(延祥僧正) 때부터이다. 그 이유는 다른 것이 아니다. 시대가 차츰 쇠퇴하고 절의 봉호(封戸)들이 세를 납부하지 않기 때문이다. 그리고 개인적으로 도량(별원)을 지은 것은 여러 단월의 힘에 의한 것이므로, 건립비용은 절에서 지출한 것이 아니다"고 대답했다고 한다. 악승들은 일리있는 대답에 승복하고 달아났다.

그런데 이 삽화는 당시 남도 대사들이 직면한 궁핍 상태를 솔직히 전하고 있다. "시대가 차츰 쇠퇴하고 절의 봉호들이 세를 납부하지 않는다"는 것처럼, 율령국가의 쇠퇴에 따라서 관대사의 경제는 어려운 상황이 되었다. 그래서 승려는 다른 재원을 찾아야 했다. "개인적으로 도량을 세운 것은 여러 단월의 힘에 의한 것이었다"는 말의 단월이란 귀족을 의미하는 것이므로 여기에서 귀족에 대한 접근이 시작된 것을 알 수 있다.

나라시대의 관대사(官大寺)가 귀족에게 접근할 경우, 위의 일화에서 보이는 것처럼, 그 사원 구조를 변경한 것도 간과해서는 안 된다. 즉 그 때까지 삼강(三綱)[24]을 중심으로 한 관사 기구가 서서히 별당이나 문적(門跡)[25]의 개인적 건물인 '원'을 중심으로 한 기구로 개편되어 갔다.

그리고 이러한 문적이나 별당에 귀족자제가 취임하게 되는 것이 습관

---

24) 절 안의 승려와 寺務를 관리하는 上座 · 寺主 · 都維那 등의 세 가지 승관을 말한다.

25) 門跡 : ①한 宗門의 본산 또는 거기 살면서 그 법통을 계승한 승려 ②황족이나 귀족이 출가하여 거주한 특정의 절 또는 그 주지를 말한다. 宇多천황이 출가하여 仁和寺에 거주한 것이 門跡寺院의 출발점이 되었다.

화되면서 구 불교의 귀족화는 완성되었다. 그 전형적 예가 흥복사에서의 일승원과 대승원의 성립이었다. 일승원의 시조인 정소(定昭)는 좌대신(左大臣) 후지와라(藤原師尹)의 아들이고, 그리고 얼마 안 있어 개창된 대승원의 시조 융선(隆禪)은 좌소장(左少將) 후지와라(藤原政兼)의 아들이었다. 이후 역대 문적에는 섭관가(攝關家)[26]의 자제가 취임하게 되었다.

2) 남도(南都)불교의 밀교화

대불개안(大佛開眼 ; 749년)에서 약 100년이 지난 855(제형2)년 5월23일, 동대사 대불의 머리가 이유도 없이 갑자기 무너져 떨어졌다. 율령국가의 붕괴를 상징하는 것과 같은 불안한 사건이었다. 정부는 다카오카(高嶽) 친왕(親王) 및 대납언(大納言)[27] 후지와라(藤原良相)을 수리대불사(修理大佛司)로 임명하고, 율령국가의 여력을 기울여 재조성하기 시작했다. 그 때 수리대불사가 "성무천황의 본원을 따라서 모든 인민을 선지식으로 하고, 동전 하나, 쌀 한 홉이라도, 재력에 걸맞게 보시하기로 하겠다."고 말하고 있지만, 거기에는 천평시대의 옛날과 같은 충실한 힘

---

26) 후지와라씨에 의한 귀족정치가 발달한 9세기 후반부터 천황을 보좌하여 정무를 맡아본 攝政과 關白이 최고의 정치 실권자가 되었다. 보통 섭정과 관백에는 후지와라씨 중에서 가장 힘이 있는 사람이 임명되어서, 그 사람을 氏의 長者(우지노 죠우자)라고 했다. 후지와라씨 일족 중에서도 섭정이나 관백을 배출한 가문을 攝關家라고 불렀다.

27) 大納言(다이나곤) : 율령제에서 太政官의 차관으로 大臣 다음의 고관이다. 納言에 大納言 · 中納言 · 少納言이 있었다.

은 조금도 느낄 수 없었다.

천평시대의 지식결(知識結;재가자의 결연)은 국가의 위대함을 민중에게 알리는 방편이었지만, 제형(齊衡) 연간(854~857)의 권진(勸進)은 국력의 부족함을 민중의 도움에서 메우는 수단에 불과한 것이었다. 그리고 그 시절을 전환점으로 하여 동대사·대안사 등 여러 절의 밀교화가 급속도로 진행된 것도 우연한 일이 아니었다.

구카이가 동대사와 대안사의 별당을 역임한 것은 이미 말했다. 이것이 남도불교의 밀교화를 촉진한 유력한 동기가 된 것은 의심할 여지가 없다. 재주가 많았던 구카이는 이렇게 지내면서 남도의 고승들과 긴밀한 교류를 맺었다. 구카이의 문집인 『성령집(性靈集)』에 수록된 문장만 보아도, 그러한 교류의 몇 가지를 확인할 수 있다.

즉 구카이는 호명(護命)이 80세 때의 하시(賀詩)를 그의 제자 중계(仲繼)를 대신하여 지었고, 대안사 근조(勤操)가 입적했을 때에 그 영찬(影贊)을 만들었다. 또한 당초제사 여보(如寶)를 대신하여 『사봉호표(賜封戶表)』를 만들었으며, 또한 동대사에서 삼보를 공양하는 원문(願文)을 작성하였다. 그리고 등원동사(藤原冬嗣)가 흥복사에 남원당(南圓堂)을 건립했을 때 구카이는 단법(壇法)을 수행하였고, 더 나아가 822(홍인 13)년에 동대사에 진언원(眞言院;南院)을 건립한 것에 대해서는 앞에 언급한 바 있다.

이와 같은 구카이의 활약도 있었지만, 남도 대사들의 밀교화에 관해서는 보다 근본적인 이유가 있었다. 그것은 대사들 스스로의 요구, 즉 밀교를 수용함으로써 귀족과의 접근을 도모하려는 요구 때문이었다. 그렇기 때문에 남도의 밀교화는 귀족의 후한 비호를 받고 있었던 흥복사보다 귀족과의 관계가 부족했던 동대사·대안사 등의 제사, 그리고 종파적으로 말하면 법상종보다 삼론종에서 재빨리 진행되었다.

나라시대 말부터 헤이안시대 초기에 걸쳐, 일시적으로 삼론종도 부활의 추세에 있었다. 저명한 학승으로는 대안사에 경준(慶俊)·선의(善議)가 있었고, 선의 문하에서 안징(安澄)·근조(勤操)가 있었다. 그리고 원흥사에는 약보(藥寶)·영예(靈叡)가 있었다. 정관(貞觀)연간(859~877) 전후 경, 교토와 나라에서 화려한 활약상을 보인 동대사 성보(聖寶)·법륭사 도전(道詮)·광륭사 도창(道昌) 등은 다 상기 스님들의 손제자에 해당하는 세대에 속하는 스님들로서 남도 불교를 현저하게 밀교화한 인물들이었다.

성보는 삼론을 대안사 원효(願曉) 및 원흥사 선융(宣融)·원종(圓宗)에게 배우고, 양쪽의 절에서 전승되던 것을 합치고 동대사에 동남원(東南院)을 만들었다. 동시에 성보는 구카이의 제자 진아(眞雅) 및 원인(源仁)에게 밀교를 직접 배웠기 때문에, 동남원은 삼론과 진언 겸학 도량이 되면서 남도 밀교의 근본이 되었다.

응화 원년(應和;961)의 관부에 의하면, 동대사는 낮에 『인왕경』을 독송하고, 밤에 존승(尊勝)·대일(大日) 등의 진언을 염송하면서 천하의 안온을 기원해야 한다고 했다. 이와 같이 밀교와 그 이외의 제종을 겸수하는 것을 '현밀겸수(顯密兼修)'라고 하고, 이윽고 이것이 남도 모든 사찰의 통례가 되었다. 또한 성보의 북경(교토)에서의 활약에 대해서는 뒤에 거론하겠다.

도전은 처음에 법륭사에서 삼론을 배웠다가 뒤에 가까운 곳에 있는 부귀산사(富貴山寺)에서 허공장구문지법(虛空藏求聞持法)을 수행하고 '자연지(自然智)'를 얻었다고 한다. 그는 고악(高岳) 폐태자(廢太子)에게 삼론을 가르친 스승이었는데, 친왕(親王)이 입당했을 때 스승 도전에게 편지를 보내 "중국의 대부분 승려들은 논학을 모르고"·"우리 스승(도전)만한 사람이 없다"(『삼대실록(三代實錄)』881년)고 칭찬하였다.

그도 산에 들어가 경험자로서의 능력을 키울 필요가 있는 시대가 되었던 것이다. 이러한 현밀겸수로 방침을 채택한 것에 의하여 오래 동안 황폐하고 있었던 법륭사도 재흥되었다.

도창도 구문지법의 수행자로서 알려져 있었다. 그가 허공장의 영험을 얻은 교토 사가(嵯峨)의 갈정사(葛井寺)는 현재 아라시야마(嵐山)에 있는 법륜사이다. 원래 도창은 원흥사에서 삼론을 명징(明澄)에게 배우고 승화(承和)연간(834~848) 초에 교토 우주마사(太秦) 광륭사의 소별당이 되었다. 광륭사는 성덕태자가 건립했다고 전해지는 교토에서 가장 오래된 절인데, 홍인 9년(弘仁;818)년에 불타서 당탑가람(堂塔伽藍)의 모두가 소실되었지만 도창이 잘 부흥시켰다.

정관16년(貞觀;874) 3월 태정대신(太政大臣) 후지와라노 요시후사(藤原良房)의 발원에 의해 후카쿠사(深草) 가상사(嘉祥寺) 서쪽에 건립된 정관사(貞觀寺)의 낙성법요에는 도창이 초청되면서 도사(導師)를 맡았다. 그 때 요시후사는 이미 사망하고 없었지만, 아마도 도창과 요시후사는 스승과 단월의 관계였던 것으로 보인다.

청화(淸和) 천황의 정관연간(859~877)에는 거국적으로 밀교가 성행하고, 기도만능의 시대상을 나타냈다. 북경에서의 불교계의 주역은 원진(圓珍)·진아(眞雅)·종예(宗叡)이었지만, 남도계의 도창(道昌)·성보(聖寶) 등도 상술한 바와 같이 왕성하게 활약하였다. 그리고 그렇기 위해서는 '현밀겸수'가 필수적으로 되어 승려들은 험력(驗力)을 겨루었고, 사찰들은 밀교의 사상(事相;修法)을 획득하기 위해서 광분하였다.

밀교화의 추세는 드디어 남도불교의 아성인 흥복사에까지 파급되었다. 이러한 남도 밀교화의 극치에 자리를 잡은 대표적 인물이 고지마(子島)의 진흥(眞興)이었다. 진흥은 흥복사의 승려로 법상학을 중산(仲算)에게 배웠으며 특히 인명(因明)을 잘하고 많은 저술을 남겼다. 그 중에서 밀교에 관한 『태장계의궤해석(胎藏界儀軌解釋)』과 『박일라태도사기(縛日羅馱都私記)』는 법상과 밀교를 조화시킨 저작으로서 알려진다. 뒤에 대화국(大和國) 고시군(高市郡)의 자도사(子島寺)에 거주하였기 때문에, 그 유파는 자도류(子島流) 밀교라고 불렸다.

이상 헤이안 천도 이후의 남도불교의 변천에 관해 개설하였다. 국가의 보호 밑에서 위세를 떨친 남도의 대사들도 시대의 추세에 따라 귀족화와 밀교화를 피할 수 없었다. 그러나 그 대응은 어느 관점에서 보아도 북경불교의 반복에 불과한 것이었다. 그런 상황이었기 때문에 흥복사는 광대한 장원영주가 되어 수많은 승병을 육성하고 세속적 권위를 위해 북경과 대항했지만, 그 교학은 자도의 진흥 이후에 거의 진전이 없었다. 남도불교의 부흥은 다음 새 시대를 기다려야 했다.

3) 사이쵸 이후의 천태종

　사이쵸가 사망한 후 천태종은 어떻게 되었는가? 대승계단이 칙허되어 해마다 두 명씩 연분학생(年分學生)이 육성되었지만, 그들에게 마련된 좋은 자리는 없고, 의식(衣食)까지 궁핍한 상황이었다. 첫 번째로 천태좌주(天台座主)가 된 의진(義眞)은, 824(천장1)년 6월 속별당(俗別當) 대반국도(大伴國道)에게 궁중어재회(宮中御齋會) 청중 및 사천왕사 · 법륭사 두 절의 안거강사로서 천태종 승려를 임명해 줄 것을 신청하고 허가를 받았다.

　그때 대반국도가 법륭사 단월 등미등진(登美藤津) 앞에 보낸 편지에는 "히에(比叡) 무식(無食)의 승려를 법륭사 · 천왕사에 거주시키고 공양을 주자"(『일심계문(一心戒文)』)는 문장이 있다. '히에 무식의 승려'라고 한 말에서 당시 히에산의 궁핍한 상태가 잘 드러나고 있다. 이어서 승화 2년(承和;835)에 2대 천태좌주 원징(圓澄)은 천태종의 연분도자가 수계한 후에 제국 국분사의 강사(講師) · 독경사(讀經師)로 임명해 줄 것을 신청하고 허가를 받았다.

　천장 · 승화 연간은 아직 국가불교의 여세가 융성한 시대이었기 때문에, 그러한 국가불교의 시스템 안에 진출하는 것에 급급하던 것이 당시 히에산의 실상이었다. 바꾸어 말하면 당시 천태종은 율령국가보다 더 장래성이 있던 '귀족'이라는 후원자의 존재를 의식하고 있지 않았다. 그러나 국가불교에 진출하려는 시도 과정에서, 서서히 이 새로운 후원자와 결합해 갔다. 그 경위는 광정(光定)의 『일심계문(一心戒文)』에 자세하게 묘사되어 있다.

820(홍인11)년 2월 사이쵸는 승강의 반론에 대답하기 위하여 『현계론(顯戒論)』을 저술하고 광정이 이것을 궁중에 가져갔다. 그 때 광정은 "만약 일이 성취되면 이 논을 궁중에서 보존하고, 만약 성취될 수 없는 경우에는 즉시 반환해 주어라"고 말했다. 논은 그대로 궁중에 보류되었지만, 대계의 칙허는 내리지 않았다. 그 동안에 사이쵸는 중병을 앓고, 광정은 가만히 있을 수 없었다. 드디어 결사적인 각오로 822(홍인13)년 3월17일 환무천황 기일을 기해 사가천황에게 직소하기에 이르렀다.

광정은 저녁에 가까운 시간이 되어서야 겨우 사가천황 앞에 나아가게 되었다. 앞에 나가 보니 천황의 좌우에는 현번두(玄蕃頭) 진원잡물(眞苑雜物;원래 흥복사 승려였기 때문에 남도불교 측의 사람이다)과 내장두(內匠頭) 등원시웅(藤原是雄)이 있었고, 한 장의 종이를 들고 무언가 상의 중이었다. 광정이 나온 것을 보고 천황이 "대계에 관해서는 육종이 반대하기 때문에 안 되겠다"고 말했다. 광정은 "저것은 천태 일종의 문제이기 때문에, 남도육종과는 관계가 없는 일입니다"고 대답하였다. 그때 천황이 "그러한가. 그렇다면 아무 것도 아닐 것이다."고 말하면서 옆에 있던 진원잡물을 향해서 "중납언(中納言)을 부르고 금방 선지(宣旨)를 내는 수속을 하라"고 명령했다. 광정의 결사적 상주는 효과를 나타냈고 사태는 급진전됐다.

그런데 그때 천황이 가지고 있던 한 장의 종이는 무엇이었는가. 『일심계문』에 의하면 그것은 우대신(右大臣) 후지와라노 후유쓰구(藤原冬嗣)와 중납언(中納言) 요시미네노 야스요(良峰安世) 앞으로 사이쵸가 보낸 중개를 의뢰한 편지였다고 한다. 바로 대계 칙허를 배후에서 지원한 사람은 이 두 명의 명문 귀족이었다.

후유쓰구는 북가의 상속자이면서 구수코(藥子)의 난 이후의 정치계에서 제일의 권세가였다. 그리고 야스요는 환무천황의 황자로 요시미네노이란 성을 하사 받고[28], 후유쓰구와 아울러 사가천황을 옆에서 보좌한 인물이었다. 곧 야스요와 사가천황은 이복형제이고, 나이차가 얼마 안 나는 친밀한 관계에 있었다. 동시에 야스요의 어머니는 비조부내지마려(飛鳥部奈止麻呂)의 딸이고, 등원내마려(藤原內麻呂)와 결혼하여 후유쓰구를 낳은 후에, 궁중의 여관이 되어 환무천황과의 사이에서 야스요를 낳았다.

그래서 후유쓰구와 야스요는 이부동모(異父同母)의 형제이고 후유쓰구가 열 살 위이었다. 말하자면 사가천황·후유쓰구·야스요의 세 사람은 형제와 같은 친한 사이였다. 이러한 후유쓰구와 야스요 두 사람에게 보호를 의뢰한 사이쵸는 날카로운 눈을 가진 사람이었다고 말할 수 있다. 천태종은 이리하여 장래성이 가장 풍부한 귀족인 등원북가(藤原北家)를 후원자로 두게 되었다.

846(승화13)년 8월에 히에산에 정심원(定心院)이 완성되었고, 다음 해에 이 곳에 십선사가 배치되었다. 인명(仁明) 천황에 의한 발원이었다. 이 때부터 히에산 교단은 경제적으로 풍족한 상황이 되었다. 그리고 그

---

28) 천황家에는 성이 없다. 황족 중에는 성을 하사받아, 臣下가 되어 정부 고관이 되는 사람들이 있었다. 황족 신분에서는 관인이 될 수 없었기 때문이다. 그런 사정 때문에 이 시대에는 유능한 황족 중에는 신하신분이 되어(臣籍降下) 관인으로서 출세하는 길을 선택하는 경우가 많았다. 그리고 高嶽親王(眞如)처럼 출가한 황족들도 많았다.

해 10월, 약 10년간의 유학을 마치고 원인(圓仁)이 귀국하면서 천태종의 중흥이 시작된다.

원인은 사이쵸의 직제자이었지만 비교적 말년의 제자로 29세 때에 스승이 입적을 하게 된다. 그 때 사이쵸로부터 원성(圓成)·인충(仁忠) 등과 같이 "원내(院內)의 일을 장행(莊行)해야 한다."고 부촉(付囑)된 것을 보면, 젊은 시절에 스승의 신뢰를 받고 있던 것을 알 수 있다. 그 후 히에산 교단은 일시적으로 침체기로 접어드는데, 원인이 은밀히 입당 유학의 기회를 노리고 있었기 때문이다.

원인은 왜 입당에 뜻을 두게 되었는가. 『조야군재(朝野群載(16))』에 수록된 공해완원징등서장(空海宛圓澄等書狀(832년 9월25일자))은 원인의 입당상황을 대신 설명한 것이라 할 수 있다. 천장 8년(天長;831)은 구카이가 가장 화려했던 시절이었지만, 한편 히에산은 앞에서 말한 것처럼 침체의 극치에서 허덕이고 있었다.

그 이유를 생각해 보면, 사이쵸의 제자들에게는 구카이와 같은 진언밀교의 소양이 결여된 것에 있었다. 히에산을 성운으로 향하게 하기 위해서는 귀족이란 외호자를 획득할 필요가 있었지만, 그렇게 하기 위해서는 교단을 밀교화해야 했다. 그래서 원징·덕원 이하 26명의 사이쵸 직제자들이 다 같이 모여 구카이 밑에서 밀교 수학을 청한 것이 이 편지였다. 이것은 후세의 히에산 교단에서 보면 매우 불명예스러운 이야기이기 때문에 말살하자는 강한 반발이 생겼다.

또 반대로 진언종 측에서 보면, 자종의 우월성을 증명하기에 아주 적당한 재료가 되었다. 피아가 뒤섞여서 진위에 관한 논쟁을 벌이다가, 다음 『일심계문(一心戒文)』(下) 중의 기술을 방증으로 하면서, 이것이 사실이었다고 생각한다. 곧 『일심계문』의 기술은 "원징은 …… 이순(耳順)의 나이가 되었지만, 선사(先師)를 계승하기 위해서 진언의 대도를 수학하면서 삼밀의 계계(戒契)를 하나하나 지진(指陳)하고 공해대승도로부터 받았다"고 한다. 원징의 생몰년에 관한 설은 몇 가지가 있지만, 가장 신뢰할 수 있는 『천태좌주기(天台座主記)』의 설을 따르면 831(천장8)년은 정확히 61세(이순은 60세)에 상당한다.

상술한 것이 인정된다면, 다음과 같이 생각할 수 있겠다. 사이쵸가 입적한 후 천태교단에서의 밀교화 요구는 절실했다. 원래 사이쵸의 입당 구법은 원(圓)·선(禪)·계(戒)·밀(密)의 사종상승(四種相承)이었고, 천태종 연분의 한 사람은 차나업(遮那業)²⁹⁾을 수학하는 규정이 있었다. 그러나 그 밀교는 구카이가 가져온 것과 비교하면 상당히 뒤떨어진 것이어서 그들의 열등감은 씻을 수 없는 것이었다.

당시의 이러한 상황을 배경으로 고려할 때, 원인이 입당한 동기가 어디에 있었던가는 말하지 않아도 명백할 것이다. 사실 입당한 원인은 곧장 장안으로 향했다. 선사 사이쵸가 구법한 천태산에는 끝내 가지 못하고, 밀교의 본고장인 당나라 수도 장안으로 향했던 것이다.

원인(圓仁)은 『입당구법순례행기(入唐求法巡禮行記)』라는 상세한 입당 일기를 남기고 있는데, 이것은 기행문 중의 백미이다. 여기서 그 요

---

29) 遮那業 : 일본 천태종에서 학승이 수행해야 하는 밀교를 의미한다(→止觀業). 遮那는 毘盧遮
　　那의 준말이고, 遮那經이라고 하면 『大日經』을 의미한다.

점을 정리하면, 승화5년(承和;838)년 견당대사(遣唐大使) 등원상사(藤原常嗣)를 따라서 입당한 원인은 840(당 개성5)년 봄에 간신히 오대산(五台山)에 도착하고, 같은 해 8월에 목적지인 장안으로 들어갔다. 먼저 대흥선사(大興善寺)의 원정(元政)에서 금강계대법(金剛界大法)을 배우고, 다음 해 청룡사(靑龍寺)의 의진(義眞)에서 태장계(胎藏界) 및 소실지(蘇悉地)의 대법을 배웠다. 몇 년 후에 현법사(玄法寺)의 법전(法全)에게서 태장의궤(胎藏儀軌)를 배우고, 남천축의 보월삼장(寶月三藏)에게서 실담(悉曇)의 성운(聲韻)을 배웠다. 장안에 6년간 거주하면서 845(당 회창5)년에 무종(武宗)의 파불(破佛)을 경험하고, 간신히 장안을 벗어나 847(승화14)년 9월에 하카다(博多)에 귀착했다. 원인의 입당 수법(受法) 중에서 특히 주목해야 할 것은 청룡사의 의진에서 소실지법을 배웠다는 것이다.

청룡사는 옛 연력 연간에 구카이가 혜과(慧果)에서 양부대법(兩部大法)을 배운 유적이었다. 원래 밀교는 교리연구[敎相]와 아울러 수법의궤(修法儀軌(事相))를 중요시하여 그 번거롭고 난해함이 예상을 초월하는 것이 있다. 이것을 크게 구별하여 금강계·태장계·소실지의 3부의 비법으로 한다. 구카이는 금·태 양부법을 배웠지만, 소실지법을 배우지 못했다. 그러나 원인은 구카이가 수법한 청룡사에서 구카이가 배우지 않았던 소실지 대법을 수학하고 돌아왔으므로, 그의 자랑스러움은 짐작하고도 남음이 있다.

그리고 천축의 보월(寶月)에게서 실담을 직접 배운 것도 중요하다. 앞에서 말한 831(천장8)년의 원징등서장(圓澄等書狀)에는 "범자와 진언을 수학하는 것이 매우 어렵다"는 말이 나오지만, 실담의 지식에 결여한 점도 히에산 밀교의 약점이었다. 그러나 원인이 귀국함에 따라 히에산 밀교의 진언종에 대한 열등감은 완전히 불식되었다. 이후 천태종은 밀교화 그리고 귀족화의 길을 치닫게 된다.

귀국한 원인은 모든 이들로부터 대환영을 받았다. 가상 원년(嘉祥;848년)에 내공봉십선사(內供奉十禪師)가 되어, 850년에 천황의 본명도량(本命道場)으로써 히에산에 총지원(摠持院)을 건설하고 14명의 선사를 배치했다. 같은 해 12월에 천태종의 연분도자가 네 명 늘었다. 854(제형원)년에 연력사 좌주가 되어, 856년 3월에 냉연원(冷然院)의 남전(南殿)에서 문덕(文德) 천황에게 양부 관정을 수여하고, 황태자와 우대신 등원량방을 비롯한 많은 황족·귀족도 입단했다. 원인은 정관 6(貞觀;864)년 정월14일에 71세로 입적, 866(정관8)년 자각대사(慈覺大師)라는 시호를 받았다. 그때 동시에 사이쵸에게도 전교대사(傳敎大師)라는 시호가 수여되었다. 원인 다음으로 원진이 나타나고 천태종은 더욱더 성운으로 향했다.

원진은 초대 천태좌주 의진(義眞)의 제자이다. 의진은 처음 번역승으로 사이쵸가 입당할 때 함께 있었으나, 귀국한 후는 대부분 고향인 사가미국(相模國;神奈川縣)에 거주하고 사이쵸의 직제자들과 친하게 지내지 않았다.

그런데도 사이쵸의 유언에 따라 히에산의 전등자(傳燈者)가 되었다. 의진이 입멸한 후 후계자에 관한 분쟁이 있었다. 『일심계문』의 저자인 광정의 노력에 의해 사이쵸의 직제자인 원징이 두 번째 좌주가 되어, 의

진과 가까웠던 제자들은 산 밖으로 배척되었다. 천태 교단이 세속적으로 성대해 짐과 동시에 내부에 당파가 싹트기 시작한 것도 어쩔 수 없는 일이었다.

원인의 입당과 귀국 그리고 화려한 그의 활약을 백안시하고 있던 의진 계통의 승려들은 비장의 수재를 당나라에 보내어 세력을 만회하려 하였다. 이 수재가 원진이었다. 후대 자각(원인)문도와 지증(원진)문도 간에 당쟁이 일어나고, 드디어 산문과 사문[30]의 분열로 귀결된 바탕이 이 시절에 이미 조성되었던 것이다.

원진은 이러한 기대를 짊어지고 인수3년(仁壽;853) 8월, 당나라 상인 흠량휘(欽良暉)의 배를 타고 당나라로 출발했다. 원진은 먼저 천태산으로 향했다. 거기에서 원진은 일본 유학승 원재(圓載)를 만났는데, 원재는 838(승화5)년 원인과 같이 입당한 천태종 유학생이었다. 그 때 원인은 장안으로 향했고, 원재는 천태산에서 구법하다가 회창파불(會昌破佛)을 겪었다. 어쩔 수 없이 환속하여 당나라 여인과 결혼하게 되었던 그는 결국 그대로 타락한 생활에 빠지면서 귀국할 희망도 상실해 있었다. 고국에서의 원인의 빛나는 영예를 상기하면서, 원진이 운명의 야유를 통감한 것이 틀림없을 것이다.

원진은 천태산 순례를 마친 후 855(당 대중9)년 원재와 같이 장안으로 향했다. 청룡사의 법전에서 경론의궤(經論儀軌)를 배우고, 대비태장관

---

30) 山門은 비예산 연력사를 나타내고, 寺門은 비예산 동쪽 산기슭에 있는 園城寺(三井寺)를 나타낸다. 10세기 말 이후 慈覺門徒는 延曆寺를, 智證門徒는 園城寺를 본거지로 하면서 심하게 대립하였다.

정(大悲胎藏灌頂)의 단으로 들어간 후에 마침내 금강계단에도 들어가고 그 깊은 뜻을 모두 배웠다. 돌아오는 길에 원진은 다시 천태산에 들러, 국청사(國淸寺)에 '일본국대덕승원(日本國大德僧院)'을 지으며 일본에서 올 유학승의 편의를 제공했다. 원진은 당나라에 6년간 체류하다가 천안2년(天安;858) 6월 당나라 상인 이연효(李延孝)의 배를 타고 8월 대재부(大宰府;福岡縣)에 귀착했다. 이 시기는 견당사 파견이 중단되어 있는 상태이었기 때문에[31], 원진은 왕복하는 내내 모두 민간인 상선을 이용하였다.

그 때 조정에서는 후지와라노 요시후사(藤原良房)·모토쓰네(基經) 부자가 권세를 부리고 있었는데, 원진에게 관대하였다. 864(정관6)년 가을 궁중의 궁중 인수전(仁壽殿)에 대비태장관정단을 설치하고 청화(淸和) 천황을 비롯하여 요시후사 등 30명이 입단하였다. 또 청화천황의 생모 염전후(染殿后;요시후사의 딸, 明子)의 호지[32]도 담당했다.

『대경(大鏡)』에는 "담당한 호지승은 지증대사였다. 그렇게 훌륭한 부처의 호지승이었으나, 이 왕후의 원귀(怨鬼)가 너무나 완고하여 어찌 끊어질 수 있나? 아마 전생에서의 일이 원인으로 생각할 수 있다"고 서술되어 있다. 귀족정치가 발달함과 아울러 서서히 당쟁이 빈번해지고, '모노노케'를 제거하는 기도를 하는 호지승들이 활약하게 되었다. 원진은

---

31) 遣唐使는 630년에서부터 10여회에 걸쳐 파견되다가, 894년에 菅原道眞(스가와라노 미치자네)의 건의에 의해서 폐지되었다.

32) 천황의 몸을 수호하는 祈禱僧을 護持僧이라 하였다. 호지승은 桓武천황 때 처음 설치되었으며 천태종과 진언종의 승려에서 선출되었다.

당대 호지승 중의 제일인자로서 후지와라씨와 결부하여 천태종의 귀족화를 촉진하였다.

요컨대 원인·원진이 출현하면서 천태종의 밀교화와 귀족화가 급진전되었다. 일찍이 '비예 무식'을 원망한 천태교단도 이제야 "공적인 것도 사적인 것도 모든 요청이 쉴 새 없이"(『신신악기(新申樂記)』) 쇄도하는 완전한 귀족불교가 되었다.

그런데 이렇게 선명하게 밀교화된 천태종에도 아직 완전히 불식할 수 없는 문제가 남았다. 원래 천태종과 비밀진언교는 별도의 성립과 내용을 가지는 것이었기 때문이다. 천태종이 밀교화되면 될수록, 이들 양자의 관계를 어떻게 설명할 수 있는가가 어려운 문제로 떠올랐다. 사이쵸는 '피차상동(彼此相同)'이라고 하면서 천태와 밀교를 동렬에 놓았지만, 원인은 '이동사별(理同事別)'이라고 설하면서 사상문(事相門)에서 밀교가 뛰어났다고 한다. 그 후 원진은 '현열밀승(顯劣密勝)'이라고 하며 명백히 밀교를 상위에 놓았고, 더욱이 안연에 이르러서는 스스로를 '진언종'이라고 칭했다. 천태계의 밀교, 즉 태밀(台密) 완성기의 절정에 위치하는 스님이 안연이었다.

안연은 원인의 제자였다. 명리를 버리고 히에산에 오대원(五大院)을 건조하고 칩거하면서 저술에 전념하였기 때문에 오대원대덕으로 불렸다. 그의 저서인 『보리심의(菩提心義)』『진언종교시의(眞言宗敎時義)』등은 대밀 교의를 대성한 책이라고 할 수 있어 동밀 학승들도 존중했다. 그 후 양원의 제자에 각초가 나와 요카와(橫川)에 거주하면서 밀교를 보급하였기 때문에 이것을 가와류(川流)라고 한다.

또 같은 시기에 동탑의 남곡(南谷)에 황경(皇慶)이 나왔고 다니류(谷流)라고 불렸다. 이들 두 가지 유파를 근간으로 하여 태밀의 여러 유파가 생겨났다.

원진 이후 천태종의 밀교화는 멈출 줄 몰랐다. 이러한 추세를 거스르고, 히에산 본래의 천태교학을 진흥한 승려는 자혜대승정(慈惠大僧正) 양원(良源)이었다. 안화 원년(安和;968) 그는 학문을 장려하기 위한 방편으로 6월4일의 최징기(最澄忌)에 행하는 법화대회에 광학수의(廣學竪義)를 시작했다. 이것이 유명한 '산의 논의'이다. 양원 자신도 논의를 잘하는 승려로 963(응화3)년 궁중에서 행해진 종론에서 남도의 법장을 굴복시킨 것은 너무나 유명하다.

그러나 양원의 공적은 히에산을 중흥한 것에서 더 뚜렷하다. 강보3년(康保;966) 8월 그는 천태좌주로 임명되었는데, 그 해 10월28일에 히에산에 큰 불이 발생하여 당 탑 승방은 거의 다 소실되었다. 그는 재건에 온 힘을 다하여, 천연3년(天延;975)에 요카와의 능엄원중당(楞嚴院中堂) 등을 완공하였고, 또 천원2년(天元;979)에 서탑의 석가당(釋迦堂)·상행당(常行堂), 980년에 근본중당(根本中堂)·문수루(文殊樓)를 준공하였다. 이 시기의 히에산은 '문도삼천(門徒三千)'이라 할 만큼의 성황을 이루었다. 양원의 문하에 앞서 기술한한 각초 이외에 단나원(檀那院) 각운(覺運)과 혜심원(惠心院) 겐신(源信) 등이 있었는데, 겐신의 정토신앙에 관해서는 제3장에서 설명하겠다.

4) 동사(東寺)와 고야산(高野山)

천태종과 진언종은 사이쵸·구카이가 멸한 후에도 서로 경쟁하는 양상으로 발전을 도모했지만, 천태종에 원인·원진이 나와 대단히 종세를 발휘시킨 것에 비해 진언종 쪽은 뛰어난 인물이 부족하여 항상 한 걸음 정도 뒤쳐져 있었다. 836(승화3)년 진제(眞濟)와 진연(眞然)이 당나라에 가려 했으나 배가 난파되어 뜻을 이루지 못했던 것도 진언종의 발전을 저해하는 원인으로 작용하였다.

그 이외에도 진언종에는 동사(東寺)·금강봉사(金剛峯寺) 등 본사 격의 사찰이 병립하였기 때문에 종단내의 통제가 천태종처럼 쉽지 않았던 것도 종세 발전의 큰 방해 요인이 되었다. 이러한 원인을 파악해 보면, 구카이의 폭넓은 포용주의가 오히려 화를 가져온 셈이 된 것이다.

구카이의 제자 중 특히 걸출한 인물이 실혜(實惠)와 진아(眞雅)이었다. 실혜는 누구나 인정하는 구카이의 첫 번째 제자이고, 진언종 근본도량인 동사를 부속시키며 초대 동사장자(東寺長者)[33]가 되었다. 한편 진아는 구카이의 친 동생으로 늘 구카이를 옆에서 섬기며 동사 대경장을 관리하였다. 가상3년(嘉祥;850) 요시호사(良房)의 딸인 아키라케이코(明子;染殿의 왕후)가 왕자를 출산할 때 기도하고, 출산한 왕자(후에 청화천황이 됨)가 황태자가 되는 경쟁 때도 비법을 행사하였다.

그래서 청화천황이 즉위한 후, 진아는 요시후사와 결부하여 득의의 지위에 올라갔다. 곧 864(정관6)년 승정으로 임명되어 특별히 연차(輦車)

---

33) 연력사의 寺務(주지)를 天台座主라고 한 것처럼, 동사의 寺務를 東寺長者라고 했다.

를 탄 채로 궁중에 들어가는 것이 허용되었다. 실혜는 오로지 동사에 있어서 일종을 지키고, 진아는 궁중에 출입하며 종세를 밖으로 과시하였다. 이 때문에 자연적으로 종파 안에 두 가지 유파가 생기게 되었다. 실혜의 후계자인 동사장자의 종예와 진아의 제자인 고야산의 진연이 있었는데, 두 명은 화합하지 않고 서로 경쟁하였다.

양자의 분쟁은 먼저 진언종 연분도자 문제를 둘러싸고 일어났다. 853(인수3)년 진제의 요청에 따라서 연분도자 여섯 명이 수여되었지만, 이에 관해서는 동사에서 시험을 보고 고야(3명)와 고웅(3명)에서 득도하는 규칙이었다. 그러나 고야산은 교토에서 멀었기 때문에 어느 새 이 제도는 변경되어, 고야산에서 득도하던 것을 동사에서 대신하는 것으로 되었다. 이에 대해서 진연은 원경 6(元慶;882)년에 고야산 출신자를 도첩시키는 것을 신청하고, 884(원경 8)년에 시험도 제도도 함께 고야산에서 실행하는 것을 신청하여 천황의 허락을 받았다. 그런 상황이었으므로 종예가 입멸한 후는 고야산만 번영하고, 동사는 제도의 일과 관계가 없게 되었다.

다음은 『삼십첩책자(三十帖策子)』에 관한 문제이었다. 이것은 구카이가 입당시 전수한 법문의궤를 필사한 것으로서, 진언종에서 가장 중요한 보물로 동사에 전래되었다. 그런데 대경장을 관리하던 진아가 879(원경3)년에 입멸한 후, 진연은 선사 진아가 소장한 법문이라고 주장하며 그것을 고야산으로 가져갔다. 동사 측은 여러 차례 반환할 것을 재촉했지만 고야산 측은 견고하게 지키면서 반환하지 않았다.

이미 기술한 바와 같이 정관 연간(859~877) 전후의 시대는 남도북령 모두 밀교화를 서두르고 귀족과 결부하면서 각각 그 종세를 확장하였다. 그런데도 밀교 본전(本傳)을 자임하는 진언종의 종세는 진작되지 않았고 종파 안의 당쟁이 난무한 것은 역설적인 현상이라고 말할 수 있다.

그러나 진언종에도 얼마 후에 호기가 찾아왔다. 즉 관평·연희 연간(889~923)에 익신(益信)·성보(聖寶)·관현(觀賢) 등의 영재들이 잇따라 나타났고, 특히 익신은 우다천황, 성보는 제호천황의 귀의를 각각 받으며 동밀의 전성시대를 이루어냈다.

익신은 기겸필(紀兼彌)의 세째 아들로 대안사 명전에서 법상학을 배운 후에 종예·원인에게서 밀교를 전수받았다. 앞에서 말한 바와 같이, 종예가 입멸한 후 동사장자는 고야산의 진연이 겸임하고 고야산의 번영에 비하면 동사는 매우 쇠퇴해 있었는데, 888(인화4)년에 익신은 원인의 후계자가 되어 동사의 두 번째 장자가 되었고, 관평 4(寬平;892)년에는 첫 번째 장자에 등극하며 동사 발전을 위해서 매우 노력하였다.

익신은 또 관평연간 초에 상시(尙侍) 등원숙자(藤原淑子;右大臣 藤原氏宗의 누이동생)가 건립한 원성사(圓成寺)의 별당이 된 것이 계기가 되어 우다천황의 귀의를 받게 되었다. 창태 2년(昌泰;899) 10월 우다상황(宇多上皇)은 인화사(仁和寺)에서 출가하고 더욱이 연희1년(延喜;901) 12월 상황은 동사에서 익신으로부터 전법관정을 받았다. 이 시절부터 동사의 위세는 남북(나라와 교토)의 절들을 압도하기에 이르렀다.

904(연희4)년 우다법황은 인화사에 원당원(圓堂院)을 건조하고 이어서 어실(御室)을 건축하여 거주하면서, 동밀의 한 아도리(阿闍梨)가 되어 삼시의 수법을 엄수하는 생활을 시작했다. 인화사는 선제(先帝;光孝)

를 공양하기 위해서 인화4년(仁和;888) 건립된 어원사(御願寺)였는데, 첫 번째의 별당에는 히에산 출신의 유선(幽仙)이 임명되어 태밀의 세력 밑에 있었다.

그런데도 우다법황이 어실에 입주한 이후 동밀계인 익신의 법맥이 전 승되어 완전한 동밀 사원이 되었다. 법황의 입실(入室;제자)에 관공(寬空)이 있고 관공의 제자가 관조(寬朝)이다. 관조는 돈실친왕(敦實親王)의 네 번째 아들로 우다법황의 황손이기도 하고 법손이기도 하였다. 관조는 원융천황의 원에 따라 원융사를 건립하고 원융천황이 낙식(落飾)[34] 했을 때의 계사가 되었다. 989(영조1)년 인화사 서쪽 히로사와노 이케(廣澤池)의 북서에 편조사(遍照寺)를 건립하고 거주하였기 때문에 광택대승정(廣澤大僧正)이라고 불리면서 이 유파를 히로사와류(廣澤流)라고 한다. 이는 다음에 서술하는 성보의 계통인 오노류(小野流)와 함께 쌍벽을 이루며 동밀의 제 유파 중의 근간이 되었다.

그런데 관조 이후에도 인화사 법무(法務)에는 법친왕(法親王) 혹은 사성황족(賜姓皇族)인 원씨 출신 사람이 임명되는 경우가 많았다. 추측하건대 등원기경(藤原基經)과 아형(阿衡)의 분의(紛議)[35]를 벌인 우다천황은 후지와라씨에 대해 경계심을 늦추지 못한 것이 아닐까 한다. 그래서

---

34) 落飾(라쿠쇼쿠) : 삭발하고 출가승이 되는 것을 말한다.

35) 阿衡의 紛議 : 887년에 우다천황이 즉위하고 藤原基經을 關白로 임명했을 때의 칙서에 "宜以阿衡之任爲卿之任"라는 문장이 있는 것을 보고, 모토쓰네가 阿衡은 지위만이어서 직무는 없다고 주장하여, 결국은 천황이 칙서를 개작해야 하는 상황이 되었던 사건이다. 阿衡은 원래 宰相을 의미한다.

후지와라씨에 대항하기 위해서 인화사를 궁문적(宮門跡)[36]만의 절로 하고, 동시에 후지와라씨와의 관련이 희박했던 동밀에 귀의하기에 이르렀던 것이 아닐까 한다. 익신이 기씨(紀氏) 출신이었던 것도 무엇인가 의미가 있었던 것으로 보인다.

우다천황 다음에 즉위한 제호(醍醐) 천황도 후지와라씨를 제어하려는 뜻이 있었기 때문에 관원도진(菅原道眞)을 등용하고 또한 장원정리령(莊園整理令)을 시행했다. 이 제호천황이 귀의한 자가 성보였다. 동밀의 부활은 후지와라씨의 전제(專制)에 대한 천황제 부활의 기운에 편승하여 실행되었다고 해도 좋을 것이라 짐작된다.

성보는 광인천황의 5세 후손이라고 한다. 그의 남도에서의 활약에 관해서는 이미 설명했으므로(「남도불교의 밀교화」참조), 여기서는 그가 동밀을 재흥한 일에 관해서 설명하겠다. 성보의 진언의 세 스승은 진아(眞雅)·진연(眞然)·원인(源仁)이었다. 890(관평2)년 진연의 추천에 의해 정관사 좌주로 임명되어, 895(관평7)년 동사 두 번째 장자, 그리고 906(연희6)년에는 승정까지 승진했다. 원경 연간 초(877년 경) 그는 제호사(醍醐寺)를 창건하고, 907(연희7)년 칙원사(勅願寺)가 되었다.

그가 죽은 후 제호(醍醐)·주작(朱雀)·촌상(村上)의 세 천황에 의해 제호사의 확장이 진행되어, 낙서(洛西)의 인화사(仁和寺)에 대해서 그 가람의 장중함과 영지의 광대함을 자랑했다. 성보의 법류는 관현(觀

---

36) 宮門跡(미야몬제키) : 황족들이 거주하는 절이다. 宮(미야)은 皇后·中宮·皇子·皇女 및 황족의 저택, 또는 그런 사람들을 의미하는 존칭이다.

賢)·순우(淳祐)·원과(元果)를 거쳐서 인해(仁海)에 이르렀다. 인해는 처음에 고야산에 입산하고, 관홍 연간 쯤(1004~1012)에 고야산의 대탑을 부흥했다.

일조천황의 1018(관인2)년 여름 초청되어 신천원(神泉苑)에서 비 오는 것을 빌었는데 효험이 있었으므로, 다시 1032(장원5)년에도 기우를 실수하였다. 『좌경기(左經記)』에 "인해승도(仁海僧都)가 이야기 중에서 '…… 이번에는 14일 사이에 기우한 것이 세 번, 결원(結願)할 때에 빨강 반점이 있고 길이 4, 5척쯤의 뱀이 호마단(護摩壇) 밑에서 나와서 못 속으로 들어갔다' 는 기사가 있다. 인해는 오노의 우승정(雨僧正)이라는 별명을 얻게 되었다. 그는 오노에 만다라사(曼茶羅寺)를 건립하고 거주했으므로 그의 계통을 오노파라고 하였으며 앞에서 설명한 히로사와파와 병립한다. 이 두 유파를 근본으로 하면서 동밀은 이후 차차 나뉘어져 소위 12류36파라는 많은 유파가 생기게 되었다. 이것은 기도만능의 시대상을 반영한 것이었다.

그런데 상술한 바와 같이 익신·성보에 의해 동밀은 일대약진을 이룩했는데, 두 사람의 활약은 외부로 향하는 경향이 있었다. 그리고 그들의 법류는 인화사와 제호사에 계승되는 결과를 낳았다. 약간 늦게 나타난 관현은 오로지 동사 경영에 힘쓰고 종파 안의 통제 확립에 노력한 결과, 이후의 진언종 발전에 확고한 기반을 마련한 공로자가 되었다.

관현은 진아의 입실, 성보의 관정의 제자였다. 906(연희6)년 동사 세 번째 장자가 되었고, 909년 성보가 입멸한 후 사무(寺務)가 되었으며, 912년 법무(法務;첫 번째 장자)가 되었다. 그와 아울러 창태연간

(898~901)에 인화사 별당이 되어, 918(연희18)년 동대사 검교(檢校)[37], 919년 제호사 좌주 및 금강봉사(金剛峯寺) 검교가 되었다. 이와 같이 관현은 종파 안 여러 절의 요직을 모두 겸직했지만 스스로는 동사에 있으면서 열심히 경영에 노력하였기 때문에, 그 때까지 세력이 분산하는 경향이 있었던 진언종이 동사를 중심으로 통일된 교단으로 갱생하기에 이르렀다.

동사는 관현이 재직한 시대에 가장 번영한 것에 반해 고야산은 다시 황폐해지기 시작했다. 1016(장화5)년에 이르러 장곡사(長谷寺)의 기신(祈親)이 입산하여 고야산을 크게 재흥했다. 기친은 상술한 자도사(子島寺)의 진흥(眞興)의 제자였다. 홍법대사(구카이)가 입정한 성지가 남도계 밀교승에 의해 부흥된 것은 역설적인 일이었다.

기친이 입산한 후 고야산에서 염불 수행자의 움직임이 활발하게 되었고, 이것은 기친의 재흥사업을 밑받침했다. 그리고 고야산 정토교의 발전에 힘입어 각번(覺鑁)이 신의진언(新義眞言)을 개창했다. 이에 관해서는 다음 장 이후에서 설명하게 될 것이다.

---

37) 檢校(겐교) : 別當·座主·長者 등과 아울러 절의 사무를 총괄하는 직책. 원래 동대사의 사무는 별당이었지만, 한 절에서 위와 같은 직책이 중복되어 설치되는 경우도 있었다고 한다.

4. 헤이안불교와 민중생활

1) 불교와 귀족생활

헤이안불교의 주류는 늘 귀족과 연결되고 또 스스로를 귀족화하는 방향으로 발전해 왔다. 그 결과 헤이안시대 중기에는 귀족생활의 모든 분야에까지 불교의 교리와 의식이 침투되어, 그들에게는 출산에서 장례까지 하루라도 불사와 관련 없는 날이 없었다. 당시 귀족들의 일기 등에 산견하는 바에 따르면, 귀족들은 거의 날마다 법회를 주관하거나 사찰을 참배하였다고 한다.

그 이외에도 궁중에서 주관하는 국가적 불사로는 궁중어재회(宮中御齋會)가 정월에 8일부터 7일 동안 남북(나라와 교토)의 승려 32명을 초청하였고, 3월과 9월에는 자신전(紫宸殿)에서 100명의 승려에게 4일 동안 『대반야경(大般若經)』을 강독하게 하고 이것을 '계절의 독경회'라고 하였다. 석가가 탄생한 4월8일에는 청량전의 모실(母屋)[38]에 어렴(御簾)[39]을 내리면서 관불회(灌佛會)가 거행되었다. 5월에는 청량전의 최승강(最勝講), 12월에는 내리[40]불명참회(內裏佛名懺悔) 등 헤아릴 수 없는 정도였다. 그들 중에서 특히 귀족들이 좋아한 법회가 이 불명회(佛名會)였다. 이것은 3일 동안 밤에도 중단하지 않고 행해졌으며, 초청된 도사들은 번갈아 애절한 음조로 『불명경(佛名經)』을 독송하고, 그 동안 야어전(夜御殿)에서는 거문고를 연주하였다.

연역사 · 흥복사 등 대사들에서 행해진 주요 불사도 궁중 법회에 준한 국가적 행사로 간주되었다. 궁중어재회와 아울러 흥복사유마회 · 약사사최승회를 3대 법회로 한 것은 앞에서 보았지만, 원정시대[41]가 되면서 원종사의 최승회 및 법화회, 그리고 법승사의 대승회를 북경의 3회로 부르고, 이것들은 모두 국가적 행사에 준하여 실행하였다. 불명회를 좋아하게 된 것과 같은 의미에서 히에산의 법화참법은 귀족들 사이에 인기가 있었다. 이것은 사종삼매 중의 하나로써 행해진 것으로 『법화경』「안락행품」을 독송하는 것이었다. 그 묵보(墨譜)는 원인이 가져온 중국 어산류(魚山流)의 성명(聲明;梵唄)을 사용하였다. 그리고 같은 사종삼매 중의 하나인 상행삼매(常行三昧)로써 행해진 것이 부단염불(不斷念佛)

---

38) 母屋(모야) : 궁전 건물 중 주변을 둘러싼 부분을 제외한 건물의 중심 부분을 말한다.

39) 御簾(미수) : 神社 · 宮殿 등에서 사용하는 발. 같은 물건이라도 고귀한 사람이 사용하는 것의 경우, 앞에 御자를 붙이고, 경우에 따라서 그 御자를 '오' · '온' · '오온' · '미' 라고 읽는다.

40) 內裏(다이리) : 천황의 거처로 옛날에는 제 관청 건물을 건설한 大內裏 중심부에 內裏가 있었다. 현재 교토 시가지 북방에 江戶時代에 건설된 다이리 건물이 '京都御所(교토 고쇼)' 라는 이름으로 보존되어 있다.

41) 院廳(인노 초우)에서 上皇 또는 法皇이 국정을 행사하는 정치형태를 院政이라고 하고, 이런 정치형태는 白河上皇이 시작했다(1086년). 院政時代는 후지와라씨에 의한 攝關政治의 힘이 약화되어, 上皇(또는 法皇)이 실권을 장악한 헤이안시대 말기를 가리키는 용어이다.

이며, 8월 중순 히에산 3탑(東塔 · 西塔 · 横川)에 있는 상행당에서 7일 동안 행해졌다. 이것도 원인이 오대산(五台山)에서 배운 법조류(法照流)의 오회찬(五會讚)의 악보에 의한 것이었다.

매우 우아한 헤이안 귀족들은 엄숙한 진언의 수법마저 '미시호(御修法)'라고 미화시켜 불렀다. 불교는 취미화되어 귀족생활 안에 완전히 융합되었던 것이다.

헤이안불교는 귀족생활 내에 완전하게 융합됨과 동시에, 귀족을 통해서 보다 하층의 민중 사이에 침투하기 시작했다. 그 경우 주목해야 할 것으로는 '신불습합(神佛習合)이론의 형성'과 '장송의례(葬送儀禮)의 불교화' 두 가지가 있다. 전자에 관해서는 뒤에 미루고, 여기서는 먼저 장송의례의 불교화에 관해서 설명하겠다.

2) 장례의식의 불교화

원래 고대 불교는 일반사람을 위하여 현세의 복덕을 비는 방편이라고 의식되고 있었다. 일찍 나라시대에서 천황이 승하한 칠칠기(七七忌;49재)에 여러 절에 경문을 전독시킨 것이 보이는데, 이것도 죽은 자의 명복을 빌기보다 죽음의 더러움을 제거하고 죽은 자의 노여움을 풀고자 한 것으로 결국은 생존자의 안전에 관한 문제였다. 그리고 장송 의례 그 자체는 여전히 기존의 의식에 따라 진행된 것으로 보인다.

헤이안시대가 된 후에 재속자, 적어도 귀족 사이에서 불교에 관해 깊게 이해한 사람이 생겨나면서, 역대 천황 중에도 자기 자신의 의사에 따라 불교식 장송을 희망하는 사람이 나타나게 된다. 예를 들면 사가천황은 "오래 용(容;시체)을 일광(一壙;묘혈)에 남기는 것은 이미 귀진(歸眞)의 이치를 어기는 것이다"『속일본후기(續日本後紀)』권11)라고 유언하며 박장(薄葬)할 것을 명하였고(이것은 묵자의 언설에 의한 것이라는 설도 있음), 순화천황에 이르러서는 "사람이 죽은 후 정혼(精魂)은 하늘로 돌아가므로, 허무하게 무덤을 남기는 것이었다. 귀신들이 거기에 모이고 마침내 재앙을 일으킨다. 지금 뼈를 부수고 가루로 하여, 이것을 산 속에 뿌려라"(동서 권9)라고 유언하는 철저한 의사를 보였다.

826(천장3)년에 항세친왕을 낙동(洛東;교토 동부) 조부사(鳥部寺) 남쪽에 매장하고, 같은 해 준자내친왕(俊子內親王)을 애탕사(愛宕寺) 남쪽에 매장했다. 순화천황의 황후 정자내친왕(正子內親王)은 사가천황의 맏딸이었지만 유언에 따라서 사가(嵯峨;지명)의 산중턱에 매장했다. 거기는 대각사(사가천황의 별궁)의 북쪽에 있는 산이었다. 이렇게 되면서 능묘는 차츰 사찰과 가까워지고, 헤이안시대 중기가 되면 사찰의 경내에서 운영하게 된다. 이것에 관해서는 역대 천황의 능묘표를 보면 쉽게 알 수 있다.

황실의 장송의례가 변화됨에 따라, 귀족들도 이것을 모방하게 된다. 후지와라씨는 다무봉(多武峰)에 있는 가마타리(鎌足;후지와라씨의 조)의 묘지 주변에 일찍부터 사찰을 건설했지만(865년 초경), 헤이안경에 천도한 후는 일족의 납골소로서 목번(木幡)에 정묘사(淨妙寺)를 경영하였다. 영조1년(永祚;989) 6월26일 태정대신 후지와라(藤原賴忠)가 서거했을 때, 다음 날 입관하여 법주사(法住寺)의 북쪽 제석사(帝釋寺)에 안치하고, 28일 도사로 전승도(前僧都) 각인(覺忍), 주원사(呪願師)로 대승도

(大僧都) 여경(餘慶), 기타의 승려 아홉 명을 초청하여 장례를 치르고 목번에 매장했다.

　귀족의 장례가 어떤 예식이었는지에 관해서는 명백하지 않지만, 앞에서 말한 히에산의 법화삼매(懺法)를 이용한 것으로 보인다. 그렇게 생각되는 이유는 역대 묘지에는 각 절의 ‘법화당’ 또는 ‘삼매당’ 이라는 이름의 건물이 많기 때문이다.

　그렇다면 왜 법화삼매가 귀족의 장례에 채택되었는가? 이것은 설명하기가 매우 어려운 문제이지만, 필시 법화삼매의 참회의 힘에 의해 죽은 자의 더러움을 제거하려고 한 것으로 짐작된다. 그리고 애절한 가타(伽陀;gāthā, 偈頌)가 귀족들의 기호에 맞았기 때문에 즉흥적으로 사용되기 시작한 것으로도 보인다.

　다음에 일반 민중의 장송의례는 어떨까? 헤이안시대 중기 경에 널리 행해진 것으로 보이는 것은 우선 밀교의 광명진언법(光明眞言法)에 의한 토사가지(土砂加持)였다. 경문 말미에서 ‘왕어서방 안락국토(往於西方 安樂國土)’를 약속하는 이 가지법은 정토교의 전래와 함께 급속히 민중화되었다. 각지에 남아 있는 중세의 공양탑, 또는 관동지방에 많이 남아 있는 판비(板碑)[42]의 거의 모두가 광명진언탑인 것은 위의 추측을 뒷받침해 준다. 천태의 상행삼매도 민중의 장례에 사용하게 되었다.

　10세기 말 『왕생요집(往生要集)』의 저자로서 유명한 히에산의 겐신(源

---

42) 板碑(이타비) : 가마쿠라시대와 무로마치시대에 관동지방에서 유행한 좁고 긴 판자 모양의 돌로 만든 탑이다.

信)이 그 책의 내용을 구체적으로 실천하면서 이십오삼매강(二十五三昧講)을 결성했다. 그 강식(講式)은 상행삼매를 응용한 것으로 『아미타경』을 중심으로 한다. 동지(同志)는 현세와 내세 2세의 도교(道交)를 약속하면서 특히 임종염불을 중요시하여 사자 이름을 과거장(過去帳)에 기록하고 기일마다 불사를 지켰다. 경에 이르기를 "執持名號 乃至 其人臨命終時 阿彌陀佛與諸聖衆 現在其前 是人終時 心不顚倒 卽得往生"이라는 말이 있다. 이것도 왕생사상과 아울러 보급되었다. 이십오삼매(二十五三昧)가 장송의례로써 급속히 전국각지에 보급된 것은 '삼매'가 묘지의 동의어로 사용된 사실에서도 추측된다. 이렇듯 장송의례를 수중에 넣은 헤이안불교는 지역적으로나 계층적으로 더욱 확대되고 깊어지는 양상을 보이게 되었다.

3) 신불습합(神佛習合) 이론의 형성

시험적으로 어느 지방이라도 한 지역의 향토사를 조사해 보면, 중세의 어느 시기라도 그곳에는 반드시 천태 또는 진언종의 사원이 건립되어 당당한 위풍을 자랑하고 있었던 것을 알 수 있다.

더 깊이 살펴보면, 이들 사원은 신궁사(神宮寺)인 경우가 많았고, 만약 그렇지 않은 경우는 사원 안에 꼭 진수신(鎭守神)을 권청했을 것이다. 예를 들면, 연력사(延曆寺)와 일지신사(日枝神社), 금강봉사(金剛峯寺)와 난생진희신사(丹生津姬神社)와 같은 관계가 성립되어 있음을 틀림없이 알게 될 것이다. 이러한 관계를 일반적으로 '신불습합'이라고 한다.

헤이안불교는 일본에 원래부터 있었던 신기신앙을 습합함으로써 그 교세를 전국 방방곡곡에 보급할 수 있었다.

가장 먼저 불교와 접근하고 습합한 신기를 하치만신(八幡神)이었다고 한다. 일본사에 따르면 741(천평13)년에 우사 하치만구우(宇佐八幡宮)에 금자경(金字經)을 봉납하고 출가자 18명을 거주시키고 삼층탑 하나를 만들어서 지난해의 반란사건 때 행한 진압기도가 성취한 것에 대해 보답하였다. 그리고 천평승보 원년(天平勝寶 ; 749)에 우사 하치만이 "나는 대불을 건립하는 천황의 소원을 도와준다"는 신탁을 내리고 평성경에 올라간 일이 있었다. 우사(宇佐) 지역은 대륙교통의 관문에 위치하였고, 불교와 접촉하는 기회가 많았기 때문에 이러한 기운을 조성한 것이었다. 이 경우 신과 부처가 어떤 관계에 있었는가를 살펴보면 "신은 불법을 좋아하고, 이것을 수호함"이라는 관계, 즉 "호법선신(護法善神)" 사상에 의거하고 있었다. 이것은 불교의 발생지 인도에서 이미 존재한 사상으로, 예를 들면 제석천과 같은 인도 고유의 신이 보호신으로서 불교에 도입된 것을 말한다.

그런데 위의 것과 조금 색채가 다른 신불습합의 사상이 싹트기 시작하였다. 예를 들면 『가전무지마려전(家傳武智麻呂傳)』의 기비신궁사(氣比神宮寺) 창건 이야기나 『일본영리기(日本靈異記)』(下)의 근강다하신 신정독경(近江多賀神 神前讀經) 이야기에서 보이는 것이 그것이다. 이것에 의하면 모두 꿈에 신이 나타나서 "나의 숙업에 의해 신의 몸을 받았다. 지금 불도에 의해 신의 몸을 이탈하기를 원한다"고 고한다. 여기서 신은 중생과 같이 미망의 세계에 소속하고 아직 번뇌에 구애된 존재이다. 신은 부처보다 한 단계 낮은 지위에 있다는 점에서 '신신이탈(神身離脫)'의 생각도 '호법선신(護法善神)'의 사상과 기조를 같이 하는 것이지만, 그 발생 동기에서는 완전히 다른 뜻을 가지고 있었다고 지적하는 학자의 말이 있다.

이 설에 따르면, 고대 촌락의 민중생활에서 그들의 생활 중에 일어나는 여러 가지의 불안·천재지변은 모두 신의 노여움에서 일어나는 것이라고 간주되었다. 그러므로 민중은 신이 노여움을 진정하기 위해서 신이 불법에 의해 구제되는 것을 원하였다. 하치만의 신탁은 후세의 도경(道鏡)사건[43]을 참조해도 탐욕스러운 신직단(神職團)의 획책이 동기가 되어 있었다고 생각되지만, 신의 노여움을 진정시키기 위한 설에는 민중의 절실한 소원이 엿보인다고 설명하고 있다.

이 지적은 지극히 유익하다. 생각해 보면, '호법선신'도 '신신이탈'도 혹은 후세의 본지수적설(本地垂迹說)의 형성에서 모든 신불습합이 설해지는 배경에는 반드시 이러한 민중의 광범한 신 관념이 전제하였고, 그렇기 때문에 신불습합이 불교를 민중화하는 유효한 수단이 되었던 것이다. 이미 말한 것처럼 헤이안불교는 그 이론과 실천에 있어서 민중생활에 대하여 호소하는 매력을 갖추어 있었고, 또한 장례의 불교화는 습속으로써 불교가 민중생활에 융합하는 돌파구를 열었다. 그럼에도 불구하고 촌락에서의 민중생활은 원천적으로 폐쇄적이고 보수적이기 때문에

---

43) 稱德천황(女帝)의 비호 아래 道鏡이 절정에 있던 시절인 769년, 宇佐八幡宮에서 "道鏡을 천황에 즉위시키면 天下는 太平일 것이다."라는 신탁이 내렸다는 이야기가 있다.

헤이안불교를 확대 심화하기 위해서는 신불습합 사상의 더 한층 진전됨
이 필요하였던 것이다.

 사이쵸나 구카이는 전 시대 이래의 신불습합 사상을 답습하면서 종파
세력의 기반을 견고히 하였다. 사이쵸는 히에산을 개산할 때 대비예(大
比叡)·소비예(小比叡)의 신을 권청하고 그것들의 수호를 바라며, 구카
이는 고야산을 개산할 때 난생명신(丹生明神)의 신탁을 얻어서 이것을
제사하였다. 이것들은 전 시대에 보이는 '호법선신' 사상을 적용하고 각
각의 절 기반을 견고히 한 것이었다. 이윽고 천태·진언 양종이 지방 발
전의 기운을 맞이하자, 더 한층 진보된 습합이론, 즉 신불동체설(神佛同
體說)·본지수적설(本地垂迹說)이 형성되기에 이르렀다.

 연력(延曆)연간(782~806) 경 팔번신에게 '팔번대보살(八幡大菩薩)'
의 칭호를 부여한 기록이 나오기 시작한다. 이것은 종전에도 있었던 신
을 중생의 하나로 생각한 것을 한 단계 진전시키고, 신도 또한 부처의 권
현(權現)이라는 생각의 맹아가 되었다. 사실 859(정관)원년 8월 연력사
의 혜량(惠亮)이 연분도자 2명을 추가로 신청하였는데, 한 사람을 가무
신(加茂神)을 위하고 다른 한 사람을 춘일신(春日神)을 위해서 강경시키
는 것을 요청한 상소문에 "부처가 인도하는 것은, 혹은 실(實)에 의하고
혹은 권(權)에 의한다. 여래가 수적(垂迹)하고 혹은 왕자가 되고 혹은 신
이 된다"는 말이 보인다. 이것이 부처는 때에 따라서 수적하고 신으로
권현하는 일이 있다는 것을 말한 최초의 문헌이다. 틀림없이 이 시기부
터 신불일체, 본지수적의 이론이 히에산이나 동밀의 승려에 의해 창안
되기 시작한 것일 것이다. 헤이안시대 중기에 이르러 그 이론체계는 일

단 완성되어, 헤이안불교의 민중화는 드디어 궤도에 오른 느낌이 든다.

　전국 방방곡곡에서 보이는 신궁사(神宮寺)의 건립이나 진수신(鎭守神)의 권청의 진행이 시작된 것도 이 시기이다. 이것은 사사령(寺社領)은 물론이고 일반 장원의 영주와도 관련되어 복잡한 본지수적설의 발전을 촉진하였다. 그리하여 헤이안시대에서 가마쿠라시대에 걸쳐 팔번신의 본지는 아미타, 능야삼사(熊野三社)의 본지는 관음이라는 사상을 출현시켰다.

제 3 장
정토교(淨土敎)의 전개

1. 일본 정토교의 원류

1) 아스카(飛鳥)시대의 정토교

지금은 소실되어 볼 수 없지만, 원래 법륭사(法隆寺) 금당(金堂)의 벽면에는 미타의 정토(서벽)·미륵의 정토(북벽)·약사의 정토(북벽)·석가의 정토(동벽)의 네 가지의 장려한 정토의 그림이 장식되어 있었다.

일반적으로 정토란 예토(穢土) 즉 더러운 이 국토와 반대되는 청정한 부처님의 국토를 의미한다. 따라서 부처님들은 각각 거주하는 정토를 가지는데, 예를 들면 약사의 유리광정토, 석가의 영산정토, 아촉의 묘희정토, 특히 미타의 극락정토 등이 있고, 보타락산은 관음의 정토이다. 그러나 이들 중에서 미타의 극락정토는 일본인의 불교신앙의 중심적 위치를 차지하게 되어 정토라고 하면 서방극락정토를 의미하고, 또 정토교라고 하면 극락정토로 왕생하는 가르침을 의미하게 되었다.

정토교는 한마디로 말하면, 사후에 미타의 극락정토에 태어나는 것을 권장하는 구제의 가르침으로 이것을 설한 주요경전은 『무량수경』·『관무량수경』·『아미타경』의 소위 '정토삼부경'이다. 이들 중에서 『무량수

"

경」은 서방에 극락정토가 건립된 경위를 설하고 있다.

무량수불은 아미타불의 다른 이름이므로 무량수국은 극락정토를 말한다. 『관무량수경』은 극락정토의 광경을 관상하는 방법을 설명해보이고, 또 『아미타경』은 칠보로 장식된 극락정토의 아름다운 상황을 그리고 있다.

성덕태자에 의한 『승만경』이나 『법화경』의 강경을 제외하면, 일본에서 처음 강의된 경전은 이 『무량수경』이었다. 즉 서명(舒明)천황 12년(640)에 30년에 걸친 유학을 마치고 당나라에서 귀국한 직후 혜은(惠隱)은 칙명에 따라 궁중에서 『무량수경』을 강의했다. 효덕(孝德)천황 시절(651년)에도 혜은은 궁중에서 1,000명의 승려를 청중으로 하여 5일 동안 『무량수경』을 강의하였다.

혜은이 당나라에 유학한 시절 도작(道綽)이 화북의 산서성을 중심으로 정토교를 홍포하고 있었고, 수나라 양제(煬帝)도 정토교에 귀의하고 있었다고 한다.

중궁사(中宮寺)에 전래되는 천수국수장(天壽國繡帳)은 성덕태자가 죽은 후 왕비인 다치바나(橘郎女) 등이 태자를 사모하여, 그림으로써 태자가 왕생한 모습을 나타내려고 만든 것으로, 천수국은 무량수국 즉 미타의 극락정토와 다름이 없다는 견해도 있지만, 아미타상을 만드는 것은 다음 시대인 하쿠호(白鳳)시대부터였다.

당시의 정토교는 아직 불교신앙의 중심에 있지는 않았다. 칠당가람(七堂伽藍)의 균제 있는 배치 중에 미타를 본존으로 한 당은 없었으므로 약사 · 석가 등의 장육상(丈六像)이 만들어졌어도 이것들과 비견하는 미타의 큰 상이 만들어지지 않았다. 현존하는 아미타상, 예를 들면 법륭사에 소장되어 있는 다치바나 부인의 원불(願佛)의 인계(印契)가 설법상인 것에서도 알 수 있다. 왜냐하면 당시의 미타는 극락정토에서 구제의 손길을 뻗치는 구제불이기보다는 현재 깨달음의 길을 가르치는 설법불로서 신앙되었기 때문이다.

연명식재(延命息災)의 개인적 소망에서부터 진호국가의 국가적 기원에 이르기까지 불교는 현세이익이 중심이었다. 교리연구에 초점을 맞추었기 때문에 '교학불교(教學佛敎)'라고도 불린 남도육종(南都六宗)도 그러하거니와 이후 헤이안시대의 천태종·진언종도 현세이익의 보증을 포기할 수는 없었다.

2) 나라(奈良)시대의 정토교

그러나 나라시대에는 정토교에 관심을 기울이고, 또한 정토관계의 저술을 남긴 승려도 나타났다. 원흥사의 지광(智光), 동대사의 지경(智憬), 추소사의 선주(善珠) 등이다.

특히 지광은 극락정토의 광경을 그린 '지광만다라(智光曼荼羅)'[44]의 발안자로 지목되고 있다.

그리고 이 구도는 저 쥬우죠우히메(中將姬)의 전설에서 유명한 '당마

44) 智光曼荼羅 : 정토변상의 하나로, 나라시대 元興寺의 승 지광이 꿈에서 본 아미타정토를 그렸다는 전승이 있다. 원본은 소실되었으며, 鎌倉(가마쿠라)시대 전기에 모사된 것이 원흥사 極樂坊에 전래된다. 그린 내용은 『무량수경』계의 아미타 정토라고 볼 수 있다.

만다라(當麻曼荼羅)'[45]와 유사한데, 아마 『관무량수경』에서 설한 것을 그림으로 그린 돈황 출토의 정토변상, 또는 이것에 의거하여 당나라시대에 그려진 정토변상이 일본으로 유입되어, 지광만다라나 당마만다라의 모본이 되었을 것이라고 생각된다.

나라시대에 정토교 관계의 불상과 불화의 제작 및 정토교의 저술도 행해지고, 그리고 '정토삼부경' 이외에 도작(道綽)의 제자인 당나라 선도(善導)의 『관경소(觀經疏)』 등도 서사되었다.

그러나 나라시대의 정토교가 헤이안시대 중기 이후의 정토교와 다른 점은, 첫 번째로 지광·선주나 『일본영이기(日本靈異記)』의 찬자인 경계(景戒) 등 관사 학승의 개인적 신앙에 그치고 교단 밖의 재가자층까지는 이르지 못한 점이었다. 두 번째로 당시 정토교는 원생자 자신의 신앙으로서가 아니라, 오히려 죽은 자의 추선의례(追善儀禮)로서의 성격이 현저하였다.

이노우에(井上光貞)씨의 치밀한 고증에 의하면, 아스카·나라시대에 만들어진 아미타불상 및 아미타정토변상 37가지 예 가운데, 제작 시기·목적 등이 판명된 19가지 예에 대해 보면, 18가지 예까지가 모두 고인의 기재(忌齋) 때에 제작된 것이고, 고인의 명복을 비는 것이다. 사경의 경우에서도 이 사실이 입증되어, 동대사 아미타당·법화사 정토원

---

45) 當麻(다이마)曼荼羅 : 나라현에 있는 當麻寺에서 전래되는 정토만다라이고, 『관무량수경』에 의거한 아미타정토 변상도. 763년에 藤原豊成의 딸인 中將姬(쥬우죠우히메)가 當麻寺에서 출가하고, 蓮糸로 짰다고 한 전설이 있다. 8세기에 제작된 원도는 파손이 심하고, 가마쿠라시대 이후에 모사된 것이 다수 남아 있다.

등도 건립된 동기가 죽은 자에 대한 추선에 있었고, 이런 점에서 후세의 아미타당과는 그 성격을 달리한다.

3) 삼세(三世)사상

그런데 불교가 일본인의 정신생활에 준 영향의 하나는 삼세의 사상을 심어 준 일이었다. 현세의 존재 상태는 전세의 업에 의해 결정되었으며, 현세의 행위는 후세의 존재 상태를 규정한다. 그리고 살아 있는 모든 자는, 지옥·아귀·축생·수라·인·천인의 육도 중의 어느 곳에서 삼세에 걸쳐 영겁으로 유전해야 한다. 불교의례로 일본인 생활에 정착한 '추선(追善)' 법회도 부처의 자비에 의해 육도윤회에 종지부를 찍으며 죽은 자의 최종적 구제를 비는 것이었다. 바로 죽은 자의 성불 혹은 후생선처(後生善處)를 기원하였던 것이다.

악행의 응보가 지옥이나 아귀·축생 등의 비참한 세계이었던 것도 승려에 의해 설해졌다. 헤이안시대 초기의 불교설화집인 『일본영이기』에 염라왕(閻羅王)의 결정에 따라 지옥의 업고를 받은 이야기가 몇 가지 실려 있다. 관인의 위세를 유세부리고 백성을 괴롭힌 조정의 공사인부가 검은 말뚝의 우리 안에 갇혀서 큰 바다에 있는 지옥에서 떴다 가라앉았다 하면서 20여년을 지내다가 선주(善珠)를 강사로 한 불사법회를 접하여 지옥의 고통에서 구제되었다는 이야기도 있다.

그러나 육도윤회·삼세유전의 교설이 나라시대의 지식인인 귀족층까지 협박했는가에 관해서는 단정할 수 없다. "이 세상에서는 타인의 말이 많다. 저 세상에서 만나자. 사랑하는 당신. 지금이 아니라도"라고 한 노래에서 내세의식의 존재를 지적할 수는 있지만, 공포나 음영을 찾을 수는 없다. "이 세상에서 즐겁기만 하면 오는 세상에서 벌레든 새든 나는 괜찮다"는 대반려인(大伴旅人)의 노래에서도 알 수 있는 것처럼, 나라시대의 관인 귀족층은 비록 일부분이긴 하지만 불교의 내세사상을 느긋한 현세긍정의 심정에서 가볍게 받아넘기고 있었다.

2. 구야(空也)와 겐신(源信)

1) 히에산(比叡山)의 염불

정토교의 발달에서 한 단계 더 발전한 계기는 9세기 전반에 당나라에서 귀국한 원인(圓仁)이 염불삼매의 법을 히에산에 옮기고 소위 '산의 염불'을 시작한 것이었다.

히에산을 개산한 사이쵸(最澄)는 천태지관의 행법으로 상좌(常坐)·상행(常行)·반행반좌(半行半坐)·비행비좌(非行非坐)의 네 가지 삼매를 수행하기 위하여 산 위에 네 개의 삼매원(三昧院)을 건립하려고 했지만, 사이쵸 생존 중에 건립된 것은 반행반좌삼매를 수행하는 법화삼매당(法華三昧堂) 뿐이었다. 후세에 원인이 상좌삼매당을 건립한 후, 당나라에 가서 오대산(五台山)에 올라가 그곳에서 전래되는 염불삼매의 법을 가지고 귀국하여 상행삼매당을 창시하였다.

상행삼매는 90일 동안을 한정하여 행도(行道)하면서, 입으로 미타불의 명호를 외우고 마음에 미타불을 억념함으로써 견불을 기대하는 행법인데, 특히 원인이 도입한 염불삼매는 곡조를 붙여서 『아미타경』을 풍송

(諷誦)하는 '인성(引聲)의 아미타경'과 완만한 곡조에 의해 아미타불명을 칭하는 '인성염불'의 두 가지로 이루어졌다. 양 쪽 모두 극락정토의 수조(水鳥)와 수림(樹林)의 염불 소리를 묘사한 것이라고 말해지는 것처럼 미적 감각적인 음악적 환상과 불가분의 관계에 있으며, 실제로 원인 자신은 염불삼매에 피리를 반주용으로 사용할 정도였다. 염불삼매를 행하는 도량이 상행삼매당이었고, 내부 중앙 정면에는 황금색의 아미타불이 본존으로 안치되어 있고, 사방의 벽면에는 극락정토 광경이 그려져 있었다.

시각적 및 청각적으로 극락정토에 가는 길을 연 상행삼매당은 이후 각지의 절에 건설되었다. 즉 원성사(園城寺) · 원경사(元慶寺) · 주탕산(走湯山) · 다무봉(多武峰) · 법성사(法成寺) · 법승사(法勝寺) · 사천왕사(四天王寺) 등에 상행삼매당이 건설되어, '산의 염불'을 도입한 부단염불(不斷念佛)이 실행되었다.

상행삼매는 원래 천태승의 학업 중의 하나였다. 그러나 기일을 한정하고 행해지는 부단염불의 음악적 미적 분위기는 재속자 특히 귀족의 결연을 쉽게 하였다. 아오이노 우에(葵上)을 잃은 광원씨(光源氏)⁴⁶⁾는 저택 안에 염불승을 초청하고 "고운 목소리의 승려를 모두 선출하고 모시게 하면서, 그 염불 소리가 들려오는 새벽녘에는 (사랑하는 부인을 상실한) 슬픔을 참을 수 없었다"는 말로 묘사되어 있다. 그처럼 절에서는 매월 아

---

46) 光源氏(히카루겐지) : 11세기 초에 성립한 紫式部(무라사키시키부) 작의 장편 궁정 소설 『源氏物語(겐지모노가타리)』의 주인공 이름인데 葵上(아오이노 우에)는 光源氏가 가장 사랑했던 부인의 이름이기도 하다.

미타 염불삼매가 실행되었고 끊임없이 계속되는 독경은 목소리가 수려한 승려가 맡아서 했다. 그리고 귀족 저택 안에 있는 염송당에 초청된 승려도 염불과 독경을 통해 부처님의 세계로 귀족을 유인하였던 것이다.

2) 구야(空也)와 서민염불

그런데 10세기 후반이 되어, 정토교는 새 단계를 맞이한다. 구야(空也, 903~972) 및 혜심승도(惠心僧都) 겐신(源信, 942~1017)의 출현은 정토교 전개에 획기적 의의를 가져 왔다.

헤이안시대 전기의 정토교 상황에 관해서『일본왕생극락기(日本往生極樂記)』의 저자 요시시게노 야스타네(慶滋保胤)는 "천경(天慶)연간(938~947) 이후 도량이나 촌락에서 염불삼매를 수행하는 것은 좀처럼 볼 수 없는 상황이었고, 서민계층의 아이나 아낙네는 처음부터 염불을 싫어하여 피하는 상태이었다. 그러나 구야가 염불을 권장한 이후 사정이 일변하여 세상 사람들 모두가 염불에 열중하게 되었다"고 기술하고 있다. 천경연간라고 하면, 저 원인이 염불삼매의 법을 전래한 약 1세기 후이었지만, 그 때 교토에서조차 염불하는 사람이 극히 적고 정토교도 저조하였음을 알 수 있다.

구야는 젊었을 때 오기칠도(五畿七道)를 돌아다니며 명산영굴(名山靈窟)을 방문했는데, 그 때 도로가 열악한 곳이 있으면 사람과 말의 고통을 생각해서 수리를 가하고, 또 다리를 놓거나 우물을 파서 서민을 위한 이타행을 행했다고 한다. 20여세에 득도하여 구야라는 호를 썼다. 목에

건 금북에 맞추어서 염불을 외우며 교토 거리를 유행하였기 때문에, 아미타히지리(阿弥陀聖) 또는 이치노 히지리(市聖)이라고도 불렸다.

뒤에 히에산에 올라가 출가 수계하고 이름을 광승(光勝)이라고 했지만, 사미 때의 이름인 구야를 그대로 사용했다. 구야는 자기 부모도 출신지도 밝히지 않았다. 일설에 천황 가계의 출신이라고 한다. 구야에 관해 특징적인 것을 말하면, 그는 주로 일반 서민에게 염불을 권장하였는데, 그 염불이 상행삼매처럼 미적이고 감각적인 것은 아니었으나, 금고에 맞추어 염불하고 아미타 명호를 계속 부르게 하는 상당히 열광적인 것이었다고 한다.

구야는 교토 가모가와(賀茂川) 동쪽에 절을 짓고 서광사(西光寺)라고 하였다. 그는 14년간에 걸쳐서 전국각지를 순회하였으며 권선하여 드디어 그 일을 마친 후 이 절에서『대반야경』서사 공양을 시작했을 때, 좌대신 후지와라노 사네요리(藤原實賴)를 비롯한 상하귀천의 많은 결연자가 모여들었다.

구야가 입멸한 후 서광사는 육바라밀사(六波羅蜜寺)로 개칭되었다. 항례인 3월 공화회(供花會)에서 낮에는『법화경』을 강설하고 밤에는 염불삼매를 수행하였는데, 결연하는 자가 몇 만 명이었는지 모를 정도로 성황이었다. 구야 및 육바라밀사는 말하자면 이치노 넨부츠(市의 念佛)의 중심이었다.

구야의 염불은 상행삼매당의 화려한 장엄을 필요로 하지 않았다. 미타의 상호나 극락정토의 관상은 구야 염불의 조건이 아니었기 때문이다. 때와 장소여부를 불문하고, 그리고 남녀노소나 승속도 묻지 않고, 다만 염불하는 것만을 필요로 했다. 그러면서 감각적인 '산의 염불'과는 다른 염불이 구야의 노력에 의해 서민 사이에 보급되었다.

『금석물어(今昔物語)』에 염불왕생인(정토교 신앙자)의 설화가 많이 수록되어 있지만, 그들 중에서 찬기국(讚岐國)의 겐타이후(源大夫)의 이야기는 흥미진진하다. 불법을 믿지 않고 법사를 싫어하고, 날마다 아침, 저녁으로 오로지 사냥과 고기잡이 등 살생에만 열중한 겐타이후가 어느 날 사슴을 쏘아 죽이고 돌아오는 길에 우연히 법회를 행하고 있는 절에 들어갔다. 그때에 강사로부터 "여기서부터 서쪽으로 많은 세계를 지나면 부처님이 계신다. 아미타불라고 말한다. 그 부처님은 마음이 넓어 오랜 세월 죄를 쌓은 사람이라도 반성하고 한 번 아미타불라고 부르면, 반드시 그 사람을 맞아들여 즐겁고 아름다운 나라에 원하는 것을 다 이루는 몸으로서 태어나게 하고, 마지막에 부처가 될 것이다"는 말을 들었다. 그 후에, 하인들의 제지도 뿌리치고 머리를 깎고 계를 받은 후, 법의·가사를 입고 목에 걸은 금고를 치며 "아미타불 요야오이오이"라고 외치면서 서쪽을 향해 곧장 나아가기 시작했다. 겐타이후는 바다가 보이는 산의 나무 가장자리에 걸터앉아, 열심히 금고를 치며 계속 "아미타불 요야오이오이"라고 외치다가, 결국은 나무 위에서 앉은 채로 목숨을 마쳤다. 이때 보니 겐타이후의 입에서 산뜻한 연꽃이 하나 자라나고 있었다고 한다.

겐타이후가 정토교에 결연한 것은 시골의 절에서 개최된 '법회'에서였다. 그 때 강사가 겐타이후에게 염불을 권장하였던 것이다. '법회'와 '염불' – 이것은 교토 육바라밀사에서도 행해지고 있었다. 게다가 이 염불은 강에서 결연한 사람들이 동행이 되면서 소리를 합쳐 외치는 것이었다. 금고를 치고, 소리를 외치며 칭명하는 점에서 상행삼매당의 '산의 염불'과 다른 것이었다.

구야에 의해 재가의 서민이 스스로 염불하는 길이 열렸다. 그렇다면 귀족의 경우는 어떤 상황이었을까? 『원씨물어(源氏物語)』를 예로 들면, 그 등장인물의 대부분은 정토교에 관심을 가지고 있다. 현세의 죄업을 지극히 두려워하여, 후세를 위해 열심히 근행하고 사후에서의 구품왕생(九品往生)을 기원하는 모습은 거의 모든 귀족들에게 공통되고 있다. 그럼에도 불구하고 『원씨물어』 속에는 임종 때, 귀족 자신이 염불하고 사망한 예는 하나도 없는 것이 주목된다.

구야는 스스로 금고를 치고 염불함과 동시에 재가 서민에게 같이 외는 것을 요구했다. 염불칭명은 열광적이었고, 승속 남녀의 구별 없이 소리를 내면서 외는 것이었다. 그러나 귀족사회에서 염불은 출가자가 외는 것으로 재가자인 귀족은 항상 '듣는' 입장에 있었다.

3) 겐신(源信)과 『왕생요집(往生要集)』의 성립

정토교를 귀족사회에 보급시키기는 데에 영향력있던 자는 히에산의 겐신(源信)이었다. 겐신은 구야보다 약 반세기 뒤에 출현하였지만, 겐신은 그 생활을 오로지 히에산에서 보냈다. 그의 생애의 전반은 연력사의 관승으로 끝났고, 후반은 요카와(橫川)에서 저작 활동으로 마감했다. 겐신의 본분은 천태의 학장(學匠)으로서 저술에 몰두하는 것이었기 때문에, 구야처럼 거리에 나가 민중과 접근하는 기회가 없었다.

겐신이 은둔한 요카와의 수능엄원(首楞嚴院)에서 매월 15일에 항례의 이십오삼매회(二十五三昧會)가 열리고, 낮에는 『법화경』 강경이 있고, 밤에는 염불과 『아미타경』의 송경으로 시간을 보냈다. 이 삼매회의 결중(結衆)에는 구도적인 승려 이외에 요시시게노 야수타네(慶滋保胤)과 같은 문인귀족도 참가했지만, 겐신의 『왕생요집』은 이들 승속의 결중(結衆; 왕생극락의 동행자의 지침서)이었다.

겐신은 『왕생요집』 서문에서 "왕생정토의 교행(敎行)은 오탁말세(汚濁末世)의 눈이고 다리이다. 도속귀천(道俗貴賤), 귀의하지 않는 사람이 누가 있겠는가?"라고 말하고 있고, 널리 경·론·소를 섭렵하고 왕생정토의 중요한 문장을 집록한 『왕생요집』은 정토교의 유포성행에 지대한 역할을 하였다.

그러면 『왕생요집』은 어떤 정토교를 밝혀 놓은 것인가?

겐신은 우선 현세와 내세를 대치한다. '예토(穢土)'로의 현세는 염리(厭離)되어야 하고, 내세의 '정토(淨土)'는 흔구(欣求)되어야 한다. 이 '예토'는 지옥·아귀·축생·수라·인·천의 육도가 포함되지만, 특히 인도는 부정·고·무상을 면할 수 없고, 신분·지위·재력을 자랑하는 권세가도 예토의 숙명을 거부할 수 없다.

이에 대해서 왕생정토를 소망하는 염불 행자에게는 열 가지의 즐거움이 기다리고 있다. 즉, 목숨이 다할 때에 임하여 아미타여래나 관음·세지 등 여러 보살이 광명을 발하여 나타나서 정토에 맞아들이는 '성중내영(聖衆來迎)', 극락정토의 연화 안에서 태어나 눈앞에 여래를 우러러보며 정토에서 성중이 하나가 되는 기쁨을 나타낸 '연화초문(蓮華初聞)', 마음대로 원하는 것을 견문할 수 있는 '신상신통(身相神通)', 지극히 아름답고 오묘한 극락의 공덕을 향수하는 '오묘경계(五妙境界)', 끝없이 상속되어 즐거움을 받는 '쾌락의 불퇴(不退)', 자유자재로 유연·무연의 중생을 극락정토로 유인하는 '인접결연(引接結緣)', 모든 보살이나 선인과 한 곳에 거주하는 '성중구회(聖衆俱會)', 끊임없이 부처를 우러러보고 부는 바람과 파도 소리에도 묘법을 듣는 '견불문법(見佛聞法)', 주야육시(晝夜六時) 여러 가지의 하늘 꽃을 제불에게 공양하는 '수심공불(隨心供佛)', 정토에 있다는 것만으로 특별한 수행을 하지 않고도 스스로 정각을 성취하는 '증진불도(增進佛道)'의 열 가지 즐거움이 염불 행자를 기다리고 있다.

그렇다면 어떤 방법에 의해 정토에 왕생할 수 있는가? 말할 것도 없이 염불을 수행하는 것이 첫 번째이지만, 그러나 염불은 다음 5가지 내용을 포함한 것이었다. 즉 첫 번째로 오체로써 아미타불을 예배하는 예배문(禮拜門), 두 번째로 입으로써 부처의 공덕을 찬탄하는 찬탄문(讚嘆門), 세 번째로 보리심을 일으키고 정각을 성취하려고 기원하는 작원문(作願門), 네 번째로 부처의 상호나 정토의 장엄을 관하는 관찰문(觀察門), 다섯 번째로 수행하는 선근을 일체중생에 회향하고 자타평등의 무상보리를 기대하는 회향문(廻向門)이다. 이상 다섯 가지 문이 구비되어야 염불이 되는 것이다.

따라서 염불은 청정하고 조용한 곳에 지어진 삼매도량, 또는 깨끗한 방에서 행해지는 것이 통례이다. 아미타의 불상을 안치하고, 꽃과 향을 올리고, 그리고 등불을 밝히면서 불상을 대하는 것이 바람직하지만, 서방 극락정토를 보기 위해 때에 따라서 어두운 방을 사용하는 경우도 있다. 작은 소리의 염불은 마음이 흐트러지는 경향이 있으므로 소리를 가다듬어 큰 소리로 염불하면, 삼매 상태가 이루어지고, 정토의 성중을 눈앞에서 우러러볼 수 있게 된다.

요컨대 보리심을 일으키고, 계를 지키면서 악을 멀리하고, 염불하는 것이 왕생정토의 길이지만, 염불은 정토의 광경이나 아미타불의 상호를 관념하는 것이 중요하여 이 염불의 행법을 감당할 수 없는 자에게는 칭명염불이 인정되었다.

상행삼매의 수행법은 원래 천태 승려의 학업 중의 하나였으므로 염불은 승려만이 할 수 있다는 전통에 입각하고 있었지만, 그런데도 겐신의 『왕생요집』은 '구제'로서의 정토교의 일면을 명백히 했다. 구제를 원하는 것에서는 출가자와 재가자 사이에 본질적인 차이가 없었다.

4) 겐신(源信) 정토교의 특징

그러나 겐신의 정토교에 관해서 주목해야 하는 점이 있다. 첫째로 염불은 미적이고 관상적인 극락정토에 자기를 투입하는 것을 지향하였고, 승려가 미묘한 음율로 외웠다. 금고에 맞추어 민간 서민이 광신적으로 제창하는 구야류의 염불과는 다르다. 둘째로 겐신의 관심은 '왕생'과 '삼매'의 사이에 있었다. 아니, 삼매에 들어가 눈앞에서 미타불의 존용을 우러러보고, 극락정토의 광경을 관찰하는 것이 궁극의 목적이었다.

따라서 『왕생요집』이 가리킨 ‘구제’를 단순히 ‘왕생’에만 연결하여 생각할 수 없다. 셋째로 겐신의 정토교의 주된 대상은 당연히 승려이고, 그리고 그 다음에 귀족이 포함되어 있었다. 세상사를 등지고 조용한 곳에서 염불삼매에 들어가 결연하는 것은 선택된 출가자나 귀족에게만 가능한 일이었다.

헤이안시대 중기 이후의 정토교 성행의 원인을 겐신의 『왕생요집』의 출현에만 귀결시키는 경향이 있는데, 재가 서민에게 염불을 전하고 같이 염불하면서 저잣거리를 다닌 시성(市聖)으로서의 성인인 구야의 모습을 간과해서는 안 된다. 구야와 겐신은 같은 시대에 교토라는 같은 도시를 중심으로 하여 정토교를 설하였지만, 중심이 된 염불은 그것을 받아들인 계층처럼 완전히 다른 것이었다.

특히 『왕생요집』은 감각적이고 미적인 극락정토의 양상을 귀족의 마음에 심었다. 겐신은 흔구정토의 조건으로 염리예토를 강조했지만, 귀족들은 많은 경우 염리예토를 매개로 하면서도 흔구정토를 결단한 것은 아니었다. 오히려 감각적인 극락정토의 즐거움이 귀족의 심정을 사로잡았다고 말할 수 있다.

그럼에도 염리예토의 교설이 당대 귀족층에 무연한 것은 아니었다. 섭

47) 54권의 장편소설 『源氏物語』의 주제를 한마디로 말하면 ‘모노(物)노 아와레(哀)’에 응축된 다고 말해진다. ‘모노노아와레’는 本居宣長(모토오리 노리나가)이 『源氏物語』의 본질을 규정하기 위해서 사용한 용어이며, 대상객관인 ‘모노’와 감정주관인 ‘아와레’가 일치하는 곳에서 생기는 조화적 정취의 세계를 뜻한다. 자연이나 인생에 대하여 느끼는 차분한 정감을 표현하고 있다.

관체제의 확립과 지방 무사층의 대두 등 율령체제의 변질은 현저하였고, 중하층 귀족의 몰락에 박차를 가하였다. 귀족이라도 권문세가와 예속관계를 맺지 않으면 지위의 안정을 유지할 수 없었다.

이와 같은 불가항력적인 귀족사회의 변모는 불교가 설한 '무상'과 '부정'의 체험기반이 되었다. 『원씨물어(源氏物語)』에서 상징되는 헤이안시대 귀족의 '아와레(애처로움)' [47]란 사실은 인간마음[愛情]의 불정성에 의거함과 동시에 그보다 많이 귀족사회 그 자체의 무상·부정에 의거한 것이었다.

그러나 귀족들이 현세(예토)에 절망하여 극락정토로 원생(願生)한 것은 아니었다. 정토는 현세와 연결되어 현세의 소망을 충족시키는 장소와 다름이 없다. 따라서 귀족을 위한 극락정토는 '왕생'하는 것임과 동시에 이 몸 그대로 관상적 미적 도취에 들어가게 하는 삼매의 세계이기도 하였다.

후지와라(藤原道長)가 건립한 법성사(法成寺)는 금당을 중심으로 마치 극락정토와 같은 양상을 전개하여 "오로지 극락도 이러한 모양"이라고 찬탄되었다. 그러나 후지와라(藤原)시대 후기, 특히 원정(院政)시대에 교토의 귀족 간에 유행한 아미타당도 극락정토의 훌륭함을 하나의 건물 내에 수용하여 『왕생요집』이 밝힌 열 가지의 즐거움을 여실히 증명하는 장소의 역할을 하였다.

3. 정토교의 수용자

1) 왕생전(往生傳)

요카와의 수능엄원의 한 방에서 임종을 맞이한 겐신은 세 명 또는 다섯 명의 예쁜 옷차림을 한 아름다운 소년승을 자기 방에 출입시키고, 또한 자신의 좌우에 단좌시키면서 눈을 감은 채로 그 모습을 관상하는 등의 행동을 하였기 때문에, '교겐(狂言)'[48]에 가깝다는 평을 받았다. 몸가짐이 단정한 소년승에 의한 극락정토의 성중내영(聖衆來迎)을 관상하는 계기로 삼는 것이었다. 겐신은 아미타여래의 손에 매어 둔 실의 한쪽 끝을 잡은 채로 평온하게 입멸했는데, 겐신을 포함한 왕생자의 행적을 기록한 왕생전이 몇 가지 전해지고 있다.

요시시게노 야수타네(慶滋保胤)가 관화1년(寬和;985), 즉 겐신이 『왕생요집』을 완성한 다음 해에 편찬한 『일본왕생극락기(日本往生極樂記)』

---

48) 狂言(교겐) : 일본의 전통 예능의 한 종류로, 能樂(노가쿠)의 막간에 상연되는 대사 중심의 희극이다.

1권은 일본 최초의 왕생전으로, 성덕태자 이하 42명의 왕생인의 행적을 기록하고 있다. 그 후 오에 마사후사(大江匡房)의『속본조왕생전(續本朝往生傳)』(1권), 삼선위강(三善爲康)의『습유왕생전(拾遺往生傳)』『후습유왕생전(後拾遺往生傳)』(각 3권), 사미연선(沙彌蓮禪)의『삼외왕생기(三外往生記)』(1권), 등원종우(藤原宗友)의『본조신수왕생전(本朝新修往生傳)』(1권)에 이르기까지, 약 1세기 반 동안에 잇달아서 다섯 가지의 왕생전이 저작되어, 합계하면 200명에 이르는 왕생인의 행적이 기재되어 있다. 등원종우가『본조신수왕생전』을 편찬한 인평1년(仁平;1151)은 저 호넨(法然)이 전수염불(專修念佛)에 귀결한 안원1년(安元;1175)보다 20여 년 전이었기 때문에,『일본왕생극락기(日本往生極樂記)』이하의 왕생전은 호넨 이전의 정토교의 여러 양상을 알리는 중요한 자료라고 말할 수 있다.

그런데 위 왕생전의 편찬자는 출가자가 아니고 모두 재가자였다. 원래 불도 수행은 오직 출가자들만이 하는 것이지만, 왕생정토의 구제는 불도 수행을 감당할 수 없는 재가자들이 절실히 바라게 되었다. 그러므로 왕생전의 각 찬술자는 출가자보다 오히려 재가자의 결연을 의도한 것이었다. 왕생인의 대부분은 출가자가 차지하고 있지만, 재가자의 수도 적지 않다.『일본왕생극락기』를 예로 들면, 42명의 왕생인 중에서 재가자는 11명이다.

그런데 왕생전을 한 번이라도 읽어 보면 왕생정토의 행법에 여러 가지가 있는 것과 왕생의 증명이 내영(來迎)의 상서로운 모습이나 꿈의 예고에서 찾아볼 수 있음을 알 수 있다.

2) 왕생정토의 행법(行法)

우선 왕생을 가능하게 한 것은 반드시 한 가지의 행법만이 아니었다. 오히려 단 한 가지의 행법에 의해 왕생을 이룬 경우는 드물고, 보통은 독경·법화삼매·진언법·지주(持呪)·다라니·지계·좌선·조불(造佛)·건당(建堂)·사경 및 염불 등의 겸수, 즉 제행왕생의 입장이었다.

따라서 아미타불 일불에만 귀의하는 것이 아니고, 석가를 비롯한 문수·부동명왕·제석천·비사문천·지장·허공장 등에게 왕생정토하기를 발원하는 경우가 많았다. 독송되어지고 서사되어 온 경론 중에는 『법화경』이 가장 깊이 신앙된 사실을 알 수 있다.

겐신은 『왕생요집』에서 "왕생하는 업은 염불을 기본으로 한다"고 말하지만, 그 염불을 반드시 '칭명'에 한정하지 않으면서도 상행삼매의 입장을 관철하여 '관상(觀相)'의 우위를 인정하였다. 이러한 관상 중시의 정토교는 『왕생전』 중에도 명백히 나타난다. 그것은 『왕생전』의 염불의 행인이 성중의 '내영'에 초점을 맞추고 있었기 때문이다. 만약 임종 때 '자운(紫雲)'이나 '음악'의 서상이 있거나 또는 꿈속에 왕생인이 나타나 왕생극락의 즐거움을 알릴 경우, 그것은 왕생정토를 이룩한 가장 명백한 증명이었다.

겐신이 죽을 때가 다가오는 것을 알고 고운 소년승을 자기 침실에 출입시키며 성중내영 관상의 계기로 했지만, 왕생인은 실재로서의 성중내영을 계속 기다렸다. '구제'는 마지막 임종의 일순간에 주어질 뿐만 아니라 그것에는 '증명'이 필요했다. '성중내영'의 즐거움을 요체로 한 정토교를 보급시켰다는 점에서 『왕생요집』이 출현한 의의는 주목할 만하다.

성중내영을 법회로 한 것은 영접회(迎接會) · 영접강(迎接講) 또는 영강(迎講)으로 불렸다. 25명의 승려가 보관(寶冠)을 쓰고, 또 보살의 탈을 쓰고 예쁜 옷을 입고, 향로 · 천개(天蓋) · 번당(幡幢)을 올리고, 혹은 악기를 연주하고, 25보살을 흉내 내면서 미타삼존을 둘러싸고 내왕하는 연극과 같은 무카에코우(迎講)의 광경은 성중내영의 기쁨을 눈앞에서 방불하게 하는 것이었다.

서박사(書博士)이던 안부준청(安部俊淸)은 임종 때 좌우를 돌아보고 "희미한 음악이 들린다. 마치 운거사(雲居寺)의 무카에코우와 같다."고 말했다고 한다. 또한 교토의 운거사 이외에 육바라밀사(六波羅蜜寺) · 운림원(雲林院) · 길전사(吉田寺) 등에서 개최된 무카에코우에는 상하와 귀천의 구별 없이 많은 애호자가 모였고, 대강거주(大江擧周)는 수령으로 취임하여 단후(丹後;京都府)의 국부(國府)에 도착하자마자 영강(迎講)을 개최했다고 한다.

성중내영도(聖衆來迎圖)의 제작도 성행했다. 겐신작이라고 전해지는 고야산의 성중내영도는 곱게 채색된 구름에 탄 25명의 성중이 음악을 연주하거나 혹은 춤을 추면서 중앙에 있는 금색이 찬연한 본존을 둘러싸고, 고요한 호수 위를 진출해 오는 광경을 그리고 있다. 여기에 당마사(當麻寺)의 정토변상도에서 주제가 되었던 극락정토의 광경 그 자체는 전혀 그려져 있지 않고, 다만 내영하는 성중의 묘사에 화면의 대부분을 할당하고 있다.

성중내영의 법열을 중심으로 한 정토교가 보급되는 데에 『왕생요집』

은 중요한 역할을 하였다. 그리고 시대의 흐름과 정토교의 성행은 구야가 제창한 염불과 겐신이 밝힌 성중내영을 결부시키는 방향으로 나아갔다.

4. 정토교와 사회

1) 말법악세(末法惡世)

석가시대를 중심으로 하여 정법·상법·말법의 삼시(三時)로 구분하는 설은 이를 설한 몇 가지 경론과 함께 이미 나라시대에 일본에 전해졌다. 정법 1,000년간은 석가의 가르침(敎)과 그 가르침을 따르는 수행(行)과 그 수행의 결과인 깨달음(證), 이 세 가지가 구비되어 있었지만, 상법 1,000년간에는 교와 행은 있어도 증이 없고, 더욱 말법시대가 되면 교만 있고 행과 증이 사라지게 된다. 불도의 쇠퇴를 수행자의 근기가 하향하는 것과 연결하는 정·상·말의 삼시설은 원래 재가자와 직접적인 관계가 없으며, 말하자면 출가자 자신의 문제이며, 사이쵸의 천태종 개종의 의도도 상법 시대에 관한 위기의식이 그 배경에 있었다.

그런데 일본에서 상법에서 말법으로 가는 시대의 추이는 마침 고대국가의 실질적 붕괴와 시기적으로 일치하고 있었다. 섭관(攝關)제도가 확립되고 중·하층의 귀족층은 신분적·경제적 동요에 직면하고, 또한 지방의 명주인 무사의 진출, 악승과 신인의 횡포와 잇단 천재지변은 말법

도래의 교설을 입증하는 결과가 되었다. 부처의 구제로부터 버림받아 구제를 받지 못하고 지옥에 내던져지는 것을 의미하는 말법의 협박은 때마침 급속도로 진행되던 고대국가 붕괴의 양상을 통해서 귀족계층의 체험이 되었던 것이다.

'염리예토(厭離穢土)'를 강조한 『왕생요집』은 몰락귀족의 심정과 연결되는 것이었다. 말법의 여러 양상은 현세를 긍정하는 자세에서 현세를 부정하는 자세로 전환시켰다. "장곡사(長谷寺)가 이미 소실하고 없어졌다. …… 가장 영험이 뚜렷한 절이었다. 말법시대의 첫번째 해에 이런 일이 있었다. 참으로 우려해야 할 일이다."라고 어느 귀족이 일기에 쓴 영승7년(永承;1052)이 고비가 되어 말법에 들어갔는데, 정토교의 보급은 고대국가의 위기가 심화하는 것에 비례하고 있었다.

그런데 말법의 위기의식은 특히 행·증으로부터 버림을 받은 출가자에서 절실하였다. 왜냐하면 마침 말법에 태어난 것은 출가자에게 출가의 본래의 의의를 상실하는 것을 의미하였기 때문이다. 게다가 말법의 교설을 증명하는 현실은 귀족의 경우와 마찬가지로 출가자의 경우에도 갖추어져 있었다.

예를 들면 히에산은 이제는 '국보(國寶;보살승)'의 수행지가 아닌 상황이 되었고, 무기를 휴대한 악승들의 집합지와 같은 광경을 나타내고 있었다. 그들은 원성사(園城寺)와의 전투를 반복하면서 일길신사(日吉神社)의 신여(神輿)를 메고 강소(强訴)하는 것을 예사로 하였다. 남도 흥복사의 악승도 이와 마찬가지로 오탁한 말세의 양상은 큰 절의 안이든 밖이든 구별이 없었다.

진지한 구도자가 큰 사찰의 이런 내부사정에 대해서 혐오 혹은 반발을 느꼈다고 해도 별로 이상한 일이 아니었다. 게다가 정토교는 이러한 말법악세의 사람들의 구제를 호소하는 것이었다.

그런 사정에서 대사 근처에 걸맞은 토지를 택한 선승이나, 혹은 멀리 옛날부터 산림불교의 전통을 인계한 심산유곡 안에 있던 진지한 구도자에 의하여 별소(別所)가 설치되었다. 별소의 히지리(聖)들은 명예와 이익에 대한 결별을 표시한 검은 색 법의를 입으면서 염불 생활을 하였다. 히지리는 또한 '쇼우닌(上人)'이라고도 불렸는데, 그들은 속세간으로부터의 첫 번째 출가를 한 후에, 대사로부터의 두 번째 은둔 이탈을 한 이중적인 출가자였다.

『양진비초(梁塵秘抄)』에 "산사에서 수행하는 히지리야 말로 참으로 뛰어나고 존귀한 분이다. 저녁 근행의 예시작법(例時作法)에서 행도(行道; 遶道)하면서 아름다운 소리를 내어 『아미타경』을 독송하고, 새벽의 법회참법(法華懺法)에서 경의 마지막 부분에 '석가모니불'이라고 부처의 명호를 외운다"는 노래가 있고, 그리고 히지리의 거처로 오오미네(大峰)·가쓰라기(葛城)·이시즈치(石槌)·미노오(箕面)·가쓰오(勝尾)·쇼샤(書寫)·구마노(熊野) 등을 열거하고 있는 이유는 원래 히지리가 삼림에서 두타행을 하는 수험자(修驗者)의 계보를 인계하기 때문이지만, 정토교의 히지리는 특히 '아미타성인(阿彌陀聖)' '염불성인(念佛聖)'이라고도 불렸다.

오오하라의 양인(良忍)은 융통염불(融通念佛)을 권유한 것으로 유명하다. 한 사람이 외는 염불의 공덕과 많은 사람이 같이 외는 염불의 공덕이 융통하여 왕생정토의 계기가 된다고 설하지만, 이 경우의 염불은 벳쇼히지리(別所聖)의 한계를 넘어서 동행동지(同行同志)의 넓은 결연을 예상하고 있다. 성명도(聲明道)[49]의 중흥라고 불린 양인(良忍)은 상행삼매당(常行三昧堂)의 염불을 재속자 사이에 보급시켰고, 그 아름다운 선율은 사람들에게 깊은 감동을 주었다.

남도 동대사의 염불 별소인 광명산사에 영관(永觀)이 있었다. 영관은 양인과 같은 시대의 사람이고, 동대사 별당(別當;주지)을 사직한 후 교토 동산 선림사(禪林寺)에 묵으면서, 구제로써의 정토교를 찾아서 『왕생습인(往生拾因)』을 저작하고, 특히 '여성염불(勵聲念佛)'을 권장했다.

호넨은 원래 히에산의 흑곡 별소에서 생애의 대부분을 지낸 염불성인이었지만, 그의 스승인 예공(叡空)은 양인의 제자였다.

3) 왕법과 정토교

정토교의 발달이 고대국가의 해체기와 합치하고 있던 것은 주목해야 할 사실이다.

남도·북령(北嶺;히에산)의 고대불교는 진호국가를 공통의 사명으로 하고 있었다. 불법은 왕법(고대국가)을 옹호하고 왕법은 불법을 옹호하

---

49) **聲明道** : 성명은 범패를 나타내는 말이다. 일본에서 모든 예능·기술·무술 등을, 道로서 형식화하면서 전파·전승하는 경우가 많다.

는 것, 즉 '왕법불법상즉(王法佛法相卽)' 이 고대불교의 근본이념이었다.

왕법이 실질적으로 해체하는 시기에, 그것도 왕법불법상즉을 전통으로 한 천태 내에서 구야나 겐신이 나타나 정토교를 보급시켰다. 정토교는 '왕법' 에 대한 아무 배려도 보이지 않고, 다만 개인의 구제만을 지향했다. 정토교에서는 '왕법' 을 포함하여 현세는 모두 '예토' 여서 염리해야 하는 대상이 되었다.

교리적으로 불교는 원래 국가권력(왕법)과 직접적인 내적 관련을 가지지 않는다. 그러나 진호국가의 전통에 입각한 일본불교 내에서 '왕법' 을 주된 대상으로 하지 않는 불법이 설해진 것은 정토교가 처음이었다. 물론 정토교는 의식적으로 '왕법' 을 소외한 것이 아니었다. '왕법' 의 소외는 말하자면 그 결과에 지나지 않았지만, 그와 동시에 '왕법' -고대율령국가-에서 버림을 받은 몰락귀족층이나 다음 시대의 일반 서민 재가자에 대한 구제는 정토교에 의해 준비되었다. 그리고 정토교의 성행은 '왕법' 해체의 진행과 비례하였던 것이다.

5. 두 종류의 정토교

1) 염불의 계통

헤이안시대 중기 이후의 정토교는 크게 다음 두 계통으로 나눌 수 있다.

첫 번째는 겐신의 경우로 극락정토의 미적이고 정서적인 자기투사(自己投射)가 중심이 되고, '염불' 보다도 '관상' 에 중점이 있는 것이다. 재가자를 위해서 염불은 외는 것이 아니고 들어야 하는 것이었다. 극히 아름다운 아미타당에 목소리가 좋아서 외모가 수려한 승려들이 모아지면 극락의 즐거움이 감각적으로 향수되었다. 『왕생요집』에 의해 인도된 귀족층의 정토교는 아미타당에서 상징된 지상의 장엄 및 외모도 목소리도 아주 아름다운 승려를 필요로 했다. 이 경우의 승려는 법을 설하는 스승도 아니고 또 질환을 치료하는 험자(驗者)[50]도 아닌 극락의 성중이었다. 아미타당을 비롯하여 당내의 아미타상이나 성중내영도 등의 소위 정토교미술은 귀족의 정토교신앙에서 불가결한 것이었다.

두 번째는 구야의 경우이다. 겐신에 앞서서 정토교를 설한 이치노 히지리(市聖)인 구야는 '염불' 그 자체에 의의를 인정하고, 재가의 서민에게 염불을 보급시켰다. 금고에 맞춰서 제창하는 이 염불은 열광적인 것으로 미적이고 정서적인 앞의 염불과 다르며, 이를 위해 마련해야 하는 도구·설비나 장엄, 즉 당사나 불상 내지 염불승을 필요로 하지 않았다. 염불은 스스로 외우고 타인과 같이 외는 것으로 듣기 위한 것이 아니었기 때문이었다.

정토의 관상과 관계가 깊은 '듣는' 염불과 자기 왕생과 연관되는 '외우는' 염불을 명확히 구별하는 것은 불가능일 것이다. 임종의 병상에 누운 후지와라노 미치나가(藤原道長)는 치병을 위한 기도나 수법을 거부하면서 "절대로 이런 일을 하면 안 된다. 나를 불쌍하다고 생각하는 사람이 나를 위해서 기도하는 일이 있다면, 오히려 원망스럽게 생각할 것이다. 이렇게 하는 것은 내가 악도에 떨어지는 것을 유도하게 하는 것이 되는 것이다. 다만 염불만 듣고 싶다."고 소망하였지만, 출가한 후의 그는 스스로 창명염불(唱名念佛)을 한 일도 있었다.

추측컨대 시대의 추이에 따라 '듣는' 염불과 '외우는' 염불은 융합하는 방향으로 나아갔으나, 정토교의 성행은 결국 '외우는' 염불자층의 확대를 의미하는 것이었다. 사천왕사 서문 밖에 있는 염불소에서 출운성인(出雲聖人)이 주최한 백만편염불(百万遍念佛)에는 조우법황(鳥羽法皇)과 전관백(前關白) 등원충실(藤原忠實) 등의 상층귀족들이 참배하고, 염불중(念佛衆)의 한 사람으로 일반서민과 섞여 염불하였다.

---

50) 驗者(겐자) : 가지·기도에 의해서 靈驗을 나타내는 수행자이다.

요컨대 '듣는' 염불은 아마타당이 조성하는 미적이고 관상적인 정토의 환상에 통하므로 귀족세계에 속한 것에 비하여 '외는' 염불은 남녀노소를 불문하고 도량이나 촌락에 모여서 행해져야 하는 것이므로 재가서민의 세계에 속하고 있었다고 생각된다.

2) 무상(無常)과 숙업(宿業)의 인식

위에서의 구별은 더욱 정토교 수용의 심적 자세의 문제와도 관련이 있다. 겐신이 『왕생요집』에서 현세의 부정(염리예토)을 역설한 것은 전술한 바이지만, 정토교에 지향한 귀족의 심정은 염리예토에 투철하는 것보다 오히려 흔구정토(欣求淨土)에 마음을 사로잡혔다.

그래서 극락정토를 감각적으로 이해하면서 현세와 같이 미적이고 관상적인 대상으로 생각했지만, 만약 귀족들에게서 정토에 마음을 향하게 한 계기를 찾는다면, 그것은 '무상'과 '부정'의 의식이었다고 할 수 있을 것이다. 이 무상과 부정의 의식이 헤이안시대 중기 이후의 고대 율령국가의 전면적 위기—귀족층의 불안과 동요—에 기인한 것임은 말할 것도 없지만, 한편 일반서민은 귀족층의 이와 같은 위기의식과 직접적인 관계가 없었다. 그들에게는 귀족층이 경험한 불안과 동요에 대한 체험기회가 없었기 때문이다.

그렇다면 그들이 구야의 선창에 맞추어 목소리를 높여 염불한 이유는 무엇이었을까? —그것은 인간이라는 '숙업'에 대한 자각에 의한 것이었다. 신분이 생업을 결정한 당시 사회에서 가난하고 천한 서민으로 태어난 것은 명백히 전세의 숙업이 그렇게 한 것이어서, 그들은 이 숙업에서의 해방과 이탈의 소망을 정토교에 맡긴 것이었다.

다음 시대가 되어서 호넨(法然)이나 신란(親鸞)이 정토교를 설했을 때, '무상'에 관해서는 거의 언급하지 않고, '숙업이나' '죄업'을 되풀이하면서 설한 것도 같은 맥락에서이다. 이렇게 호넨과 신란의 정토교의 대상이 재가서민이었던 것은 우연한 일이 아닐 것이다.

제4장
가마쿠라(鎌倉)시대의 불교

1. 시대의 전환

　나라불교는 나라시대에서 헤이안시대로 바뀌면서 새로 전래된 사이쵸의 천태종과 구카이의 진언종에 종교계의 왕좌가 이양된다. 이후 헤이안시대에 나라(남도) 6종을 비롯하여 천태·진언 등을 포함한 소위 고대불교는 국가권력과 국가권력의 중심세력이었던 공가(公家)[51] 개인과 밀접한 관계를 맺으면서 번영한다. 고대불교의 번영은 교리의 충실뿐만이 아니라 교단을 유지하는 물질적인 방면에서도 방대한 장원을 획득하여, 고대국가의 번영과 아울러 그 성쇠를 함께 하게 된다.

　이런 상황의 고대불교 태내에서 새로운 교설이 싹틈으로써 정토교가 그 뿌리를 깊게 내리고 있었다. 그러나 정토교계의 가르침은 하나의 종파를 일으키거나 하나의 교단을 세우기에는 많은 조건이 결여되어 있었다. 정토교계의 신앙은 고대불교 교단에서 미약하였을 뿐만 아니라, '히

---

51) 公家(구게) : 공가는 보통 '귀족'이라고 번역되는데, 武家(부케)가 정권을 장악한 이후의 시대에서는 '귀족'보다 '문신'에 상당하는 말이 된다. 쉽게 말하면 幕府가 설치된 시대에, 정치적 힘이 약화된 조정에서 직위를 잡았던 옛날 귀족들의 후손을 의미하는 말이다.

지리(聖)’에 의한 은둔적·도피적 성향으로 인해, 염불에 의한 구제를 널리 선양하고자 하는 적극적인 노력이 결여되었기 때문이다. ‘히지리’들이 고대불교 교단의 옆에 벳쇼(別所)를 형성하고, 낡은 교단과 관련되어 있는 한, 정토교에서 벗어나 정토종으로의 독립은 무리였다. 그러나 새로운 불교가 낡은 교단으로부터 독립할 수 있는 계기가 마련된다. 그것은 바로 헤이안시대 말기부터 가마쿠라(鎌倉)시대에 걸쳐 정치·사회·사상 등 여러 방면에서 일어난 큰 변동의 역사였다.

정치면으로는 헤이안시대에 구축된 후지와라씨의 권력체제였던 섭관(攝關)정치가 원정(院政)정치로 바뀌면서 붕괴의 길로 접어들게 된다. 이 섭관정치부터 원정정치로의 변화는 후지와라 일족에 대한 중앙정계에서의 권력을 감소시킴과 동시에, 원정을 지지하고 이것을 실질적으로 운영했던 수령(受領)층이 공가에 대해 큰 폭의 정치적 약진을 확보하는 계기가 된다.

이 이외에도 정계에서의 세력이 약했던 후지와라씨 이외의 공가의 발언권도 확장시켰다. 이러한 새로운 권력형태의 출현과 새로 진출한 공가층(公家層)의 권력 장악, 더욱이 무가권력의 탄생은 낡은 것에 대한 새로운 것의 독립과 자유로운 발언에 많은 힘을 주었다고 할 수 있다.

그 이전까지 나오지 않았던 낡은 권위에 대한 비판을 조금이나마 할 수 있는 길을 연 것이 원정 다음에 일어난 평씨(平氏)정권의 출현과 이에 따른 가마쿠라막부(鎌倉幕府)의 탄생이었다고 할 수 있다. 정치세계에서 낡은 권위 그것도 절대적인 것이라고 생각되었던 권위가 소수의 무력에 의해 전복되어, 평씨 일족이 불완전하나마 평씨정권이라고 할 만한 권력을 수립한 것은 치승3년(治承;1179)이었다.

그리고 그 다음해에 평씨정권은 이인왕(以仁王)을 받든 미나모토노 요리마사(源賴政)의 거병을 기점으로 전국적 내란이 시작되고, 유사 이래 최초의 무가정권 탄생을 보게 된다. 물론 그동안에도 원(院;上皇·法皇)·천황·후지와라씨(攝關家)의 존재는 큰 의미를 두면서 그 존재를 주장해 왔다. 그러나 새 시대의 창시자들은 이들 낡은 세력의 권위를 적절히 이용하여 권력을 장악하는 데에 성공하였다. 표면적으로 그 세력이 아직 확립되지 않은 단계에서 새 무가세력은 전통적 권위를 존중하면서 이용했지만, 무가세력도 천황·공가세력도 궁극의 사태를 해결할 수 있는 것은 무력뿐이라는 새 시대의 요청을 자각하고 있었다.

새 시대의 도래는 정계만의 문제가 아니었다. 정계의 새 동향은 종교계에서 새로운 것을 탄생시키는 기회가 되었다. 그 당시 불교계는 정계보다 더 막다른 지경에 있었다. 정계의 새 동향에서 용기를 받은 사람들은 불교계에서도 낡은 권위를 부정하고, 새로운 구제의 길을 제창할 수 있는 시대의 조짐을 감지하고 있었다.

그러면서 헤이안시대 말부터 가마쿠라시대에 걸쳐서 새 구제의 길을 창시하는 것은 당시 종교인을 위해서 절박한 과제이기도 하였다. 왜냐하면 헤이안시대 중기로부터 일본의 사상계를 어둡게 덮기 시작한 말법 도래의 예언이 점차로 현실의 문제로 사람들의 생활을 압박하기 시작하였기 때문이다. 헤이안시대 중기부터 말기의 세태는 모든 면에서 말법의 예언을 증명하는 것처럼 보였다.

앞에서 말한 정치계에서의 여러 동향은 몰락하는 측면에서 보면 말법이지 않고는 납득할 수 없는 사태였다. 이미 중앙정계에서의 공경(公卿)[52]의 자리도 강화4년(康和;1102)에는 그 과반수가 원씨의 사람들이 차지하고, 그보다 앞의 관치7년(寬治;1093)에는 좌우대신을 비롯하여 대납언(大納言) 3명, 중납언(中納言) 3명, 육위부(六衛府) 장관 5명이 모두 원씨의 출신자가 차지하는 사태가 발생하였다. 이것도 후지와라씨의 입장에서 보면 말법 때문이라고 해석할 수밖에 없는 것이었다. 더구나 원정의 출현, 평씨정권에서 가마쿠라정권의 탄생은 분명히 말법도래를 눈앞에서 보여주는 것이었다.

양화1년(養和;1181)에는 6월에 가뭄이 시작되어, 가을에는 대폭풍우가 와 대흉작을 초래하면서 유례없는 대기근이 발생하였다. 이 때문에 다음 해인 수영1년(壽永;1182)까지 기근이 계속되고 역병이 유행되어 굶어 죽은 자와 병들어 죽은 자가 잇달아 나오고 어린 아이를 버리는 사람이 수없이 많은 상황이 되었다. 이 때 인화사(仁和寺) 자존원(慈尊院)의 융호법인(隆曉法印)은 굶어 죽은 자가 많은 것을 슬퍼하여 도반과 같이 죽은 자의 추선공양을 행한 결과, 그 수가 교토 시내전체, 경극(京極)에서 주작(朱雀)까지의 사이에서만도 42300에 도달했다고 한다. 이것은 교토 시가의 시체 중의 일부분이고, 그것도 다만 2개월 동안의 일이었다. 시외와 시골을 포함시키면 그 수는 엄청난 것이었다고 기록되고 있다.

『방장기(方丈記)』[53]의 저자는 이 양상을 보고 "고약한 냄새가 세계에 가득했다"고 말하고 있고, 또 기요미주(清水)의 다리 밑에서는 어린 아이를 먹는 사람이 있었다고 하여, 그 참상을 차마 바로 볼 수 없었다고 한다.

천재지변을 통한 기근과 굶어 죽은 자의 속출로 한 마을 전체가 백골의 들판으로 바뀌는 것은 드문 일이 아니었다. 그것은 고대 말기부터 중세까지의 장원제 지배체제하에서는 어쩔 수 없는 현실이었다. 정치체제와 사회기구에서 오는 극심한 재해의 비극은 당시 사람들 눈에는 정치의 빈곤과 지배형태에서 초래된 일이라고 보이지 않았다. 천재지변에서 초래된 현실세계에서의 지옥도를 가져오는 것은 다름 아닌 말법 때문이라고 생각하였기 때문이다.

이 말법의 세상에서 하루라도 빨리 벗어나는 것이 헤이안시대 말부터 가마쿠라시대에 살았던 사람들의 애절한 희망이기도 했다. 그러나 말법 세상으로부터의 구제는 불법의 힘을 기다려야 했다. 그 불법이란 나라 6종을 비롯하여 천태·진언 등을 포함한 구불교였다. 말법의 세태에 전율하는 사람들을 구제하는 것이 구불교 승려에게 부과된 과제이기도 하였다. 그러나 구불교 승려는 과연 그 과제를 해결할 수 있었을까? 아니 구제되어야 하는 자는 오히려 구불교의 승려들이었다. 구불교 교단이야말로 말법의 예언 그대로의 형태를 세상에 드러내 보이고 있었던 것이다.

---

52) 公卿(구교우) : 옛날 일본의 조정에서, 公인 大臣과, 卿인 大納言·中納言·參議 및 3위 이상의 고급 관료(귀족)를 아울러 일컫던 말이다.

53) 『方丈記』: 가마쿠라시대 초기인 1212년에 鴨長明(가모노 조우메이, 1155?~1216)이 저술한 수필집이며 1권으로 되어 있다. 여러 실례를 열거하고 인생이 무상함을 묘사하고 있으며 저자는 교토의 日野(히노)山에서 方丈의 암자를 지어서 閑居한 은둔의 승려이었다.

2. 구불교(舊佛敎)의 현황

　중앙정계의 수적 제한이 있는 지위를 획득할 수 없는 헤이안 귀족의 자제의 수가 점차로 증가한 것은 헤이안시대 중기를 지난 무렵이었다. 그래서 그들이 진출한 하나의 세계가 구불교 교단이었다. 교토·나라 등의 유력사원은 오랫동안 국가권력과 밀착되어 그 번영을 빈 대가로 방대한 장원을 소유하고 있었다. 이들 구불교 사원으로서도 유력 공가의 자제를 맞아들임으로써 권력과의 관계를 더 강화할 수 있었기 때문에 기꺼이 그들을 받아들였다.

　그 때문에 구불교 교단 안의 요직과 고위는 거의 다 명문자제에 의해 독점되는 상황이 벌어지게 된다. 속계에서의 신분의 상하가 종교 세계까지 그대로 연결되었던 것이다. 그 때문에 젊어서 고위요직이 되는 유력 귀족 출신 자제가 있는가 하면, 불교계에서 몇 십년의 수행을 했으면서도 귀족출신의 젊은 승려의 발밑에도 못 미치는 지위를 감수해야 하는 사람들이 증가하게 된다. 중앙 정계가 입신출세면에서 좁고 폐쇄적인 세계인 것과 마찬가지로 종교계에서도 하급 귀족이나 서민 출신자에

게는 폐쇄된 좁은 세계화 된다. 몇 안 되는 요직을 둘러싸고 치열한 다툼
이 전개된 것이다.

천승1년(天承;1131) 연력사에서 발생한 하나의 사건이 있었다. 요직에
서 배제당한 승려들의 요구에 의해 "근대 이후 적당한 사람이 아니고 재
능이 있는 사람이 아니라도 등단 수계한 후 몇 년 지나지도 않은 유년의
미숙한 자에게 경전 강의의 직무를 맡긴다. 이것은 권문의 추천에 의하
거나, 조상의 증명서를 빌미로 무리한 요구를 하거나 허위 신청을 하는
것이다. 따라서 이후 이런 일이 없도록 해야 한다"는 한 항목을 여섯 항
목의 서약 중에 추가한 일이었다. 이것은 권문세가의 추천에 의해 귀족
출신 젊은이가 요직에 취임하는 것을 금지하는 서약이었다.

이와 같은 상황은 연력사만이 아니고 정도의 차이는 있어도 당시 모든
구불교의 사원에서 볼 수 있는 상황이었다. 그 결과 15세의 승도가 나왔
고, 일시에 13명의 승정이 임명되었으며, 율사의 경우는 일시에 백 몇
십 명이 임명되는 사례도 있었다. 이러한 상황은 불교계를 무기력한 입
신출세만의 장소로 변질시켜 버렸다.

그러나 이러한 요직을 서로 경쟁할 수 있는 입장에 놓인 사람은 형편
이 좋은 편이었다. 요직이나 고위 등을 생각조차도 할 수 없는 많은 승려
는 당중(堂衆)으로서 구불교 교단에 운집해 있었다. 그들은 사원의 경영
이나 교단의 관리를 하는 승려, 기타 연구승이라고 할 수 있는 학려(學
侶) 등의 신변을 보살피는 일에 사역된 사람들이었다. 그들 중에는 승병
이 되고 부처의 길이 아닌 무력에 의해 자기 영달을 도모하는 사람도 적
지 않았다. 헤이안시대부터 가마쿠라시대에 걸쳐서 구불교 교단 사원은

여러 요구를 관철하기 위해 승병을 중심으로 수많은 강소(強訴)를 일으
켰다.

　홍복사는 가스가(春日)신사의 신목을 흔들고, 구마노(熊野)의 대중은
신여(神輿)를 봉대하고, 히에산의 승병은 히에(日吉)신사의 신여를 어깨
에 메고, 말법에 겁난 조정·공가를 협박하고, 자기 야망을 달성하기 위
해 평온한 날이 없는 상황이었다. 여기서 사사(寺社)의 대중·신인(神
人)·승병이 실행한 강소(強訴)·수소(愁訴)·신여동좌(神輿動座)·신
목입락(神木入洛)·사사간의 투쟁수를 보면 헤이안시대 말의 110년간에
60여회, 가마쿠라시대 140년간에 100여회를 셀 수 있다. 이들 강소 등은
구불교의 전체적 타락을 나타내는 것이라고 할 수 있을 것이다. 그 배후
에 말로 표현할 수 없는 승려의 사적 파계 행위나 타락한 행동이 있었다.

　신호사(神護寺)에서 천력2년(天曆;948)에 작성된 45조의 기청문(起請
文)이라는 것이 남아 있다. 거기에는 다음과 같은 기재가 있다. 절의 위
력을 빌려 타인의 전원 자산을 강탈하면 안 된다. 여러 관직, 소송에 임
하여 공사의 연줄을 이용하면 안 된다. 절의 중대사가 아닌 경우에는 개
인의 생각으로 무기나 갑옷을 쓰면 안 된다. 주연을 베풀면 안 된다. 절
안에서 연회를 베풀면 안 된다. 고운 옷을 입으면 안 된다. 절 안에서 밤
에 여인을 묵게 하면 안 된다. 대문 안에 고기와 오신(五辛)과 같은 것을
가져오면 안 된다. 절 안에서 도박을 하면 안 된다. 이와 같은 내용이다.
이것을 보면 계율이 없는 듯한 상황이었음을 알 수 있다. 또 천태 좌수
자원(慈圓)은 건보1년(健保;1213) 12월 후조우상황(後鳥羽上皇)이 개최
한 존승다라니공양(尊勝陀羅尼供養) 때의 표백(表白) 안에서 말법시대

의 불교계의 타락을 한탄하고 있다.

『일언방담(一言芳談)』에도 "옛날의 큰스님[上人]은 일생 중에 도심(道心)이 일어나지 않음을 화제로 삼았고, 다음 세대의 상인은 경문에 관해 이야기를 했다. 당대의 상인은 전투 이야기를 한다."는 기록으로 승려생활의 타락을 전하고 있다. 그리고 승려이면서 대금업을 하고 사리를 탐하는 것이 특이한 일이 아니었다. 등원정가(藤原定家)는 관희1년(寬喜;1229) 쯤, 그 당시 히에산의 상태를 "처자를 부양하고, 고리 대금에서 부자가 되고, 악사를 강행하고, 이러한 승려가 산문(山門;연력사)에 가득했다."고 묘사하고 있다.

이상과 같은 불교계에서의 공사의 구별이 없는 타락 양상은 진지한 불도수행이나 구도의 도량과는 거리가 먼 것이었다. 불교계야말로 말법의 예언 그대로의 세계였고, 말법 세상에서 떨고 있는 사람들을 구제해야 할 그들이 오히려 구제받아야 할 처지에 놓이게 되었던 것이다.

3. 신불교(新佛敎)의 탄생

　말법사상의 예언과 그 예언을 눈앞에서 겪은 사람 중에는 말법 세상을 극복하고 새로운 구제의 길을 탐구하기 위해 노력한 사람도 적지 않았다. 말법이라는 숙업과 비슷한 어두운 장벽을 타파하기에는 그들이 소속된 옛 교단과 결별하지 않으면 불가능하였다. 그리고 기존의 교단과 결별하려면 말법 세상에서 비로소 효력을 발휘할 새 교설의 발견이 필요하였다. 그러한 새 교설을 발견하기 위한 수행이 일부 승려들에 의해 행해지고 있었다. 그들에게 낡은 교단과 전통적 종교와 결별할 수 있었던 것은 그들을 낳고 양성한 헤이안시대 말에서 가마쿠라시대에 걸친 정치·사회상의 큰 변혁이었다.

　즉 섭관정치부터 원정으로 그리고 평씨정권에서 가마쿠라 막부의 수립이라는 격동의 정세 속에서 권위의 성쇠가 보잘것없는 학승에게 그 이전에는 감히 상상조차 못 했던 고대불교에 대한 배반과 독립을 단행시키게 하였던 것이다. 그러한 독립을 향한 이론 확립은 당시 중국의 송나라에서 받은 사상적 영향도 적지 않았음을 간과해서는 안된다.

이렇게 해서 탄생한 것이 정토교 계통에서 호넨에 의한 정토종, 그 제자 신란에 의한 정토진종(淨土眞宗) 또는 일향종(一向宗), 잇펜(一遍)에 의한 시종(時宗)이었다. 그리고 선종 계통에서는 에사이가 임제종(臨濟宗)을, 도겐이 조동종을 각각 중국에서 수입했다. 또 니치렌(日蓮)은 법화종 또는 일련종을 개종하였다. 이들 여섯 가지의 새 종파가 헤이안시대 말에서 가마쿠라시대에 잇달아 생겨난다.

이들이 설한 것은 타력이행(他力易行)이나 자력으로, 그 내용은 각기 다르지만 추구하는 바는 말법 세상에서 어떻게 하면 구제하는가라는 점에서 궤를 같이 하는 것이었다고 할 수 있다. 보통 이들 종파를 가마쿠라 신불교라고 부르며, 일본에서의 종교개혁이라고 할 수 있다. 그 역사적 의의에 대해서는 다음의 가마쿠라불교의 교설과 발전의 경과에서 언급하겠다. 다만 가마쿠라불교가 탄생한 시기가 일본사회의 발전 과정에서 보면, 봉건적 사회가 탄생하고 성장해 가는 시대였던 것을 잊어서는 안 된다. 가마쿠라불교는 봉건사회의 탄생·성장과 함께 발전해 나갔다.

제5장

가마쿠라(鎌倉) 불교의
탄생과 발전

1. 정토종

1) 선택입종(選擇立宗)

호넨보(法然房) 겐쿠(源空)는 도바(鳥羽) 원정의 초기인 장승2년(長承;1133)에 태어났다. 장원(莊園)과 수령(受領)을 기반으로 한 원정체제는 겐쿠의 고향인 미마사카(美作)의 구메난조우(久米南條)까지 파급되었는데, 아버지 우루마(漆間時國)가 살던 이나오카(稻岡南庄)은 그 당시 원의 영지였던 것으로 보인다. 우루마씨의 조상에 대한 것이나 아버지의 도강장(稻岡庄)에서의 직위를 상세히 알 수 없지만, 우루마씨는 일찍이 이 지방에 정착하여 원정시대 쯤에는 무사적 호족이 되었던 듯하다. 후세 우루마씨는 모계 출신 씨족인 하타(秦)씨와 같이 미마사카의 4귀성(四貴姓;명문 집안)에 속하는 명예를 받는다.

아홉 살 때의 어린 겐쿠에게 생활의 변화를 가져 온 아버지의 죽음은 도강장의 관리자인 명석정명(明石定明)과의 투쟁에 원인이 있었다고 한다. 오늘날에도 도강장 부근은 양쪽에 낮은 산이 자리 잡고 있어 경작지가 넓지 않다. 이러한 토지를 둘러싸고 원정이 임명한 지배자와 토착 무사 사이에 알력이 있었던 것으로 추측된다. 이것이 겐쿠의 출가와 관련이 있다면, 이는 정토종의 '입종(立宗)'이 원정시대의 소산이라 할 때 고대 율령제가 붕괴하는 과정에서 나타난 불교의 각성이라고 할 수 있다.

고대의 미마사카에서는 원래 진언종과 율종의 세력이 강하였지만, 점차 원정 시대가 되면서 천태종의 교세가 보급되기 시작하였다. 겐쿠의 부모가 남자의 출생을 기원했다고 전해지는 근처의 본산사(本山寺)나 겐쿠가 갈식(喝食, 동승)으로 입산한 미마사카 지방의 경계선에 가까운 보리사(菩提寺)도, 천태종의 교리에 쏠려 율종에서 전종(轉宗)한 천태종의 사원으로, 각각 겐쿠와 가까운 관계가 있었다.

따라서 우루마씨의 유래에도 부모의 관음신앙에도 겐쿠신변의 문화에는 낡은 분위기가 감돌고 있었는데도, 얼마 안 있어 겐쿠가 히에산에 들어간 것은 이 시기에 미마사카에는 새로운 천태종 교단의 전개에 무사적 호족 우루마씨가 결합한 결과이다.

겐쿠를 맡아서 돌본 보리사의 승려 관각(觀覺)이 그를 연력사 서탑 북곡(北谷)의 지보방(持寶房) 원광(源光)에게 의탁한 것은 자기 법계의 연고에 의한 것이었을 가능성이 있다. 구안3년(久安;1147) 15세에서 출가한 겐쿠는 머지않아 히에산 동탑 서곡(西谷)의 공덕원(功德院)에 거주한 황원(皇圓)의 제자가 된다. 여기서 겐쿠는 혜심(겐신)류의 교학을 접하게 됨과 함께 귀족승들의 생활에도 견문을 넓히게 된다. 그것은 겐쿠의 장래에 대략적인 방향성을 갖게 해 주면서 귀족승과 다른 방향으로 가는 계기도 마련해 주었다.

후세 겐쿠의 전기를 작성한 편자가 우루마씨를 미마사카에 유배된 사가겐지(嵯峨源氏)의 후손으로 연결한 이유는 겐쿠의 가문이 후지와라씨와 관계가 없고, 또 당시 세력을 확대한 세이와겐지(淸和源氏)나 간무헤이시(桓武平氏)와도 관련이 없었기 때문이다.

히에산이 공가 귀족들이 활약하는 장소가 되어 청련원(靑蓮院)·미정(梶井)의 두 문도가 형성된 대세 속에서, 지혜제일의 호넨보(法然房)도 문벌을 배경으로 한 귀족승 사이에서 두각을 나타내기가 어려웠다. 겐쿠가 일찍부터 은둔의 뜻을 품었다고 전해지는 배경에도 교단의 실상과 속계의 문제가 있었을 가능성이 높다.

훗날 겐쿠가 의추문원임자(宜秋門院任子)에게 수계하기 위해 궁중에 갔을 때, 후지와라노 데이카(藤原定家)는 비천한 승에게 이러한 선례가 없다며 비판하였다고 한다. 속계를 존중하고 승위(僧位)나 승관(僧官)을 찾는 귀족승 내에서 겐쿠는 지위적으로 장래의 광명을 찾을 수 없었다. 사실 겐쿠는 생애 중 궁중에 간 것이 단 두 번뿐이었다고 제자들에게 말했다고 한다.

그러나 겐쿠는 이러한 천태종 교단을 버리지 않았다. 이윽고 자안방(慈眼房) 예공(叡空)의 제자가 되어, 스승이 거주했던 구로다니(黑谷) 별소로 옮겼다. 이 별소는 연력사에서의 천태종 교단이 발전한 결과 서탑의 연장으로 생긴 것이었기 때문에 겐쿠는 여전히 교단 내에 소속되어 있었다. 그보다 앞서 겐쿠는 스승 원광의 한자 하나를 받아 시호로 하였지만, 예공 밑에서 호넨보라고 칭해졌을 무렵 미정문적(梶井門跡)계의 승려로서 스승 예공의 단월인 구가(久我)씨와 인연을 맺게 된다. 그리고 이 시기 이후 벳쇼 히지리(別所聖)의 무리에 소속되어, 구로다니(黑谷)

에 전래된 혜심류 염불삼매를 배우기에 이른다.

　세이시마루(勢至丸)이란 아명(兒名)이 지혜가 뛰어난 겐쿠를 반영한 것이겠지만, 이미 구로다니에 은둔하기 이전에 천태 삼대부를 읽었다고 하는 것도 이와 같은 맥락에서의 표현으로, 그때까지 겐쿠는 오로지 천태의 교학과 수행 속에서 지내고 있던 것을 알 수 있다. 은둔 후의 수년간은 예공 밑에 있었던 것으로 보이지만, 이윽고 교토 사가(嵯峨)의 청량사(淸凉寺)에 머물면서 다이고(醍醐)와 나라(奈良)를 방문했다고 한다. 다른 절에 가서 여러 교학을 배우는 것은 그 당시 천태승들이 항상 행하던 것으로, 겸학은 당연한 일이었으므로 겐쿠는 선학의 예를 따른 것이라 할 수 있다.

　에도시대까지 편찬된 십여 가지의 전기들은 각각 성립된 배후 사정이 있었기 때문에 겐쿠 생애의 사실을 추적하기 위해서는 천태적 또는 종조로서의 분식이나 문파에 의한 부회를 제거해야 한다. 겐쿠가 나카가와(中川)의 실범(實範)에게 법상을 배웠다는 것은 가공의 조작이고, 제호사(醍醐寺)의 관아(寬雅) · 원성사(園城寺)의 공윤(公胤) · 동대사(東大寺)의 장준(藏俊) 모두가 제자가 되었다고 한 것도 과장한 것에 불과하다. 그러나 관아 · 공윤 · 장준은 스승 예공의 단월인 구아(久我)씨와 관련을 맺은 승려이었기 때문에 법문을 부속하였다 등의 미사여구를 제외하면, 겐쿠가 스승인 예공을 중개하고, 이들 세 명의 승려와 교제하여 각각 삼론 · 율 · 법상의 넓은 지식을 얻은 것은 거의 확실하다.

　그리고 이들 편력과 겸학이 천태의 벳쇼 히지리인 겐쿠를 구로다니이나 연력사보다 더 넓은 장소와 더 많은 사람과의 관계 안에 내세웠던 것이었다.

이후 명치(文治)연간(1185~1190) 쯤의 오오하라(大原) 담의(談義)까지의 겐쿠의 동향에 관한 것은 잘 알 수 없다. 그러나 그 때까지 겐쿠의 신변에는 많은 변화가 있었다. 가마쿠라시대 중기의 기록을 보면, 정경(貞慶)이나 고변(高辯) 등이 오오하라 담의에 참석하고 겐쿠가 이들 구불교의 승려를 논파한 것처럼 전하고 있다.

그러나 사실은 당시 오오하라 벳쇼(大原別所)에 은둔하고 있던 미정문적(梶井門跡)의 승려 현진(顯眞)이 중심이 되어 오오하라 벳쇼의 승림원(勝林院)에서 정토 법문에 관한 담의를 행한 것으로, 그 담의에는 같은 벳쇼의 히지리와 그 당시 교류가 있었던 중원(重源)과 동대사 승려 및 사가(嵯峨) 왕생원(往生院)의 염불방 등 모두 겐쿠와 관계가 있는 승려들만이 참가한 것으로 보인다. 그러나 당시 겐쿠의 명성이 이미 타종 승려와의 담의에 나갈 정도로 높아진 것만은 확실하다.

현진은 그 후 승림원에 부단염불의 승려를 선정하고 현밀의 가르침을 버려 비난을 받게 되는데, 그만큼 겐쿠의 교학이 독자적인 통합력과 설득력을 가지고 있었던 것을 느낄 수 있다. 문치6년(文治;1190) 중원(重源)의 초청으로 겐쿠가 동대사에서 정토삼부경을 강의했다는 것은 겐쿠의 명성이 파급된 결과로 겐쿠 교의가 승속의 주목을 받게 된 시기를 나타내는 것이다. 사실 이보다 1년 앞서 구조 가네자네(九條兼實)은 겐쿠에게 정토 법문에 관한 질문을 하고, 왕생의 업에 관하여 물은 적이 있다.

한편 겸실은 같은 해에 겐쿠로부터 계를 받았는데, 그것은 예공에게서 상승한 천태의 원돈보살계였다. 이는 승속에서의 겐쿠에 대한 평가가 천태의 정토교 승려였다는 사실을 나타내고 있다.

동대사에서 강설할 때 겐쿠는 여러 경전 중에서 정토삼부경을 채택하여 '입종' 의 의의를 말하고 승렬(勝劣)·난이(難易)의 두 가지 뜻을 세워 제행과 염불을 판석하며, 미타가 세운 염불왕생의 본원은 유지(有智)·무지(無智)를 가리지 않고, 지계(持戒)·파계(破戒)를 싫어하지 않고, 소문(少聞)·소견(少見)을 버리지 않고, 출가·재가를 묻지 않는다.

모든 유심자는 외우기 쉽고, 왕생하기 쉬운 것이 구칭염불의 행이고, 제행을 사폐각포(捨閉閣抛)한, 즉 선택된 정정업(正定業)이다. 청문하는 사람에게는 귀천·남녀 및 지식이나 행업과 상관없이, 이 인연이 두터운 정토의 법문에 귀의하여 비방하지 않도록 설하고 있다. 이 강설의 모두가 『선택본원념불집(選擇本願念佛集)』(이하 『선택집(選擇集)』이라고 함)과 내용이 같지는 않지만, 기본적인 취지는 다르지 않아서 겐쿠가 이미 문치 6년(1190) 이전에 '선택' 을 결단한 것으로 생각할 수 있다. 여러 전기에서 '선택' 의 해를 안원1년(安元;1175)이라고 하지만, 간단히 결정한 문제는 아니다.

그런데 이 결단은 말할 것도 없이 "전적으로 선도(善導)에 의해서" 행해졌지만, 겐쿠가 당나라 정토교 승려 선도의 『관경소(觀經疏)』에 의거한 이유는 선도가 삼매발득(三昧發得)이라는 체험을 한 승려였기 때문이다. 겐쿠는 구로다니에서 천태의 염불삼매를 배우고 연력사의 말사인 영산사(靈山寺)나 옹산사(瀧山寺)에서도 수행한 후, 건구9년(建久;1198) 『선택집』을 찬술한 해에 삼매를 체험하고 아미타불을 관했다고 전해지고 있다. 즉 구칭염불이 왕생할 정정업인 것을, 삼매를 체험한 선도에 의해 보였고, 겐쿠 자신이 체험 증득할 수 있었던 것이었다.

그러나 삼매를 체험한 시기에 관해서는 아직 의문이 남아있을 뿐만 아니라, 겐쿠는 『선택집』을 찬술한 후에도 원돈보살계를 버리지 않았기 때문에, '입종'을 더 말년으로 추측하는 설도 성립할 수 있다. 그런데 동대사에서 강설했을 때 겐쿠는 선도를 삼매발득한 승려라고 하였지만, 『선택집』에서는 미타의 화신이라 하였다.

따라서 문치·건구연간(1185~1199)에 겐쿠의 선도관이 변화되고, 또 교의도 전개되어 있어서 건구의 삼매발득을 교의를 전개하는 하나의 계기라고 생각하여, 『선택집』을 체증 후의 교의로 해석할 수도 있다. 그러나 동대사 강설의 취지의 기본은 '선택' 후의 것이다. 그럼에도 그보다 이전에 발득한 사실이 전해지고 있지 않고, 체증은 인지할 수 없다. 그렇다면 동대사에서의 강설 당시 "전적으로 선도에 의한다"고 한 것은 다만 『관경소』 문장의 내용을 지적으로 이해한 것이라고 할 수 있다.

또한 선도가 관불을 중시함에 비해, 겐쿠는 구칭염불을 선택한 차이도 있다. 그리하여 겐쿠는 우선 『관경소』를 열독함으로써 『관무량수경』의 48원을 심독했다고 볼 수 있다. 그 후 겐쿠는 삼매발득에 의해 체증을 얻는다. 여기에 겐쿠가 천태종과 결별하는 이유가 있다. 즉 겐쿠는 심독과 삼매발득으로 인해 천태종에서 탈각한 것이 되었지만, 그 반면에 같은 염불삼매에 의하여 천태종과 연관된다. 완전한 절연이라고 보이는 단층은 천태의 흐름에 명백히 남아 있다. 그러나 겐쿠가 염불위본(念佛爲本)이었는지, 염불위선(念佛爲先)이었는지는 문제로 남아 있다.

2) 입종(立宗)의 기반

겐쿠가 구로다니 벳쇼(黑谷別所)에서 길수(吉水)로 옮긴 것은 '입종' 한 안원1년(安元;1175)의 일이라고 여러 전기에서 전하고 있고, 그것은 천태종 교단과의 결별과 서민층으로의 접근을 의미한다. 그러나 겐쿠는 그 이후에도 계를 불법의 대지라고 말하고, 원돈보살계를 전수하고, 또 궁중에 가서 구조 가네자네(九條兼實) 등의 공가와도 교제했다.

요시미주의 방사 중의 몇 개는 명백히 공가와 인연이 있고, 한 때 거주 했다고 하는 가모(賀茂)의 하원옥(河原屋)은 스승인 황원(皇圓)이 거주 한 공덕원의 이방(里坊)이었다. 확실히 건구(建久)연간(1190~1199)무 렵의 겐쿠의 주위에는 지식이 없는 불선의 서민도 모여 들었는데, 이는 제자 이외에도 그의 가르침을 창도한 염불상인(念佛上人) 등을 통해 그 의 교화가 서민층에게까지 이르고 있음을 보여주는 것이다.

그러나 공가적인 천태종의 구로다니 벳쇼와의 인연이 끊어졌다고 말 할 수 없고, 공가로부터 떠나 서민층에만 접근한 것도 아니었다. 요시미 주에 거주한 겐쿠는 여전히 천태의 벳쇼 히지리의 성격을 가지면서도 전수염불(專修念佛)을 창도하는 승려로서, 조정이나 공가의 요청을 거 절하지도 않으면서도 무사나 서민의 방문도 받아들이고 있었다.

원구1년(元久;1204)에 쓴 '칠개조제계(七箇條制誡)'에서 창도를 좋아 하는 무리가 사법을 설하고 무식한 도속을 잘못 인도하지 않도록 훈계 한 것은 이러한 겐쿠의 입장을 밝히는 것이었다.

오에 마사후사(大江匡房)은 그의 저작 『속본조왕생전(續本朝往生傳)』 에서 원장임(源章任)과 미나모토 요리요시(源賴義)의 전기를 쓴 후, "이들 한두 가지 예를 보면, 십악이나 오역의 사람조차 염불에 의해 왕생할 수 있었으므로, 그보다 많은 선근공덕을 쌓은 사람은 말할 것도 없다. 염불이라는 행업에는 정토왕생의 큰 희망이 있다."고 덧붙여 썼다. 뢰의(賴義)와 같이 살생의 죄를 범한 자와 불상이나 탑을 건립하는 등의 공덕을 절대로 쌓을 수 없는 비천한 자를 위해서는 선근공덕을 설하는 구불교에서 구제를 기대할 수 없었다. 이들 사람이 '도와 주세요'라고 절규하고, 부처의 도움이라는 타력에 의지하거나, 또는 선근을 쌓을 수 없는 사이에 염불만 외우는 일이 있었다 해도, 그런 신앙이나 행업이 체계적인 교의로까지 된 적은 없었다. 그것들은 공가들이 선근의 하나로 행하는 염불의 모방이고, 유행하는 히지리 등의 가르침이 간략화된 경우에 생기는 형태라고 이해해야 할 것이다.

그러나 그들의 현실상황에서의 '죄 많은 행동'과 단순한 신앙의 표현은 죄업 있는 범부의 왕생 즉 '악인'이 왕생하는 생생한 소재였다. 자신은 '악인'이 아닌 선근을 쌓는 공가였던 오에 마사후사(大江匡房)의 말은 선근도 없이 임종시에 염불하고 원생한 원장임이나 살생을 포함한 무용의 행위를 자랑하면서도 오래 동안 염불하여 왕생한 원뢰의에 대해서 공가가 품은 놀람의 표현이었고, '악인'과 접촉하려는 생각의 전환도 꾀한 공가들이 지닌 염불에 대한 기대의 표현이었다. 말하자면 미요시 다메야스(三善爲康)가 그의 저서 『후습유왕생전(後拾遺往生傳)』에서 비구니 묘련(妙蓮)이 팥을 주워서 염불 회수를 확인할 정도의 작은 선근(善根)으로 왕생이라는 큰 공덕을 얻었다고 서술한 것도 공가들의 놀람과 기대의 표현이었다.

일생불범(一生不犯)의 생애를 마친 겐쿠는 원의중(源義仲)이 교토에 침입한 날을 제외하면 성경을 읽지 않은 날이 없고, 제자인 신란처럼 서민과 친근한 생활을 하거나 융관(隆寬)처럼 무사로부터 적극적인 외호를 받은 일도 없었다. 이는 겐쿠가 직접 '악인'과 접촉할 기회가 많지 않았다고 볼 수 있다.

오히려 벳쇼히지리의 면모를 남기면서 구제를 설하는 창도의 장과 천재지변과 전쟁의 반복으로 말법의 위기를 느껴 염불에 대한 기대를 가지면서 겐쿠를 보는 공가와의 교류장에, 더욱 구체적인 무사와 서민과의 연관이 있었다. 겐쿠의 전반생과 시대를 같이한 징헌(澄憲)의 『작문집(作文集)』에는 여자나 비천한 사람을 대상으로 한 어구가 많이 나오는데, 그의 설법에는 당시 공가들이 지닌 창도의 상식을 타파하는 것이 있었다. 징헌은 후지와라씨의 출신이고, 그 아들은 겐쿠의 제자인 성각(聖覺)이었다. 말하자면 겐쿠의 주변에 있었던 공가나 히지리 사이에서는 이미 '악인'에 대한 인식이 형성되어 있었다.

그리고 후대에 구조 가네자네(九條兼實)의 요청에 의하여 찬술된 겐쿠의 『선택집』은 이러한 맥락의 연장이라고 할 수 있고, 그 당시 겐쿠의 측근이었던 승려도 같은 요청에 의하여 저술한 예가 있다. 그러나 대강광방이나 삼선위강의 왕생전은 이상왕생(異相往生)한 사람들의 전기를 모은 것으로 양인이 묘사한 염불은 선근의 장벽을 타파하고 있지 않다.

그래서 공가들의 기대는 천태의 염불 안에서 그치고, 징헌과 같은 히지리의 호소도 구불교의 창도(唱導) 범위를 벗어나지 못했다. 기대가 믿음으로 변화되고 호소가 구제로 전환되어, 그것이 교의로써 체계화되기까지 겐쿠의 선택에 의한 전수염불을 기다려야 했다. 여기에도 새로운 것과 낡은 것의 이어짐과 끊어짐의 양면이 있었다.

겐쿠는 겐신이 『왕생요집』에서 선도를 지침으로 하고, 세인으로부터 염불종이라고 칭해진 선림사(禪林寺)의 영관(永觀)이 선도의 교의도 인용하여 『왕생십인(往生十因)』을 저술하고, 동대사의 진해(珍海)가 쓴 『결정왕생집(決定往生集)』도 또한 마찬가지라 하여 '선도에 의한' 것이 자신이 처음이 아니었다고 말하고 있다.

원정시대 『관무량수경』은 승속에 꽤 널리 읽혀졌는데, 이것은 선도의 교의 보급과 깊은 관계가 있다. 영관이나 진해는 이러한 대세의 선단에 있었던 승려였고, 겐쿠가 이렇게 말한 배경에도 선도에 대한 경사(傾斜)가 깔려있다고 할 수 있다. 그러므로 겐쿠의 저술이 『왕생십인』이나 『결정왕생집』에서 인용된 염불 요문을 많이 사용하고 있다는 이유로, 영관이나 진해을 '입종' 의 전제로 과대평가할 수는 없다.

그리고 그 당시 동대사에 선도의 『관경소』가 전부 갖추어져 있었다 해도, 겐쿠가 그것을 거기에서 열독한 확실한 증거는 없다. 오히려 영관이 명백히 보인 것과 같은 전수염불에의 지향이 대세로 승속 사이에 파급되어 '악인' 의 소재가 많이 명백하게 알려지면서, 창도의 대상이 되었다는 사실이 더 중요하다. 겐쿠가 저술한 『왕생요집약료간(往生要集略料簡)』 이하 네 가지의 『왕생요집』 주석서는 동대사에서의 강설보다 이른 시기에 성립되었다고 판단되며, 『선택집』에는 『관경소』와 아울러 『왕생요집』의 문장이 많이 인용되어 있다. 겐쿠가 의거한 것이 우선 『왕생요집』였다는 것에서 겐쿠가 『왕생요집』을 열독했을 때 그것이 선도의 교의에 의했음을 알 수 있고, 그 후 『관경소』에 관심을 가지게 되었다고 한 겐쿠에 대한 경위도 그대로 받아들여도 될 듯하다.

그러나 겐쿠와 선도와의 사이에는 혈맥의 상승이나 법문의 수수(授受)도 없었다. 동대사에서 강설을 했을 때 겐쿠가 정토종에 혈맥의 상승이 없다고 말한 것은 사실이다. 그런데도 『선택집』 안에는 정토종에도 중국 이래의 혈맥이 있다고 하고 있다. 이것은 구불교 교단의 비난과 깊은 관계가 있는데, 겐쿠의 의도가 이것에 대해서 변론하는 데에 있었던 것이다.

『왕생요집』을 많이 인용한 이유는 겐쿠가 먼저 겐신에게 지도받았기 때문이지만, 선도에게서 한 단계 비약한 교의상승을 변호하고, 구불교 내에서도 근거와 선례가 있다고 증명하는 수단도 된다. 그러나 천태의 승려들을 무시하고 비약시켜 직접 '선도에 의하'는 한 구불교 측의 비난을 완전히 면할 길은 없었다. 이런 의미에서도 겐쿠는 천태종과 단절한 것이고, 구불교가 설한 선근공덕 구제의 장벽을 타파하는 결과가 되었던 것이다.

건구 9년(建久;1198)에 저술한 『선택집』에서 겐쿠는 선택, 즉 제행을 사폐각포(捨閉閣抛)하고 선택한 구칭염불의 행은 미타의 본원으로 선도가 삼매정수(三昧正受)한 정정업이기 때문에 왕생의 업은 구칭염불을 우선으로 한다. 이 행은 정상말(正像末)의 삼시와 법멸백세(法滅百歲) 때에 통용되고, 경중(輕重)의 죄를 다 멸하고, 선근(善根)·견문(見聞)·지계(持戒) 등의 여하를 묻지 않으며, 시기 상응한 극히 행하기 쉬운 업이라는 취지를 『관경소』의 요문(要文) 인용과 문답 형식으로써 설하고 있다. 요컨대 『선택집』은 천태의 염불삼매와의 단절, 즉 히지리나 공가에 의한 염불 지향의 한계를 타파하고자 그 당시의 두 가지 저술형식을 병용하여 정리한 것이라고 할 수 있다.

3) 교단의 형성

겐쿠에게는 교단을 형성하려는 적극적인 의사가 없어 보이나 예공 문하에서 동료였던 신공(信空)이 예공 멸후 자신을 따르는 것은 거부하지 않았다. 그리하여 겐쿠가 수계사로서 알려지고 그의 교의가 보급된 후, 제자가 되려는 승려나 창도하는 염불상인(念佛上人)이 오거나 공가나 무사들이 요시미즈(吉水)를 방문한 결과, 소위 정토교단의 단서가 형성되어진다.

신공이 처음에 예공의 문하로 들어간 계기는 그의 양가인 하무로(葉室)씨와의 사단(師檀)관계에 의한 것이었다. 그리고 구아(久我)씨의 양자인 증공(證空)도 일찍이 제자가 되었다. 즉 벳쇼히지리(別所聖)인 겐쿠에게는 사단관계에서 문하가 된 공가 출신의 제자도 있고, 구조 가네자네(九條兼實)처럼 수계의 관계로 문하에 들어온 자도 있었다. 성각(聖覺)은 겐쿠와 나이 차이가 거의 없는 천태종 승려였지만, 수계로써 겐쿠에게 접근했다고 한다.

융관(隆寬)은 같은 황원(皇圓)의 문하로 겐쿠와 가까운 관계에 있었고, 명선(明禪)은 대원별소(大原別所)와 관계가 깊은 히에산 동탑의 승려로, 하무로(葉室)씨와의 인연으로 처음에는 신공을 따랐다. 행서(幸西)와 성광(聖光)도 처음에 히에산에 거주한 승려였다. 즉 그들은 미정문적

(梶井門跡)이라는 법계나 승방에서 인연을 맺고, 벳쇼나 그 세속적 관계
에서 겐쿠와 관계를 맺었다.

겐쿠는 자신이 입적한 후 염불의 뜻을 올바르게 전할 사람으로 융관
(隆寬)과 성각(聖覺)에게 기대를 가졌다고 한다. '가록(嘉祿)의 법난'[54]
이후 겐쿠의 유해는 신공의 후계자인 사가문도(嵯峨門徒)에 의해 이장
되었다. 륭관과 성각은 천태종 교학에도 깊은 지식이 있었기 때문에 가
장 안정된 지도자였다고 할 수 있고, 신란이 성각의 저술을 높이 평가한
것에서도 겐쿠가 의지한 곳이 어디였는가를 추측할 수 있다.

신란은 륙각당에서의 몽상에 의해 겐쿠의 문을 두드렸지만, 신란이 공
가 출신이고 히에산 동탑의 당승이었던 것을 생각하면, 륙각당이라는
히지리가 창도한 장소를 무시하면 안 되는 것이다. 몽상은 그것들이 관
련된 집약적인 사실이다. 신란의 학풍은 대원문답(大原問答)에 참석했
다고 전해지는 동탑의 승려 보지방(寶池坊) 증진(證眞)의 것과 비슷한
것이었다고 말해진다.

신란은 교단형성의 의사 없이, 말년까지 스승 겐쿠의 교의를 조술하는
데에 힘써 정가(正嘉) 연간(1257~1259)에 겐쿠의 유문을 『서방지남초
(西方指南抄)』이라는 이름의 책으로 편찬하였다. 그리고 신란의 문하가
만든 고승련좌상(高僧連座像)에는 신공·성각·겐쿠로 거슬러 올라가
는 조사상이 그려져 있다. 녹도문도(鹿島門徒)의 요청에 의해 작성된

---

54) 嘉祿의 法難 : 1227(嘉祿3)년에 원공 문하의 전수염불자에게 가해진 박해이다. 1212년에 사
　　망한 원공은 교토 東山(히가시야마)의 大谷(오오타니)에 매장되었으나, 1227년에 비예산의
　　승도에 의해 습격을 당하여 墓堂이 파괴되었다.

『습유고덕전(拾遺古德傳)』에는 남북조시대의 진종교단이 겐쿠문하의 일파인 오오타니(大谷) 문도에 지나지 않았던 것을 나타내고 있다.

그런데 이 오오타니 문도에는 동국의 농민 등 하열하고 평범한 무리가 다수 포함되어 있었는데, 정토종 교단의 범주는 그 교의뿐만 아니라 사람에 대해서도, 히에산 구로타니보다 교토 시내에 가까운 요시미주에서 재속자 위주로 신장했다.

『어림종일기(御臨終日記)』를 보면 겐쿠의 '왕생'을 접한 사람들에, 제자나 공가 이외에 그의 연고지였던 사가와 요시미주가 있는 히가시야마(東山) 근처에 살았던 서민의 이름이 열거되어 있다. 이것은 겐쿠의 가르침이 제자의 승방이나 염불상인의 창도의 장소에서 파급되어 일반인에게로 침투한 것을 말해준다. 고변(高辯)이 야마토(大和)에서 본 염불상인이나 도오토우미(遠江)에서 재속자 안에 섞여 있던 선승방(禪勝房)의 모습 등이 이를 확실하게 증명하는 것이고, 가록(嘉祿)의 '법난' 무렵 전수염불의 무리가 모인 곳은 청수사(淸水寺)·기원(祇園) 등 서민들이 많이 사는 곳이었다.

원구2년(元久;1205)의 흥복사주상(興福寺奏狀)에서 겐쿠는 파계를 종으로 하고, 승려와 속인의 마음에 들만한 교설을 설한다고 비난하고, 정응(貞應) 3년(1224)의 연역사주상(延曆寺奏狀)에도 귀천남녀(貴賤男女)가 겐쿠의 가르침에 따라 사람들이 술에 취한 것처럼 심취했다고 묘사하는 것에서도 당시의 상황을 엿볼 수 있다.

이렇게 해서 겐쿠의 교의는 천태종의 법계나 교단의 확대에 따라, 혹은 제자나 히지리·염불상인의 창도에 의하여 승속 귀천에 보급되었다고 할 수 있다.

4) 법난

이리하여 교토를 중심으로 장소와 인물이 마련된 후, 그것을 발판으로 한 겐쿠의 가르침은 재속자들에게 빠르게 침투하였다. 그러나 전술한 세 가지의 보급방법에는 각각의 문제점이 내포되어 있었다.

즉 공가나 구불교 교단의 승려가 전수염불로 흡수되는 것은 니치렌이 지적한 것처럼 구불교의 기반을 위태롭게 하는 것이어서, 천왕사에서 공아미타불(空阿彌陀佛)이 서민의 열광적 귀의를 받았을 때, 가령 그 염불이 육시예찬(六時禮讚) 등 구시대의 형식을 가졌다 해도 구불교 중의 염불과는 구별되어 배척되어야 했다. 그것들은 구불교의 교의를 부정할 뿐이 아니라 그 공가적 기반도 침해하기 때문에, 이것이 구불교의 박해, 즉 '법난'이 일어나는 이유가 되었다. 그런데 박해의 선봉이 되어『흥복사주상(興福寺奏狀)』을 썼다고 한 정경(貞慶)이나『최사륜(摧邪輪)』을 저술한 고변(高辯)은 진언이나 율·법상의 혈맥에서 판단하면 겐쿠가 방문한 다이고(醍醐)나 나라의 승려들과 가까운 관계에 있었다.

요컨대 박해는 겐쿠 및 그 문하의 주위에서 시작된 것이고, 히에산의 승도가 급선봉에 선 것도 같은 상황을 말하는 것이다. 결국 전수염불의 보급과 박해는 같은 장소에서의 안팎같은 관계였던 것이다.

『흥복사주상』에는 아홉 가지 과실을 열거하고, 팔종이 뜻을 같이하여 호소하는 것은 전대미문의 일이라고 하지만, 그 과실 중의 반 정도는 정토종이 전수염불의 교의를 정면으로 주장할 때 당연히 들을 비판이었다. 천태교학이 뒷받침되고 계율을 지킨 겐쿠 자신이 이 과실들을 범한 것은 아니었다. 그러나 사폐각포(捨閉閣抛)의 결과로 지계과 파계를 넘은 범부의 구제를 강조하여, 자력의 가치가 떨어짐에 따라 파계, 제불·제행에 대한 비방, 사법(邪法)의 창도 등이 문제로 대두되게 되었다.

『염불자추방선지(念佛者追放宣旨)』나 『우관초(愚管抄)』에 나오는 비난도 모두 이들 세 가지에 집중되었는데, 천태종의 염불삼매에 의지하며 계율을 지킨 겐쿠 자신이 보아도 이것들은 부당한 것이었다. 『흥복사주상』가 나온 전년의 칠개조(七箇條)의 제계(制誡)는 문하에 있는 승려들에 대한 것이었지만, 역시 이들 세 가지 점을 훈계하면서, 특히 정법을 비방하지 않고 계율을 지키고 조사와 경론에 따라 지행을 수행할 것을 강조하고 있다. 이것은 전수염불을 하는 승려에게도 적용되는 것으로 올바른 염불자라면 꼭 지켜야 하는 것이었다. 그럼에도 불구하고 겐쿠가 강조하여 설한 이유는 제자나 염불상인 중에 이마저도 못 지키는 자가 많아졌기 때문이었고, 이 한계에서 일탈하는 것을 허용할 수 없었기 때문이었다.

겐쿠가 행공 이하를 파문한 것도 이런 이유에서였으며 앞에서 말한 세 가지를 범하는 무지불선의 무리가 더욱 많아졌다. 이리하여 '법난'은 교의의 부정을 포함한 구불교 교단의 위기와 사음 등을 포함한 문하의 비행 등이 원인이 되어 일어나게 되었는데, 표면적으로는 칙허 없이 입종하고 구불교의 교의를 버리고 신의(新義)를 세운 것 등을 명분으로 내세웠다.

그러나 염불삼매에 의거한 지계승이었던 겐쿠의 사상은 결코 구불교와 무관하지 않았다. 구불교의 염불과 비슷한 부분이 있는 것 이외에 천태종 승려 사이에는 미타에 의지하여 죄장이 없어져 극락에 왕생하는 자도 있어야 한다는 생각도 있었기 때문에, 지계의 히지리인 겐쿠를 전수염불이라는 신의만을 이유로 처벌할 수 없었다.

남도북령으로부터의 고발에 대한 심리를 담당한 삼조장겸(三條長兼) 등 공가 사이에서는 전수염불을 편집한 것으로 하여 금지하면, 염불 자체를 쇠약시키는 결과를 나을 가능성도 있다고 판단하여 겐쿠를 처벌하는 것을 주저하기도 하였다. 그러나 사음 등 도덕상의 문제는 공가사회의 윤리에도 저촉되고, 율령제도 하에서 승니령의 규정에도 위반되었다. 소장(訴狀) 중의 몇 가지를 제외하고, 행공(行空) · 준서(遵西) · 주련(住蓮)만이 처벌된 것은 이런 이유에서였고, 뒤에 공아미타불이 교토로부터 추방된 이유도 윤리 때문이었다.

그리고 이러한 사실에서 겐쿠를 천태적 성격을 가진 지계의 히지리로 받아들인 공가와 제자나 염불상인을 통해 겐쿠의 가르침을 알게 되어 그들의 주변에 군집하여 열광한 서민사이에는 수용 형태에 차이가 있었음을 알 수 있다. 겐쿠는 제자나 도반이 같은 곳에서 회합하는 것을 금지했다. 이것은 구불교의 압박을 피하기 위한 일이기도 하였지만, 서민 군중 중에는 밤도둑 등 염불자 이외의 불순인물도 뒤섞여 치안상의 문제도 발생했기 때문이었다.

이러한 교의 이외의 문제를 내포하면서 건구(建久)연간(1190~1199)경에는 교토를 중심으로 공가와 도시 서민 사이에 전수염불이 유행하고, 그에 따라서 남도북령으로부터의 압박이 반복되었다. 그리고 안서방(安西房) 준서(遵西)·주련방(住蓮房)의 죄에 연좌되어 승원1년(承元;1207) 겐쿠도 유배하기로 결정된다. 그 때 제자 중에 증공·행서·신란도 같은 죄에 연루된 이유를 보면, 그들의 주장이 선명하고 구불교 교단과 공가 사이에서의 영향력이 컸기 때문이었다고 생각된다.

그러나 천태종과 공가와의 관계가 깊었던 증공과 행서는 자원의 보호 하에 있어 유배에서 면제되었다. 증공의 서산의(西山義)가 교토를 중심으로 발전하고, 행서의 일념의(一念義)는 여전히 천태종 교단 안에서 활동한 것은 그 결과이고, 신란이 에치고(越後)나 히타치(常陸)에서 포교지역을 확대하고 교의를 전개하는 계기를 잡은 것과 대조된다.

겐쿠는 교토에 돌아오는 허가를 받았지만, 그 다음 해인 건역2년(建曆;1212) 오오타니의 승방에서 입멸했다. 입멸 후 정조(定照)가 저술한 『탄선택(彈選擇)』이 계기가 되어 두 번째의 큰 압박, 즉 오오타니의 묘지를 파괴하는 사건이 일어났다.

이 가록3년(嘉祿;1227)의 '법난'에서 지난번에 처벌을 피한 유력한 제자 융관과 행서 및 공아미타불이 처벌을 받았지만, 신공과 증공은 역시 무사하였다. 이는 전수염불의 보급이 승원 때보다 더욱 확대되고 있었고, 신공과 증공은 구불교와의 구분을 명확히 하지 않으면서 공가들과 깊은 관계를 맺고 있었기 때문이었다. 그러나 이 '법난'을 계기로 행서의 일념의는 아와(阿波)에 전파되어, 가마쿠라의 어가인(御家人) 모리세이아(森西阿)의 외호를 받은 융관(隆寬)의 장악사의(長樂寺義)도 동국에서 거점을 확보하게 되었다.

젠쿠의 문하에 대해서, 주신(住信)은 그의 저서인 『사취백인연집(私聚百因緣集)』에서 행서·성광·융관·장서·증공의 다섯 명을 열거하고, 니치렌은 『일대오시도(一代五時圖)』에서 행공(行空)을 더하고, 응연(凝然)은 『정토법문원류장(淨土法門源流章)』에서 신공(信空)을 더하여 일곱 명을 제자로 두었다.

구불교의 승려였던 응연이 행서를 첫 번째로 하고 신공을 더한 이유는 그들의 교학적 성격에 의한 것이고, 니치렌이 성광·륭관을 중시한 이유는 당시 동국에서의 교단 상황을 나타낸 것이다.

또한 시대가 지난 『법수분류기(法水分流記)』에 새로이 신란이 나오는 이유는 남북조시대 교토에서 오오타니문도의 발전을 반영하는 것이다. 따라서 다른 입장에서 선출된 앞의 다섯 명은 누가 봐도 가마쿠라시대에 있어서의 유력한 문파의 조사이고 교단의 중심이었던 것이다.

5) 문파(門派)의 전개

젠쿠는 제행과 구칭염불을 취했다. 젠쿠가 의거한 『관무량수경』에는 버려야 하는 제행도 염불을 나타내기 위한 방편이라고 설하지만, 논리적이라고 할 수는 없다. 또 『무량수경』에 보이는 제18원은 구칭염불이 원생의 업인 것을 말하고, 제19원은 그것을 행하는 자의 왕생을 서약한 원이라고 설하지만, 제19원에는 선근공덕을 수행하는 자도 미타의 내영(來迎)을 받는다는 말도 있기 때문에 완전한 해석이라고 할 수 없다.

그리고 젠쿠는 미타의 본원에 대한 믿음은 일념 중에도 성립하지만,

염불의 행은 평생동안 상속하고 다념(多念)에 힘쓸 것을 장려했다고 한다. 전기에서 겐쿠가 신(信)과 행(行)으로 나누고 제자들에게 선택하게 했을 때 신의 자리에 이르렀다고 전해지는데, 일념일지 다념일지의 문제도 남겨져 있었다. 또한 겐쿠는 구로타니의 계를 상승했기 때문에, 미타의 본원은 지계·파계를 묻지 않는다는 주장과도 모순된다.

진서의(鎭西義)에서 파조인 성광(聖光)이 원래 천태종의 승려였던 것을 밝히며 가마쿠라 광명사에 구로타니의 계가 전해지는 것과 서산의(西山義)의 증공이 염불과 계율의 일치를 설한 것은 모순된 해석이라고 할 수 있다. 이와 같이 겐쿠는 입종을 하고 『선택집』 등에 그 교의를 적었지만, 제자에게는 많은 것들이 의문점으로 남겨지게 된다.

또한 그들은 교단 밖에서 온 남도북령의 압박에 대해서나 귀의한 히지리나 재속의 지향에 대해서도 해답을 주어야 했다. 이 경우에 그들은 교단의 내외에서의 각인의 입장과 수득한 교학에 의한 각인의 입장에서 해답을 찾으려 했기 때문에, 같은 겐쿠의 문하에서 몇 가지의 다른 뜻이 생기게 되었다. 그 경향은 겐쿠가 7개조(七箇條)의 제계(制誡) 중에 스승의 설이 아닌 것을 창도하지 말라고 훈계한 시기에 이미 나타났고, 멸후 10년이 지난 무렵에는 너무 많은 이의가 나와 소위 4파30류(四派十三流)의 문파 분류가 시작되었다.

겐쿠를 일찍부터 따른 신공은 스승의 모습과 가장 가까운 제자 중의 한 사람으로 생각되어지는데, 그 자야문도(紫野門徒) 중에 비사문당(毘沙門堂)의 명선(明禪)과 같은 귀족적인 승려가 나와, 그의 제자인 신서(信瑞)는 자신이 저술한 『명의진행집(明義進行集)』에서 융관(隆寬)·성각(聖覺) 등 공가 출신의 천태적 성향을 지닌 승려를 높이 평가하고 있다.

그것은 엽실(葉室)씨 출신의 파조(派祖) 신공(信空) 이후 공가적 경향이 나타나고 구아(久我)씨의 양자였던 서산의의 증공이 서산의 왕생원에 거주하면서 도쿠다이지(德大寺)씨 등을 단월(檀越)로 하며 많은 공가 출신승을 제자로 삼은 것과 상통하는 일이었다. 여기에 겐쿠 문하와 공가와의 관계가 소박하게 나타나 있지만, 자야문도와 그와 동류인 담공(湛空)의 사가문도 및 서산의가 교토를 중심으로 발전하고 '법난'을 면한 이유이기도 하다.

게다가 이들 3파는 천태적 색채가 강하였는데, 특히 사가문도는 이존원(二尊院)을 근거지로 삼으면서 그 경향이 더욱 강해졌으며, 무로마치 시대 중기까지도 송나라 천태종의 영향을 받으며 여산사(廬山寺)의 법계와도 섞여서 결국 서산의(西山義)만 나타나게 되었다.

행서(幸西)의 일념의도 파조의 천태적이고 공가적인 성격에 따라 문도는 교토를 중심으로 한 것으로 보인다. 그의 저작 『경사화상류취전(京師和尙類聚傳)』과 『현의분초(玄義分抄)』에 따르면, 그가 선도를 따르면서도 그 뜻에 벗어나 주장을 전개하여, 부처와 범부가 명회(冥會)하는 염불삼매의 입장임을 알 수 있다. 그것은 겐쿠의 근저에 오히려 천태적 색채를 짙게 하는 것으로, 제자인 살생(薩生)이 연력사 안에서 일의(一義)를 성립하고, 요지(了智)가 천왕사에 거주한 이유가 여기에 있었다.

각여(覺如)의 제자 승전(乘專)이 편찬한 『최수경중회사(最須敬重繪詞)』나 진서의(鎭西義)의 『법연상인행상회사(法然上人行狀繪詞)』(48권)

중에 행서에 관한 기재가 있는 이유는 남북조시대에 그 문파가 교토에서 여전히 세력이 있었던 것을 나타내지만, 얼마 안 되어 소멸된 것은 오오타니문도와 진서의의 교토 진출과 관계가 있었다.

명선(明禪)의 단월인 다이라노 치카요리(平親範)의 아들 모토치카(基親)가 일념다념(一念多念)과 파계에 관한 구별을 물어본 것에 대해, 겐쿠는 일념 이외 말이 없었다는 것이 잘못이라고 대답하고 있다. 융관(隆寬)의 장악사의(長樂寺義)는 다념의(多念義)라고 불리면서도 내영(來迎)에 의해서만 왕생할 수 있다고 하는 순수한 타력의 입장은 겐쿠 뜻의 일면을 옳게 전한 것이었다.

그리고 융관이 타력을 강조할 때 담란(曇鸞)의 『왕생론주(往生論註)』를 많이 인용한 것은 겐쿠의 제자들이 스승이 의거한 선도를 비롯한 정토오조로 되돌아가서 교의를 완성하려고 한 자세의 전형이라고 할 수 있다. 거기에는 천태승인 융관의 교학형태가 나타나고 있음과 동시에, 행서와 같이 선도를 중심으로 하면서도 문의를 떠나서 자설을 전개하는 자세가 나타난다.

융관은 『일념다념분별사(一念多念分別事)』나 『자력타력분별사(自力他力分別事)』를 저술했는데, 이것은 재속자들의 일념인가 다념인가 하는 의문과 자력의 가치에 관한 의문에 대해서 대답한 창도의 책이고, 융관이 겐쿠의 모습에 가까운 히지리이었던 것을 나타내는 것이다. 그리고 신란이 이들 저작을 필사하거나 그 뜻을 전개하면서 제자들에게 권장한 것에서 신란의 교학이 어디에 있었는가를 알 수 있다.

파조가 유배된 후의 장악사의(長樂寺義)는 교도에 재류한 경일(敬日)

과 가마쿠라에 장악사(長樂寺)를 개산한 지경(智慶)과 아울러 천용사(泉涌寺)에서 율을 겸학한 뒤 가마쿠라에 이지광사(理智光寺)를 개산한 원행(願行)의 흐름이 두드러졌는데, 이들 세 승려의 행보는 겐쿠문하의 전개의 세 유형으로 나타났다.

각명방(覺明房) 장서(長西)는 세 번째의 타종을 겸학하는 유형으로 겐쿠가 입멸한 후 증공을 따랐지만, 이코마(生駒)의 료헨(良遍)이나 동대사의 오아(悟阿) 등의 가르침을 받으며, 천태·삼론·법상 등 여러 종파를 수학하였다. 그의 문류는 교토에서 거주한 절 이름에 따라 구품사의(九品寺義)라고 불리며, 말년에 이 절에서 선도의 『관경소』를 강의하고 『관경소광명초(觀經疏光明抄)』 등을 저작했다고 한다.

따라서 그들이 선도를 따르더라도 염불이든 제행이든 모두 미타의 본원이어서, 경문에서 설하는 정토에서의 구품 차별은 염불자의 근기에서 생기는 것이고, 정토의 차이를 의미하는 것이 아니라고 주장하여 구불교에 역행하는 양상조차 보인다. 장서가 이와 같은 제행본원의(諸行本願義)를 주창한 이유는 겐쿠의 문하면서 교토 출운로(出雲路)에 같이 살고 제행본원의라고 불리는 각유(覺愉)에게 큰 영향을 받은 때문이겠지만, 그의 저서인 『정토의빙경론장소목록(淨土依憑經論章疏目錄)』(長西錄)에 수록된 경소류가 겐쿠나 선도보다 이전의 정토교에서 널리 채록되어 있는 것과 관련하여, 성도(聖道)·정토(淨土)의 양문을 회통하려는 장서의 교의가 형성되는 근거였고, 서산의의 증공마저 파문해야 했던 이유이기도 하였다.

장서의 문류는 구품사에 거주한 증인(證忍), 출운로(出雲路)에서 자립한 아미타(阿彌陀), 장서(長西)의 고향 사누키(讚岐)에서 포교한 자심(慈心), 가마쿠라에 정광명사를 개산한 도교(道敎) 등에 의해 그 포교활동이 확대되었다.

특히 도교의 문하는 율과 교류하였으며, 그 말단에서 『정토법문원류장(淨土法門源流章)』을 저술한 응연과 『관견초(管見抄)』을 지은 성선(性仙)이 뛰어났다. 서대사의 예존이 가마쿠라에 갔을 무렵, 가마쿠라의 율사에 유입한 승려들은 이 도교의 일파였다. 이와 같이 타종파와의 명백한 구별도 없이 전개된 상황은 사가문도의 경우와 대조적이었지만, 그 원류는 교파를 만든 장서(長西) 자신에게 있었다고 할 수 있다.

요컨대 가마쿠라시대의 말기에 서산의에서 교학상의 전기가 보였지만, 그것의 본거지인 왕생원(往生院)에서 상승의 다툼이 일어난 후, 여일(如一)의 법계가 주지하고 가마쿠라시대 말기에 강공(康空)이 나타났다. 강공은 현밀을 궁구함과 동시에 송나라 천태종의 영향을 받으며 『강영초(康永鈔)』등을 저술하였다.

그의 유파는 본산의(本山義)라고 불렸지만, 문하인 인공(仁空)이 여산사(廬山寺)계의 교학을 대성하고 원밀계정(圓密戒淨)의 사학을 겸수하는 학풍을 조성하였는데, 그 시대에는 여산사와 이존원(二尊院)에서 겸주(兼住)하는 승려가 많았다. 말하자면 겐쿠의 4대 이후의 제자 시대에는 서산의에서 교학이 쇄신되었는데, 그 계기의 하나가 송나라의 정토교에 있었다고 할 수 있다. 이러한 경향은 신란이나 장서에게서도 볼 수 있는데, 행서의 제자인 명신이 송나라에 간 후 정토교의 책을 출판한 것은 가마쿠라시대 불교 전체에 끼친 공로가 크다.

어쨌든 진서(鎮西)·서산(西山) 두 파의 다면적인 전개의 결과라 할 수 있다. 금각사(金閣寺)·은각사(銀閣寺)에서 볼 수 있는 무사의 정토신앙을 비롯하여, 정토쌍육(淨土双六)[55]이나 아미타광(阿彌陀光)과 같은 풍속을 통한 '타력'이나 '극락'이라는 개념이 침투하였다. 그러나 정토종 그 자체에서 보면 이차적인 문화의 탄생이라 할 것이다.

55) 淨土双六 : 불도의 과정을 그린 双六(스고로쿠)이다. 스고로쿠는 옛날에 유행한 승부를 겨루는 놀이를 말한다.

2. 정토진종

1) 신란(親鸞)과 교설

신란은 승안3년(承安;1173) 히노 아리노리(日野有範)의 적자로 태어났다. 그가 연력사(延曆寺)에 입산한 시기는 8살 때라고 전해진다. 그 후 29살인 건인1년(建仁;1201)에 호넨의 문하가 될 때까지 히에산에서의 그의 지위나 수행상황을 구체적으로 알려 주는 사료는 적다. 신란의 처 혜신니(惠信尼)의 서한에 의하면, 신란은 히에산에서 '당승(堂僧)'의 지위에 있었고 부단염불승(不斷念佛僧)으로서 나날을 보냈다는 것이 알려질 뿐이다.

히에산에서의 20살 전후의 생활은 신란이 말법에 대한 극복을 구불교 밖에서 찾게 하는 계기가 되었다. 신란이 히에산에 있을 무렵은 교토 요시미즈(吉水)의 방사(房舍;승방)에서 호우넨(法然;源空)이 전수염불(專修念佛)을 설하여, 많은 신자를 교토 주변 사람 중에 얻고 있을 때였다. 신란은 29살에 그가 가야 할 길을 염불왕생에서 찾고자 호넨을 찾아갔다. 그 때 호넨은 69살이었다. 신란은 호넨에게 감화되어 염불하다 지옥에 떨어져도 후회하지 않겠다고 할 정도로 호넨의 가르침에 심취했다. 그렇게 생각한 이유는 말법 세상에서 어떤 수행도 감당 못하는 자기로 서는 지옥 외에는 갈 곳이 없다고 생각했기 때문에, 염불을 하다가 지옥 에 떨어져도 잃을 것이 없다는 생각을 한 것 같다.

호넨의 문하에 들어간 신란은 수많은 문도 중에서도 가장 과격한 포교 승으로 활약했다. 염불이 유행할수록 호넨 문하에 대한 구불교 교단의 이론적 · 정치적 탄압은 도를 더해 갔다. 건구1년(建久;1207), 신란은 호 넨과 그의 급신적 문제와 같이, 흥복사의 고소에 의해 유배를 당하였다. 호넨은 토좌(土佐)로, 신란은 월후(越後)로 유배되었다. 유배는 3년여 만에 풀렸지만, 신란은 교토에 돌아가지 않고 35세에서 42세까지의 7년 동안 월후(越後)의 국부(國府) 부근에서 지냈고 혜신니(惠信尼)와 결혼 도 하였다. 42세 때에 새로운 포교의 땅을 찾아 관동지방의 상륙국(常陸 國) 도전(稻田)으로 거처를 옮겼다.

동국에서 약 20년 동안 포교활동을 하고, 62세쯤에 귀경하였다. 귀경 을 택한 이유로 하나는 『교행신증(敎行信證)』을 저술하기 위한 것이라 하고, 또 하나는 관동지방에서의 염불 탄압을 피하기 위한 것이라는 등 의 여러 견해가 있지만, 신란의 정치와 종교에 대한 가치관이 관동지방 에서의 염불포교 활동에 한계를 느낄 정도로 강력한 탄압을 받았기 때 문이라고 생각된다. 귀경한 신란은 오직 문자를 통한 포교 활동인 저술 에 전념하였다. 신란은 수많은 서한으로 동국 문도에 대한 포교를 이어 갔고 90세 때인 홍장2년(弘長;1262) 11월 28일에 교토에서 입멸했다.

신란이 29세의 회심(廻心) 이후 어떤 교설을 설했을까? 신란에게는 오직 염불하여 미타불에 의해 구제되는 것만이 전부였다고 할 수 있다. 그것이 스승 호넨의 가르침이라고 신란은 말하고 있다. 그리고 염불과 왕생의 시기에 관해서 신란은 "일념발기(一念發起)할 때 무애심(無碍心)이 빛에 의해 가호되기 때문에 항상 정토에 가는 업인이 결정된다"고 하는 것을 보면, 미타를 염하는 일념발기의 순간에 왕생이 결정된다고 말하고 있다. 이 때문에 신란은 왕생 결정을 위해 굳이 임종을 기다리거나 내영(來迎)을 기대할 필요도 없었다.

말하자면 "신심(信心)을 얻으면 꼭 왕생한다"는 입장이었던 것이다. 그리고 신심결정(信心決定)에는 그다지 어려운 것을 요구하지 않아서, 오직 "미타의 서원에 의해 불가사의하게 구제되어 왕생을 이룩할 수 있다고 믿으며 염불하려고 발심했을 때 곧 섭취불사(攝取不捨)의 이익을 받는다"는 것이다. 이 염불과 왕생결정의 관계에서는 호넨의 경우도 마찬가지지만, 신란의 경우에도 염불하는 사람들이 문제로 삼는 것은 언제나 염불의 횟수였다.

이에 대해 신란은 다음과 같은 대답을 한다. "이것 때문에 일념과 다념에 대한 다툼을 하면 안 됨을 알 수 있다. 정토진종의 법칙에서는 염불왕생이라고 한다. 결코 일념왕생이나 다념왕생이라고 하지 않는다."

즉 일념도 아니고, 다념도 아니다. 왕생은 일념발기한 순간에 결정되는 것으로, 오로지 미타의 본원을 믿는가 아닌가에 따라서 결정되는 것이었다. 그러나 신란의 입장에서는 일념에 왕생한다고 해도, "일념에 그쳐서는" 안 되며, 왕생이 결정한 뒤에도 계속해서 염불을 해야 하는 것이었다. 그렇다면 일념에 왕생이 결정된다는 본원의 힘을 의심하기 때문에 다념을 필요로 하는 것이냐 하면 그렇지도 않다. 신심이 결정된 후의 염불은 결코 염불의 하나하나에서 자기의 죄를 지운다고 하는 의미의 것이 아니다.

만약 염불할 때마다 죄들이 소멸된다면, 언젠가는 자기 힘에 의해 죄를 소멸하고 왕생하게 될 것이다. 신란이 설한 다념은 그러한 것이 아니었다. 신란은 왕생이 신심발기와 동시에 결정되고 누구도 그것을 취소할 수 없다면, 그 이후의 염불을 왜 행한 것일까? 신란에게 있어서 왕생을 결정하는 데에는 일념이면 충분하며, 그 이외의 염불은 시방중생에게 회향하는 염불이고, 왕생결정을 기뻐하여 불은(佛恩)에 대해 보사(報謝)하는 염불인 것이다. 신심결정 이후의 염불은 미타에게 도와 달라는 절실한 염불이 아닌, 도와주어서 고맙다는 보답의 염불로 바뀌게 된다.

다음은 본원의 정기(正機)가 선인인지 악인인지의 문제이다. 신란은 미타의 본원 앞에서는 선인·악인의 구별이 없고, 번뇌의 마음을 가리지 않고, "왕생은 꼭 한다"는 입장이었다. 미타의 본원은 노소·선악·귀천을 차별하지 않고, 오로지 신심의 유무만이 문제가 되었다. 왜냐하면 본원은 원래 죄악이 심중(深重)한 중생을 돕기 위해서 일으킨 것으로 본원을 믿기만 하면 다른 선은 필요 없고, 어떤 악도 걱정하지 않아도 된다.

또한 그 선·악은 각인의 의사에 따라 결정할 수 있는 것이 아니라 전세의 숙업에 의한 것이다. 현세의 선악 등 모든 행위는 숙업으로 인한 행위이고, 미타의 본원을 마음속에서 끝까지 믿지 못하는 선인마저 궁극적으로는 극락에 왕생할 수 있게 하므로, 오로지 본원을 믿는 악인이 구제되는 것은 당연하다. 이러한 악인정기(惡人正機)의 입장이야말로 신란이 주장하는 입장이었다.

그리고 신란은 미타의 본원을 스스로 믿고, 이것을 사람에게 가르치고 믿게 하는 자세, 즉 신심이 결정된 후의 활발한 포교를 염불자 신앙의 신조로 삼았다. 그렇다면 신란은 재세시와 멸후에 어떠한 가르침을 전개하였는가? 또 신란의 가르침을 받아들인 사람은 어떤 사회층에 속한 사람이었는가?

2) 염불의 확산

신란의 가르침에 따른 염불에 의해 극락으로 왕생하려고 한 사람들은 신란의 재세시에 어느 정도였을까? 현재 가마쿠라시대에 염불의 확산을 보여 주는 사료는 적다. 그러나 그 중에서도 가장 대표적인 것으로 『친란성인문려교명첩(親鸞聖人門侶交名牒)』이 있다. 이것은 신란의 직제자나 손제자들의 이름을 열거한 것으로, 한마디로 말하면 문도의 명단이다.

그것에 의하면 상륙국(常陸國)에서 19명, 하야국(下野國)에서 5명, 하총국(下総國)에서 4명, 육오국(陸奧國)에서 6명, 무장국(武藏國)에서 1명, 월후국(越後國)에서 1명, 교토에서 8명 등 합계 44명이다. 이것은 『친란성인문려교명첩』에 보이는 신란의 직제자만을 열거한 것으로, 여기에 신란의 서한 등에 이름이 보이는 26명을 더하면, 신란의 직제자 중에서 이름이 밝혀진 자는 모두 70명 정도이다. 그들 중 관동과 동북지방의 직제자는 63명이고 전국적으로 70명이 된다. 이 정도의 적은 수의 문도만으로 신란의 가르침의 확산을 논하는 것은 무의미한 것에 가깝다.

그들은 신란에게서 직접 가르침을 받고, 도장방주(道場坊主;포교소 지도자)로서 활약하여 후세에 이름을 남긴 직제자들이다. 실제로는 오늘날에 이름이 남겨지지 않은 직제자도 수없이 많을 것이다.

그 뿐만 아니라, 『친란성인문려교명첩』에서는 각각의 직제자 밑에 몇십 명에 이르는 손제자의 이름이 열거되어 있다. 손제자일지라도 신란이 입멸한 후에 귀의했다는 것은 아니다. 실제로 고전(高田)의 진불(眞佛)의 제자 중에 신란의 가르침을 받은 사람이 세 명 있는 것이 알려지고 있다.

또한 『친란성인문려교명첩』에는 손제자 이름을 열거한 뒤에, 그 이외의 문제를 생략한다고 기록되어 있다. 그렇다면 신란의 시대에 신란의 가르침을 직간접적으로 받은 문도는 70명뿐이 아닌 수 십 배에 달할 것이다. 그러나 수십 배라고 하여도 그 숫자는 천여 명이다. 관동지방을 중심으로 전국에 천여 명 정도의 문제였다면, 그 당시 신란의 가르침이 그다지 환영받지 못했음을 짐작하게 한다. 가마쿠라시대에 천 명이나 이천 명 정도의 염불 신자가 있었다 하더라도, 신란의 가르침이 확대되었다고는 말할 수 없는 것이다.

그러나 여기서 짚고 넘어가야 할 것은 직제자와 손제자의 구별 없이, 그들 각자가 거주하는 곳에 도량을 설치하고, 신란의 가르침을 포교한 방주들이었다는 점이다. 그렇다면 그들 방주를 중심으로 수많은 문도가 서로 신심을 깊게 하는 노력을 했을 것이다. 적어도 문도가 한 명도 없는 진종의 방주는 생각할 수 없기 때문이다. 그러면 신란 재세 중 진종의 도량방주는 얼마만큼의 문도를 가졌을까? 그것만 알게 되면, 신란시대의 염불이 관동 또는 일본 전체내에서 확산된 정도를 구체적으로 파악할 수 있을 것이다. 하지만 신란의 모든 문제들에게 소속된 문도의 수를 알 수 없지만, 다행히 그들 중의 '오오부노(中太郎)'라는 도량방주에 소속한 문도에 관해서는 그 일부를 알 수 있다.

'중태랑(中太郎)'은 전게의 『친란성인문려교명첩』에 이름이 기록되어 있지 않은, 말하자면 무명의 포교자이다. 중태랑의 문도에 관해서 신란은 연대가 알려지지 않는 11월 9일의 서간에서 다음과 같이 적고 있다.

9월 27일의 편지, 자세히 보았습니다. 보내 주신 돈 5관문(貫文)을 확실히 11월9일에 받았습니다. 그런데 지방 사람들이 모두 오랫동안 평소 염불해 온 것은 쓸데없는 일이었다고 [자신방(慈信坊)] 사람들에게 말하는 것은 아무리 생각해도 억울한 일입니다. 내가 준 여러 문장을 어떻게 읽고 있는지 궁금합니다. 아무리 생각해도 불안합니다. 자신방이 교토에서 자신이 신란에게 가서 직접 들었고, 그것이 사실이겠지만, 평소 해 온 염불은 다 헛된 일이라고 말하고 있기 때문에 중태랑입도(中太郎入道)를 버렸다고 들었습니다.

신란이 관동에서 교토에 돌아온 후, 그의 아들 자신방(慈信坊) 선란(善鸞)이 관동으로 내려갔다. 선란은 자기가 설하는 법문이야말로 참된 신란의 가르침이고, 그때까지 관동에서 유포해 온 염불의 가르침은 모두 거짓말이었다고 설했던 것이다.

신란의 아들로 신란과 같이 교토에서 생활한 선란이 그렇게 설한 경우, 관동의 일반 문도들이 동요한 것도 무리가 아닌 것이다. 그 결과 '중태랑'이 오랜 세월에 걸쳐서 모은 문제(門第) 가운데 90여명이 중태랑의 밑에서 떠나, 선란 밑으로 가게 된다.

여기서 주목해야 할 것이 중태랑 밑을 떠난 문도의 숫자이다. 90여명이 물론 중태랑의 문도 전부는 아니었다 해도 거의 대부분이었을 것이다. 그렇다면 적어도 중태랑을 중심으로 90명 이상의 문도가 중태랑의 도량에 결집되어 있던 것을 알 수 있다. 그리고 앞에서 말한 것처럼『친란성인문려교명첩』에 이름이 채록되어 있지 않는 정도의 방주였던 중태랑조차 90명 이상의 문도를 모았다면, 고전의 진불과 횡중근(橫曾根)의 성신(性信)을 비롯한 신란의 직·간접적인 유력 문제, 즉 유력 방주 밑에 모인 문도의 수는 90명을 훨씬 웃돌았을 것이다.

사료상에 의하면 명백한 신란의 직제자는 전국에 74명, 그들 중 관동·동북지방에 63명이다. 그 63명에 각각 적어도 15명 정도의 손제자가 있었던 것을 생각할 수 있다. 그렇다면 도량방주로서 포교를 담당할 정도의 사람의 수는 관동과 동북지방에 한정해도 어림잡아 약 천명이 된다. 여기 천 명의 방주에 최소한 90명 이상의 문제가 소속했다고 하면, 관동과 동북지방의 전 염불자의 수는 적게 계산해도 약 10만 명에 이르는 것이 된다.

신란 생존시대에 약 10만 명에 이른 염불자가 관동과 동북지방에 있었다는 사실에서 신란의 가르침이 가마쿠라시대 사회의 요구에 부응하여 받아들여진 것임을 알 수 있다. 신란이 목숨을 걸고 설한 미타 구제의 가르침이 당시 사람들에 의해 기꺼이 받아들여져, 신란의 염불은 대단한 확대 상황을 보인 것이다.

그러면 수많은 도량의 방주나 그에 소속한 염불자들은 신란이 생존한 가마쿠라시대에 어떤 계층·신분의 사람들이었을까?

신란은 염불의 확대를 방해하는 사람들은 누구인가에 대해 다음과 같이 말하였다.

거짓말을 하고, 도리에 어긋난 일을 염불하는 사람들에게 말하고, 염불을 막으려고 하는 영가(領家)·지두(地頭)·명주(名主)의 처치는 옛날부터 있는 것입니다. 그 이유는, 석가여래의 말씀에는 염불하는 사람을 비방하는 사람을 '명무안인(名无眼人)'·'명무이인(名无耳人)'이라고 합니다. 선도화상은 '오탁증시다의방(五濁增時多疑謗) 도속상염불용문(道俗相嫌不用聞) 견유수행기진독(見有修行起瞋毒) 방편파괴경생원(方便破壞競生怨)'이라고 확실히 해석하셨습니다. 이 세상의 상사로서 염불을 방해하는 사람은, 각지의 영가(領家)·지두(地頭)·명주(名主)여서, 논의의 여지가 없다.(1월9일, 신란 서한)

신란에게 사실이 아닌 트집을 잡아 염불을 금하는 입장의 사람은 각지에 있는 '영가·지두·명주'들이었다. 여기에 보이는 영가·지두·명주라고 불리는 사람들은 모두 동국의 촌락에서 세력을 가진 어가인(御家人), 즉 무사를 가리킨다. 그리고 그들 무사가 염불을 방해한다는 것은 신란 시대의 염불자만이 받아들여야 하는 문제가 아니었다.

신란의 말에 따르면 그것에는 깊은 뜻이 있었다. 무사에 의한 염불의 금지는 염불하는 사람들에 주어진 숙명이었던 것이다. 따라서 신란은 촌락마다의 무사에 의한 염불의 방해가 아무리 격심하게 행해져도, 그것은 석가나 선도화상이 미리 예언한 것이므로 놀랄 일이 아니라고 하였다. 이와 같이 무사들은 과거·현재·미래에 걸쳐 염불을 받아들이고 지지하는 사람이 아닌, 오히려 염불을 방해하고 금지하는 입장에 서는 사람이었다. 무사가 염불의 확대를 방해하는 입장에 있었다면, 염불을 받아들인 사람들은 어떠한 계층의 사람들이었을까?

이것에 관해서 신란은 번뇌구족의 사람들이고 이 세상에서의 모든 행동이 전세로부터의 숙업에 의해 결정되어 있기 때문에, 그 사람이 바라던 바라지 않던 날마다 죄를 범할 수밖에 없는 사람들이라고 말한다. 그 사람들은 신란의 눈에는 피지배자로서의 지위를 숙업으로 떠맡고, 게다가 그것에서 영원히 벗어나갈 수 없는 입장의 사람들이었다. 그러한 불쌍한 사람들은 가마쿠라시대에 어떤 지위에 속한 사람들이었을까? 그것을 생각해 볼 수 있는 사료로 신란이 쓴편지의 일부를 소개해 보겠다.

영가(領家)·지두(地頭)·명주(名主)가 도리에 어긋난 일을 했다 해도, 백성을 현혹시키는 일은 하지 않을 것이다. 불법을 부수는 사람이 아니다. 불법을 부순다는 것은 사자의 몸 속 벌레가 사자의 몸을 먹는 것과 같다는 말에 비유되므로, 불법자가 염불자를 부수고 방해하는 것이다.(9월2일, 자신방완(慈信房宛) 신란 서한)

이 편지에서 알 수 있는 것처럼, 영가·지두·명주(무사) 등이 세상의 여러 가지 일로 백성을 괴롭히는 것은 드문 일이 아니었지만, 백성의 신앙에까지 간섭할 수는 없었다. 그러나 무사들은 간섭해서는 안되는 백성의 신앙에까지 과거·현재·미래에 걸쳐서 개입해 왔다. 그러나 신앙에 관해서는 무사도 백성을 지배할 수 없었다. 무사가 백성의 염불을 금지하기 위해서는 무언가 구실이 필요했다. 그 구실은 일부 염불자의 행동에서 찾게 된다. 일부 염불자에 의해 행해진 혼간보코리(本願誇)[56]의 언동이었다. 미타의 본원을 자랑하는 사람들은 "신도 부처도 필요 없다, 어떤 악행을 행해도 내생에서의 왕생에 지장이 없다"고 말하면서, 그 당시의 사회질서를 혼란시키는 일을 행했다.

여기서 주의해야 할 것은, 혼간보코리의 염불자는 신란의 가르침을 받아들인 모든 사람이 아니고, 그 일부이었던 점이다. 이러한 일부 사람들의 행동이 무사들에 의한 모든 염불자에 대한 탄압에 가장 좋은 구실이 되었다. 결국 혼간보코리의 염불자가 불법을 방해하는 결과를 가져오게 된다. 말하자면, 혼간보코리의 사람들은 사자 몸속의 벌레였다는 것이다. 지금까지 본 바와 같이, 지두[57]들이 사회생활뿐만 아니라 염불생활까지 방해하려고 한 대상은 백성들이었다.

바꿔 말하면, 염불을 지탱하고 신란의 가르침을 받아들인 사람들은 다름 아닌 백성을 중심으로 한 직접 노동을 하는 사람들이었다.

또 건장7년(建長;1255)에는 동국의 염불자가 탄압되는 사건이 일어난

---

56) 혼간보코리(本願誇リ) : 아무리 나쁜 일을 해도 아미타불의 본원의 절대적 힘에 의해서 용서를 받을 수 있다고 생각하는 정토진종의 이단적 생각이다.

57) 地頭(지토우) : 가마쿠라 막부가 전국의 장원에 두었던 관직으로, 장원의 관리·조세의 징수·치안 유지 등을 맡았던 벼슬이다.

다. 동국의 염불자는 몸 둘 바를 모를 지경이 된다. 이 때 신란은 동국의 염불자에게 지두 등 무사에 의지하여 염불을 보급시켜서는 안 된다고 말했다. 여기에서 영가·지두·명주 등이 염불 신자가 아닌 것은 말할 필요도 없고, 염불의 보호자조차도 아니었다.

지두 등 무사는 그들이 지배하는 백성들이 염불신자가 되는 것을 방치할 수 없었다. 그 이유는 백성들 중에 염불을 믿고 미타의 구제를 믿으면, 현세에 아무리 나쁜 일을 해도 왕생에서 버림을 받는 일이 없다는 가르침에 따라 여러 가지 악행을 행하는 자가 출현할 것이기 때문이다. 왕생을 위해서는 여러 신이나 부처는 아무 도움도 되지 않는다고 듣고서, 그 때까지 큰 힘을 발휘한 신불을 소홀히 하는 자가 생겨났다. 뿐만 아니라, 백성들이 방주를 중심으로 도량에서 매월 한두 번 집회를 여는 것은 무사에 의한 농민지배를 불안정하게 하는 요소가 되었다.

예를 들면 앞에서 '중태랑' 밑에까지 90명 이상의 농민이 모였다고 했는데, 이 숫자는 작은 지두 두세 명이 지배한 농민의 수였다. 이런 수의 농민이 도량을 중심으로 조직화되는 것은 언제든지 농민들이 지두의 지배에 대해 반항할 수 있는 요인이 되는 것이었다. 따라서 지두 등 무사 입장에서 보면, 농민지배의 안정성 확보를 위해 염불을 보호하기는커녕 무력을 사용해서라도 염불의 확대를 막지 않으면 안 되었던 것이다.

이상 본 바와 같이, 신란이 설한 염불왕생 가르침을 마음으로부터 받아들인 사람들은 대부분 농민이었던 것을 알 수 있다. 그렇더라도 신란은 자기 가르침을 받아들이는 사람을 농민, 무사, 공가, 상공업자 등으로 구별하지 않았다. 그러나 현실에서 공가는 공가에 맞는 불교를 가지고, 무사는 무사 생활을 지탱해 주는 선 · 니치렌 · 정토 등의 불교를 받아들이게 된다. 수적으로나 신앙의 순수성에서 보면 농민의 그것과는 비교도 되지 않는 것이었지만 드물게 무사나 공가나 상공업자라도 진종의 신자가 된 사람도 있었다.

지두가 신란의 가르침을 받아들이고 교토의 암자에 신란을 방문한 예로는 '시무지노입도'를 들 수 있다. 지두가 염불의 가르침을 받아들인 지두를 맞이한다는 것은 신란으로서 매우 기쁜 일이었다.

한편 관동지방의 염불자는 가마쿠라시대에 10만 명에 가까운 수에 달했던 것으로 여겨지는데, 그 중에 무사가 많이 포함되어 있다면 관동지방 전체의 무사도 신란의 문도가 되었을 것이다. 만약 그렇다면, 영가 · 지두 · 명주가 염불을 방해하는 사람이라는 말을 신란은 할 수 없게 된다. 그리고 염불자의 많은 부분이 무사였다면, 무사가 무사의 염불을 저지했다는 말이 된다. 그렇게 되면 무사인 염불자가 가만히 염불의 금지에 승복할 리가 없을 것이고, 관동 지방 전체를 종교전쟁이라 일컬을 정도의 혼란에 빠지게 되었을 것이다.

그러나 이러한 사태는 일어나지 않았다. 신란의 시대에 염불자의 대부분이 농민이었기 때문에, 무사에 의한 염불자에 대한 탄압이 과격한 폭동을 수반하지 않고 진행될 수 있었던 것이다. 그러한 점에서도 우리는 신란의 가르침을 받아들인 사람들의 대부분이 농민이었음을 알 수 있다. 상인이나 장인(수공업자) 중에서도 그 수는 적지만 서서히 진종 가르침을 따르게 된 상황도 생각할 수 있다. 그러나 가마쿠라시대에 상공업자가 당시의 인구구조에 차지한 비율을 생각하면, 진종과 상공업자와의 관계를 중요시하는 것은 불필요하다.

그리고 도량방주의 지위에 있던 '중태량'은 지두를 섬긴 하나의 농민이었다. 그는 지두가 쿠마노(熊野) 신사를 참배할 때 부역으로서 같이 수행할 명령을 받게 되자, 염불자로서 구마노에 가는 것을 고민했다는 일이 전해지고 있다.

결국 신란의 가르침을 받아들인 사람들은 가마쿠라시대에는 농민층을 중심으로 한 직접 노동을 하는 사람이었다고 할 수 있다. 그러나 가마쿠라시대가 끝나고 무로마치·전국시대가 되면, 사정이 약간 달라진다. 더욱더 많은 농민이 진종을 신앙으로서 받아들이고, 그들 농민문도는 방주를 중심으로 강을 결성하고, 본원사교단의 힘으로써 무사에 대한 반항을 시작하기에 이른다.

이때 수호(守護)와 지두를 경멸하고 연공(年貢)을 납부하지 않고 신불을 소홀히 하는 등 그러한 문도의 행동을 무력에 의해 제압하기보다는 오히려 이를 이용하여 자기 신변의 안전을 도모하려는 자가 무로마치시대와 전국시대의 무사들이었다. 그래서 이 시대가 되면, 각 마을의 무사들은 모조리 진종 문도가 되기에 이른다. 그러나 무사가 문도가 되었다 하더라도, 무사 등이 진심으로 신란이 시작한 진종의 가르침을 신앙한 것은 아니었다. 그들 중의 대부분은 촌(村)이나, 향(鄕)에서, 또는 지방에서 자신들의 정치적·사회적 지위를 지키기 위한 보신술로 본원사교단에 참가했다고 할 수 있다.

3) 본원사(本願寺) 교단의 형성

신란의 생존시와 멸후를 통해 본 진종의 발전이 곧바로 신란에 의한 진종교단의 형성이라고 보면 안 된다. 신란은 생애를 통해 단 한 명의 제자도 키우지 않고, 단 하나의 절도 세우지 않으려 하였다. 더구나 자신을 정점으로 한 진종교단의 조직은 생각조차 하지 않았다. 그러나 진종 도량의 방주들을 중심으로 한 소문도(小門徒) 집단이 각지에 형성되면서, 신란의 의사와 관계없이 진종은 교단의 통일을 꾀하였다. 그리하여 신란이 입멸한 후 진종교단의 중심이 된 것이 그의 유골을 매장한 조묘(祖廟)였다.

신란의 묘소는 그의 막내딸인 각신(覺信)과 동국 등의 문도에 의해 유지되었다. 각신 이후 조묘의 유수직(留守職;묘지를 지키는 관리)은 각혜(覺惠;각신의 아들)·각여(覺如)로 계승되었다. 그동안 교단을 운영한 주체는 신란의 자손이 아니라 총문도(總門徒)였다. 그런 상황에서 실질적으로 유수직을 누가 하는가의 문제로 각여와 총문도 사이에 잦은 분쟁이 일어났다.

각여는 신란의 혈통인 자신이 조묘의 실권을 장악하고, 모든 문도 중에서 최고가 되어 진종교단에서 중심인물이 되려고 하자, 각여와 동국문도는 정면으로 충돌하게 되었다. 각여는 동국문도의 이반을 무릅쓰고, 자신이 중심이 되는 진종교단을 확립하여 나갔다. 조묘를 본원사로 하고, 본원사교단의 조직화에 애쓰기 시작한 것도 각여 때부터였다. 각여는 본원사 법주로서 진종교단에서 군림하려고 했지만, 총문도의 배반을 당한 본원사의 발전은 고난의 길이었다.

본원사 중심의 교단을 만들려고 한 각여의 기도가 실패하고, 관동의 많은 문도들에게 버림을 받게 된 본원사는 세모를 넘기는 돈도 모자라는 형편이 되었다. 게다가 교토에서는 시루타니(澁谷)의 불광사가 명장(名帳)·회계도(繪系圖) 등의 포교 방법으로 서민의 지지를 받아 신란의 묘소를 만들고 스스로 진종교단의 중심적 지위를 독점하려고 하였다.

각여의 장남인 존각(存覺)은 이러한 곤란한 지경에 있으면서도 본원사의 유지와 교화에 진력하고, 두 번이나 아버지인 각여로부터 의절을 당하였지만, 동국 문제와 타협하고, 서민신앙과 신기숭배를 매개로 하면서 진종을 확대하는 데에 노력하였다. 이로 인해 본원사의 포교 범위는 대화(大和;奈良縣)의 요시노(吉野) 등 산간 지대를 비롯하여, 기내(畿內)의 주물사(鑄物師)·산사(山師;광산 채굴 업자)·산인(杣人;나무꾼)·도사(塗師;칠장이)·감옥(紺屋;염색장이)·녹로사(轆轤師;녹로기술자)·목지옥(木地屋;목기 장인) 등으로 신장되고, 더 나아가 미농(美濃;岐阜縣)·비탄(飛驒;岐阜縣)·가하(加賀;石川縣)·월중(越中;富山縣)·능등(能登;石川県)까지 확대되었다.

그러나 이것은 존각에 소속한 문도가 증가했다는 의미로, 본원사를 정점으로 한 교단 확립을 의미한 것이 아니었다. 그런데 각여의 손자인 작여(綽如;본원사 제5세) 때, 본원사는 월중(越中)과 에치젠(越前;福井縣)에 지반을 구축했다. 즉 삼하(三河;愛知縣)지방의 진종 거찰인 승만사(勝鬘寺)에서 주지 화전신성(和田信性)이 죽은 후 상속 다툼이 일어나, 장남 장송환(長松丸)이 절을 나간 후에 에치젠의 화전 본각사 등에서 옹립되었다. 그러나 얼마 후 장송이 요절하였기 때문에, 에치젠의 승만사

문도는 작여(綽如)에게 사무를 위탁하였고, 작여는 아들인 란예(鸞藝)를 에치젠으로 보냈다. 이 절은 뒤에 등도(藤島) 초승사(超勝寺)가 되어, 북국(北國) 진종교단의 중진이 되었다.

이윽고 란예가 문도에 의해 추방되어 가하(加賀)에 은퇴한 후에, 란예의 아우인 주각(周覺)이 에치젠으로 가서 천황(荒川) 흥행사(興行寺)를 건립하였다. 그리고 제6세 교여(巧如) 때, 화전 승만사 계열의 대정여도(大町如導)의 일파(三門徒派)가 분열한 후, 본원사는 여도(如導)의 손자인 정일(淨一)의 중야(中野) 전조사(專照寺)를 이단으로 결정하고, 대정(大町) 전수사(專修寺), 가하의 길등(吉藤) 전광사, 능등(能登)의 우사(羽咋) 본념사(本念寺) 등의 삼문도파의 수뇌를 산하에 소속시키는 데에 성공하였다.

그리고 이때 쯤, 교여의 아들 여승(如乘)은 작여가 창건했다고 전해지는 월중의 정파(井波) 서천사(瑞泉寺)의 주지가 되었고, 존각의 아들 자관(慈觀)도 오우미(近江)의 금직사(錦織寺)의 주지가 되었다. 그리고 제7세 존여도 전광사·하기(河崎) 전칭사(專稱寺)와 장소(長沼) 정흥사(淨興寺) 등에 본존·성교(聖敎)·회전(繪傳) 등을 주었고, 에치젠의 석전(石田) 서광사(西光寺)을 건립하고, 가하의 적생(荻生)·복전(福田) 등을 교화함에 따라 서서히 본원사의 교단 형성이 진행되었다.

4) 렌뇨(蓮如)의 생애와 포교

존여(存如)가 죽고 제8세 렌뇨(蓮如)가 종주가 된 후, 존각의 지휘 하에 본원사(本願寺)의 비약적인 발전이 이루어진다. 렌뇨는 응영22년(應永;1415) 2월25일에 태어났고, 생모는 비천한 출신이었기 때문에 렌뇨가 여섯 살 때, 집에서 나가 버렸다. 17세 때 청련원(靑蓮院)에서 득도하고 법명을 겸수(兼壽)라고 했다. 뒤에 아버지 존여의 사촌인 흥복사 대승원 전문적(前門跡) 경각대승정(經覺大僧正) 밑에서 수학하였다. 장록1년(長祿;1457) 아버지가 죽었을 때 어머니는 그의 이복동생인 응현(應玄)을 세우려고 했지만, 숙부인 서천사(瑞泉寺) 여승(如乘)의 노력으로 유수직에 취임할 수 있었다. 그때가 43세였다.

그는 서민적 태도로 문도들과 접촉하고, '오후미(御文)'라고 불린 서간문으로 쉽게 교설을 가르치고, 전적을 교부하거나 '정신게(正信偈)'·'화찬(和讚)' 등을 문명(文明)연간(1469~1487)에 개판하는 것으로 민중 교화에 힘썼다. 이로 인해, 그때까지 염불을 외면 극락왕생을 할 수 있다는 정도에 머물었던 저속한 민중의 아미타신앙이, '일념발기(一念發起)'·'평생업성(平生業成)' 즉 미타의 본원을 믿고, 이것에 의지할 때 왕생이 결정된다는 인간의 종교로 격상되었다. 다만 여기에 여러 가지 방편이 사용된 것은 당연한 일이었다.

이러한 교의의 순화는 사의(邪義)·이단(異端)의 배척을 수반하기 때문에, 본원사는 말사를 교의적으로도 통일할 수 있었다. 교의 통일과 아울러 본원사를 정점으로 한 교단의 조직화도 진행되고, 렌뇨와 그의 많은 제자에 의해 헤아릴 수 없을 정도의 많은 사원이 개산되어, 각각 지방 교단의 중심이 되어 활약하였다. 렌뇨의 친자식은 27명에 이르고, 남자는 모두 연지일가(連枝一家)로서 본원사 교단이 큰 성장을 이룩하는 데에 전력을 다하였다.

오우미(近江) 가타다(堅田)의 법주가 처음에 본원사를 참배했을 때 '쓸쓸' 했기 때문에 불광사 쪽으로 갔다고 말해진다. 그러나 렌뇨의 노력에 의해 본원사의 세력이 급격히 신장되자, 이전부터 진종을 밉게 보았던 히에산 연력사 승도들의 박해를 받기 시작한다. 관정6년(寬正;1465) 정월과 같은 해 3월에 두 번에 걸쳐 오타니(大谷) 본원사는 히에산 승도의 습격을 받아 렌뇨도 오오미(近江)로 망명하고, 강남문도(江南門徒)는 격심하게 산문(山門;연력사)에서 저항하였다. 이것이 일향일규(一向一揆)의 처음 보이는 예이며, 렌뇨의 명령에 따라 문도군은 해산되었다.

이 법난 후 렌뇨는 각지를 순회하며 교세를 크게 확대하였다. 특히 문명3년(文明;1471)에 그는 대승원 경각의 영지인 에치젠국 하구장(河口庄) 세려의향(細呂宜鄉)의 길기(吉崎;금장정대자길기金津町大字吉崎)에서 조창민경(朝倉敏景)의 비호 아래 절을 건립하여, 문명 7년(1475) 8월 북국을 떠나 기내(畿內)로 돌아올 때까지 그 곳에 재류하였다.

그리고 문명 10년(1478), 야마시나(山科) 야촌향(野村鄉)에 본원사의 재건을 발원하고 1483년에 완성, 그 장엄은 불국과 같다는 평판을 받았다. 그 후 명은6년(明應;1497)에는 섭진(攝津;大阪府) 동성군(東成郡) 생옥장(生玉庄)에 방사를 건립하였는데, 이것은 후에 석산본원사(石山本願寺)가 되었다. 이처럼 동분서주하며 대교단을 성공적으로 성립시킨 렌뇨는 명응 7년(1498)에 병상에 누워 다음 해인 1499년 3월25일, 85세로 별세하였다.

5) 응인대란(應仁大亂)과 일향일규(一向一揆)의 발생

렌뇨가 오오미(近江)에서의 포교에 노력하고 있었을 무렵, 같은 진종의 다카다(高田) 전수사(專修寺)의 진혜(眞惠)도 에치젠(越前)에서 포교를 하고 있었다. 오오미에서 렌뇨는 북륙(北陸)지방에서 교화를 펼치고 싶었지만, 응인의 난[58]이 발발한 무렵에는 오오미(滋賀縣)에 머물며 적야정(赤野井)이나 가타다(堅田) 등의 강남문도(江南門徒)에 의한 경호를 받던 실정이었다. 오오미국의 남부지방은 서군(西軍)의 롯까쿠 다카요리(六角高賴)가, 북부지방은 동군(東軍)의 교고쿠 모치키요(京極持淸)이 수호를 담당하였는데, 호상권(湖上權)을 가진 견전문도(堅田門徒)는 경극쪽(京極)이고 렌뇨는 세천쪽(細川)에 호의를 갖고 있었다. 따라서 서군이 압도적으로 우세했던 에치젠·가하에 진출하기는 매우 어려운 상황이었다.

신란영상(親鸞影像;生身御影)은 난을 피하여 응인(應仁) 원년(1467) 2월부터 가타다 법주도장(法住道場)에 옮기면서, 11월에는 렌뇨도 여기에 와서 보은강(報恩講)[59]을 엄수하였다. 가타다 법주도장에는 자하군(滋賀郡) 일원의 감옥(紺屋;염색업자)의 권리가 연력사에서 부여되어 있어, 문도 중에는 통옥(桶屋)·단야옥(鍛冶屋)·유옥(油屋) 등의 상공업

---

58) 應仁의 亂(오우닌노 란) : 1467~77년 足利 將軍家의 상속문제 등을 계기로 하여, 東軍 細川勝元(호소카와 가쓰모토)와 西軍 山名宗全(야마나 소우젠)이 각각 제 大名(다이묘우)을 자기편으로 끌어들이고 교토를 중심으로 대항한 대란이다. 대 난 후에 막부의 권위는 땅에 떨어지고 戰國時代가 되었다. 應仁文明의 亂이라고도 한다.

59) 報恩講 : 조사의 忌日에 보은하기 위해 행하는 법회이다. 정토진종에서 개조 신란의 기일 (음력 11월28일)을 마지막 날로 하는 7일 동안 밤낮없이 법회를 행한다.

자들이 많았다. 법주도장은 이들 가타다 문도 중심의 도량이었다.

그런데 이 가타다문도가 비파호(琵琶湖)에서 막부(幕府)의 어장봉행(御藏奉行) 인정(籾井)씨가 운행한 배를 습격하였기 때문에 히에산에서 공격을 받게 된다. 이것이 가타다 대공격이라는 것이고, 문명1년(文明;1469)에 화평이 성립되어, 다음 해에 가타다문도는 고향으로 돌아가게 된다. 그 때문에 렌뇨도 대진 근송으로 옮겨 갔다.

한편 북국에서 문명 3년(1471) 조창민경(朝倉敏景)이 서군에서 동군으로 배반하고, 가하에서도 서군의 도가시 고치요(富樫幸千代)에 대항하여 동군의 부견정친(富樫政親)이 세력을 만회하였다. 또한 능등(能登)의 수호 하타케야마 요시쓰나(畠山義統)도 동군 쪽과 내통함에 따라, 형세는 일변하게 된다.

렌뇨는 이때를 기회로 문명 3년(1471) 길기(吉崎)로 옮기면서 고전전수파(高田專修派)와 연결된 도가시 고치요(富樫幸千代)쪽과 대항하고, 조창민경과 같이 부견정친을 조력하였다. 문명 5년(1473) 정친(政親)이 패하며 에치젠으로 퇴각해 온 후 길기도 서군의 공격을 받게 되어, 요새의 구축이 시작되었다. 그리고 1474년에 렌뇨는 정친을 가하산전(加賀山田)에 보냈는데, 그 때 문도들은 정의를 위하고 불적(佛敵)을 퇴치하기 위하여 국일규(國一揆)를 일으키고 가하국 수호 도가시 고치요(富樫幸千代)를 공격하였다. 이것이 강남 다음에 이은 두 번째 일향일규(一向一揆)이었다.

문명 6년(1474)년의 가하의 일향일규는 압도적 승리를 거두었고, 렌뇨는 만족의 뜻을 내세우며 백성들에게 농업으로 돌아갈 것을 권장하였다. 그러나 일규를 일으킨 것은 진종이 아니었다. 백성의 향상과 촌락공동체의 형성이 진종을 보급시킴과 동시에 일규를 야기한 것이었다. 그래서 부견정친이 가하의 수호가 된 후에도 문도의 사회적 활동이 더욱 더 치열하게 되어, 『백산장엄강중기록(白山莊嚴講中記錄)』에 의하면 문명 7년(1475)에 정친과 문도 간에 전투가 시작되었다고 한다. 이 때 양쪽 사이에서 몹시 난처해진 렌뇨는 요시사키를 탈출한다.

이 전투는 문도 쪽이 굴복하고 화의가 성립되었지만, 문명 13년(1481)에 월중(越中;富山縣)의 일향중이 석흑(石黑)씨를 격파하고, 문도인 백성의 연공(年貢;조세, 소작료) 위반과 지자무라이(地侍)의 장원압령(庄園押領)이 더욱 격화되었다. 문명 19년(1487) 본원사의 본소인 청련원(靑蓮院) 문적(門跡) 존응(尊應)은 전산정장(畠山政長)의 요청에 의해 렌뇨에게 북국문도(北國門徒)를 제지할 것을 명하였다.

그리고 장향1년(長享;1487) 부견정친이 장군인 족리의상(足利義尙)이 오오미 육각(六角)씨 토벌에 종군했을 때, 수호역(守護役;수호에 납부해야 하는 노역)으로 고통을 받고 있던 문도 백성이 지시(地侍)와 방주중(坊主衆)과 같이 봉기하고, 다음 해에 정친을 고미성(高尾城)에서 멸망시켰다. 그때 가하의 수호에 부견태고가 옹립되었지만, 이후 가하국 전체가 "백성이 소유한 지역"(『실어기습유(實語記拾遺)』)과 같은 상황으로 변해 갔다.

3. 시종(時宗)

1) 잇펜지신(一遍智眞)과 그 교설

잇펜지신(一遍智眞)은 연응1년(延應;1239) 이예(伊豫)의 토호 하야칠
랑통광(河野七郎通廣)의 차남으로 태어났는데, 열 살 때 어머니와 사별
하고 무상의 이치를 깨달아, 뒤에 아버지의 명을 받아 천태종 계교사(繼
教寺)의 연교(緣敎) 밑에서 출가하고, 아명 송수환(松壽丸)을 수연(隨緣)
이라는 법명으로 바꿨다.

출가 당시의 하야씨는 승구의 난[60] 때 후조우상황(後鳥羽上皇)편에 섰
기 때문에 영지를 몰수당하고, 통신(通信;잇펜의 조부)은 오주(奧州;동
북지방) 평천(平泉)에 유배되었다. 또한 통정(通政)은 신농(信濃) 엽광
(葉廣)에서 살해되었고, 통말(通末;잇펜의 백부)은 신농(信濃) 반야(伴
野)에 유배되는 등 일족이 이산하는 괴로움을 겪으며 몰락하게 되었다.

---

60) 承久의 亂 : 1221년 後鳥羽(고토바)上皇이 가마쿠라 막부의 討滅을 도모하고 결국 패퇴한
　　사건이다. 이 사건이 계기가 되어 北條(호우조우)씨를 중심으로 한 가마쿠라막부의 힘이 확
　　장했다.

이에 잇펜의 아버지 통광(通廣)도 출가하여 여불(如佛)이라 칭하고, 고찰 보엄사(寶嚴寺)의 한쪽 구석에서 은거 생활을 했다고 한다. 법명을 수연이라고 한 잇펜은 뒤에 대재부(大宰府)에 서산 증공(證空)의 문하인 성달(聖達)을 찾아 갔다.

그 후 성달의 지시를 받아 그의 법형인 비전(肥前) 청수(清水)의 화태(華台) 밑에서 정토교를 1~2년 배운 뒤에, 다시 성달에게 돌아가서 정토종 서산의(西山義)를 연찬하였다. 홍장3년(弘長;1263) 아버지의 부음에 접하여 고향 이예에 돌아왔다. 그가 서산의를 배운 것은 잇펜의 종교의 모태를 생각하는 선상에서 중요한 의의가 있고, 이것을 비판함으로써 새 경지를 여는 첫 번째 걸음을 내딛게 한 것이다.

문영8년(文永;1271) 봄 신농의 선광사를 참배하고, 칩거하여 감득한 이하백도[61]도(二河白道圖)를 앞에 놓고 이예 와사(窪寺)의 산중에 만든 고요한 암자에서 칭명염불을 3년 동안 계속한 결과, 10겁의 옛날에 중생을 제도하기 위해서 성도한 미타의 정각도, 극락왕생을 바라는 중생의 일념도 차별이 없어서, 절대의 명호에 귀명하는 일념에 따라 중생도 현신대로 미타의 대회에서 같이 앉을 수 있다는 신념을 획득하고, 독자적 경지에 도달할 수 있었다. 이후 천왕사에서 고야산으로 참배하고, 다음에 능야(熊野) 증성전(證誠殿)의 신전 앞에서 명려(冥慮)를 받아 십육만인송(六十萬人頌)을 감득하고, 이것이 계기가 되어 『나무아미타불결정

---

61) 二河白道 : 善導가 『觀經疏散善義』에서 설한 비유이다. 이하를 중생의 탐욕·노여움에 비유하고, 중간의 백도를 극락왕생을 원하는 중생의 신앙심에 비유한 말이다.

왕생육십만인(南無阿彌陀佛決定往生六十萬人)』이라고 적은 종이 부적을 배포하고 유행의 길로 올랐다. 잇펜이 명호의 종이조각을 배포하는[賦算] 이유는 명호는 절대자와 같은 것이고 그에게서 부처의 명호는 부처 그 자체이었기 때문에, 염불권진(念佛勸進)이라는 것은 명호의 종이조각을 배포하는 것에 의해 미타와 결연할 수 있다는 것이었다.

부산(賦算)의 대상이 된 계층은 "결연은 재가사람이야말로 중요하기 때문"이라는 점에서도, 일반서민 계층이었던 것이 분명하고, 당시 사상도 철학도 가지지 않은 일반 서민에 대한 포교에서, 사유개념에 호소하는 설교나 문법(聞法)은 결코 이행도가 아니다. 명호를 받는 것에 의해 왕생이 결정되는 것이기 때문에 신·불신과 정·불정의 구별 없이 단지 부산을 받으라 하는 것에 타력이행(他力易行)에 투철한 잇펜의 포교방법이 있었다.

그리고 잇펜은 정토문이 개념의 유희에 빠지는 것을 최대한 피하고자 학문적 이해를 멀리하고 염불행에 철저했는데, 말세 오탁의 세상에서 아미타불의 대비를 만날 수 있던 기쁨을 기뻐하면서 어쩔 줄 모르는 오도리 넨부쓰(踊躍念佛)이 홍안2년(弘安;1279)에 신농 반야(伴野)에서 시작되었다. 반야는 백부 통말이 유배된 인연이 있는 땅이었으므로, 백부를 공양하는 의도 아래 행해진 정성을 들인 염불 수행이 뜻밖에 용약 염불의 기원이 되었을지도 모른다.

잇펜의 염불은 일념무상(一念無上)의 명호이면서, 일념에서 충족하는 것도 아니고, 또 다념을 필요로 해야 하는 것도 아니었다. 일이기도 하고 다이기도 한 염불을 쉽게 현재의 염불이기도 하고 시시각각의 염불이기도 하면서, 순간마다에서 절대자인 아미타불과 대결하는 염불이었다. 그 염불은 생각하는 염불이 아니라 직접 체험되는 염불로서, 이 염불을 당체일념(當體一念)의 염불이라고 했다. 염불을 권화하기 위하여 동북지방에서 규슈지방까지 전국 각지를 끊임없이 돌아다니던 잇펜은, 정응1년(正應;1288) 8월10일 소지하던 성경의 일부를 서사산(書寫山)의 승려에 맡겨 봉납하고 나머지 모든 문서를 "일대의 성경은 모조리 없어지고 나무아미타불이 되었다"고 하며 스스로 소각하고 같은 23일 진시(오전 8시 경)에 안양의 정토로 가는 길에 올랐다.

2) 교단의 성립과 발전

잇펜(一遍) 교단이 타의 교단과 다른 종풍이라면, 유행과 부산(賦算) 그리고 용약염불(踊躍念佛)일 것이다. 유행이란 한 종교집단의 주재자인 지식(知識) 중심이 되어 시중(時衆)을 수반하고 순국교화(巡國敎化)하는 것이고, 지식이 염불의 부적을 배포하는 것을 부산(賦算)이라고 하며, 심신이 너무나도 두터운 나머지 환희가 밖으로 나타나 동행자 모두가 소리를 외치고 징을 치며 염불하는 것이 용약염불이다.

시중이라는 호칭은 당나라 선도(善導)의 저서인 『관경소현의분(觀經疏玄義分)』에 있는 "도속시중등(道俗時衆等) 각각 무상심을 일으킨다"는 말에서 명명된 것이다. 이 교단에서는 명호에 귀명하고 일념의 믿음에 의거하고 신명을 지식에게 맡기고 모든 것을 버린 십계수지(十戒受持)의 불퇴전에 주하는 자, 말하자면 귀명계(歸命戒)를 지킨다고 맹세한 자만이 입신이 허용되어, 한 번 입신하면 엄격히 교단 규칙을 지켜야 하는 십계엄지(十戒嚴持)의 계율생활이 강요되었다.

히지리 지신(智眞;잇펜이 죽은 후 阿彌陀佛)에게 문자 그대로 신명을 귀의하고 절대적으로 복종하겠다는 귀명계를 맹세하면 그 보상으로 극락왕생이 보증되었던 것이다. 그러나 이 교단에서는 승니의 공주(共住)를 허용하고 있었기 때문에 때때로 속세의 욕망에 사로잡혀서 불범의 금제를 범하는 경우가 있거나 지식에 대한 복종이 절대적이지 않은 경우도 있었다. 이것이 생존 중이라면 교단에서 추방되었고, 사후에 사실이 판명될 경우는 왕생이 취소되어 '불왕생(不往生)'의 낙인이 찍혔다.

그런 경우 교단의 통솔자인 타아미타불에게는 아미타불의 사자와 대관(代官)의 역할에서 '불왕생'의 판정을 내릴 수 있는 것과 같이 교단의 숙정을 진행하는 절대적 권위가 부여되어졌다. "나무아미타불을 한번 정직하게 귀명한 일념의 후에는 나도 나가 아니어서, 마음도 아미타불의 마음, 몸의 움직임도 아미타불의 거동, 말도 아미타불의 말이기 때문에, 살아 있는 목숨도 아미타불의 목숨"(서원사전(西園寺殿)의 누이동생에 보낸 답장)이라는 신념이 잇펜에게 절대적인 권위를 가져오는 계기를 만들었고, 살아 있는 상태에서 성불했다는 확신을 갖게 했던 것이다.

이 교단에 속한 사람들은 교법의 유포와 포교지역의 확대를 위하여 유행회국(遊行廻國)을 중심으로 했지만, 입중(入衆)을 희망하는 사람이 많아짐에 따라 그 모든 승니를 수반시키는 것이 어려워지자 유행에 따르는 자를 2, 30명 정도로 제한한 것으로 보인다. 잇펜이 비중(備中;岡山縣)에서 유행했을 때 출가한 자는 280여명이었고, 그리고 각지에서 출가를 희망한 자가 많이 있었던 것을 생각하면, 유행에 동행할 수 없었던 승니가 많았던 것을 부정할 수 없다. 시중은 회국수행(廻國隨行)의 승려를 유행시중(遊行時衆), 교단에 소속한 승니를 도시중(道時衆)이라 하고, 각지에서 염불왕생을 원하는 시중을 재가시중(在家時衆) 또는 속시중(俗時衆)이라고 불렀다.

도시중은 잇펜이 죽은 것이 계기가 되어, 결연중(結緣衆)의 요구에 따라서 잇펜이 버리고 돌보지 않았던 교단의 성립이 진교(眞敎)에 의해 재편성되고, 교단이 성립됨과 동시에 연고가 있는 토지에 도량을 설치하고 부근에 산재한 시중을 통합하여 도량을 중심으로 한 포교가 시작되었다. 즉 일조(一條)도량(甲府) · 사조(四條)도량 · 칠조(七條)도량(이상 교토) · 병고(兵庫)도량(神戸) · 고궁(高宮)도량(滋賀縣;高宮) 등이 그것이고, 이 경우 '번장(番帳)'에 의해 규정된 아미호(阿彌號)가 지주의 승려와 도량 후계자의 법호로 되었다. 오우미 고궁도량의 절아(切阿), 교토 육조(六條)도량의 미아(彌阿)처럼 대대로 절아 · 미아를 계승하고, 아호(阿號)는 도량을 교체할 때마다 변경되는 것이 상례였다.

예를 들면 고궁도량 주인 절아가 갑부(甲府) 일조(一條)도량 주인이 이동하면 법아(法阿)라는 명칭이 되어, 청정광사(清淨光寺)에 거주하면 타아(他阿)를 상속하기에 이르렀던 것이다. 도량에 지주했다고 해도, 시중은 어디까지나 유행을 본분으로 했다. 진지 후 유행의 종주는 진교에 계승되어, 이후 지득(智得) · 탄해(呑海)로 이어졌다. 잇펜과 진교는 각각 부산화익(賦算化益)을 16년씩 하였다.

시중의 입장에서 본존은 나무아미타불의 6자의 명호이며, 소의경전은

『정토삼부경』과 선도의 5부 9권을 위주로 하였다. 집회소는 도량이라고 부르고, 시중이라고 불리는 동행을 가지면서, 승좌(僧座)와 니좌(尼座)가 이하백도(二河白道)에 의해 엄격히 분리되었다. 승니에게 소유를 허용하는 생활용품은 저통(箸筒;젓가락 통)·아미의(阿彌衣)·가사(袈裟)·유(帷;홑옷)·수건(手巾)·대(帶;띠)·지의(紙衣)·염주(念珠)·의(衣)·족태(足駄)·두건(頭巾)·인입(引入)의 12가지이고, 이들 12가지의 용구가 각각 수납된 상자 위에는 흰색 줄이 그려져 있어서 줄맞춰 놓으면 백도가 되었다.

유행 제3세를 계승한 智得은 스승인 잇펜을 28년간 따랐고, 쉴 사이 없던 유행 때문에 거동조차 어렵게 되었는데, 북조집권(北條執權)[62]에서 정권의 안태를 도모하기 위해 은밀(隱密) 역할을 맡아 달라는 요청이 들어오게 된다.

이런 상황에서 종교 본래의 사명을 지키기 위해서 지득은 그 요청을 거절하고 건원2년(乾元;1303)에 법을 탄해에게 양도하고 자신은 당마(當麻)의 무량광사(無量光寺)에서 독주한 결과, 탄해가 지득 대신 집권의 내밀의 요청을 받아들이게 된다. "모든 사문을 살아 있는 부처처럼 존경해야 한다"(『중시가훈(重時家訓)』)고 한 시대에, 유행승에 대한 존경을 역이용한 이와 같은 시책은 지방의 정세를 파악하는 데에는 어느 정도 효과가 있었을지 모르지만, 그 결과 입장에 차이가 생긴 지득과 탄해는

---

62) 執權(싯켄) : 가마쿠라 막부에서 장군을 보좌하고 정무를 통할한 최고직이었다. 특히 3대 장군 源實朝(미나모토노 사네토모)가 1219년 암살당한 후는 장군직은 교토의 공가가 임명되어, 무사의 실권은 가마쿠라의 집권이 장악했다. 대대로 北條씨가 執權 지위를 세습하였다.

결별하게 된다.

  정통임을 자인한 지득의 유파는 정권과 연계한 탄해 교단에 대항할 수 없어 불우한 길을 걸어갔지만, 자기 유파가 잇펜의 정통을 계승한 것임을 모두가 인정하기를 원한 탄해는 지득이 죽은 후 무량광사를 협박하고 유행 상속의 전승에 관한 자료를 입수하였으며, 잇펜이 죽은 뒤 10년이 지난 정안1년(正安;1299)에 제자 성계(聖戒)가 완성한 『육조연기(六條緣起)』에 대항하여, 『일편상인회사전(一遍上人繪詞傳)』을 찬술했다. 『일편상인회사전』은 탄해가 종준(宗俊)에게 명령하여, 법맥정통론(法脈正統論)의 입장에서 잇펜과 진교의 행적을 기록하고, 사자상승(師資相承)을 주안점으로 삼아 자기의 부산을 정통화하려는 의도에서 편집된 것이었다. 이러한 내력이 있었다 해도, 유행과 용약염불의 자극에서 오로지 융성의 길을 걸어 다니면서, "염불할 때 머리를 움직이고 어깨를 흔들고, 야생말처럼 춤추고 원숭이처럼 시끄럽다"(『천구초지(天狗草紙)』)며 지식인으로부터 비난을 받는 경우도 있었지만, 범부귀천과 남녀의 구별 없이 누구나 염불만 외면 극락정토에 왕생할 수 있다고 설하고, 현실과 유리되어 살면서 정토의 법열에 잠기는 것을 기약했다.

  그 당시 아무런 놀이문화가 없었던 일반 서민에게 용약염불은 "몇 백 명이 춤을 추어 돌았기 때문에 마루청이 부서질"(『육조연기(六條緣起)』권4) 만큼 많은 사람들이 모여들었고, "귀천의 사람들이 모조리 모여드는 상황이 장날의 시장보다 더 한 것이었다"(『야수경(野守鏡)』)고 할 만큼 유행했던 것이었다. 그 성행의 상황을 묘사한 『천구초지』에는 "혹은 일향중(一向衆)이라고 하고 아미타여래 이외의 다른 부처에 귀의하는 사람을 비난하고, 신명(神明)에 참배하는 것을 시기한다. 중생이 해탈하는 인연에는 여러 가지가 있으므로, 기타의 불보살에 인연이 있어서 그 불보살에 의해 출리하거나, 신명 또한 화광동진(和光同塵)의 선교방편(善巧方便)이기 때문에 즉 수적(垂迹)의 밑에서도 해탈할 수 있다"고 적고 있다.

보통 일향중은 정토진종을 가리키는 말이지만, 여기서 말하는 일향중이란 오우미국(近江國) 번장(番場)에서 죽은 일향준성(一向俊聖)의 흐름에 있는 시중(時衆)을 가리키는 것으로 보이며, '시종(時宗)'이 널리 '일향중'이라고 불린 것도 사실이다.

시중이 머물 도량을 건립했을 때, 거기에는 시종과 결연된 사람들이 있었지만, 재력과 지위가 있었던 사람은 후원자의 지위를 구축했다. 시중의 경우 그 사회적 기반이 된 사람은 어떤 계층에 속하였을까? 다무라(田村圓澄)씨는 잇펜이 결연한 14개소의 신사명을 검토한 결과 식내사(式內社)가 많은 사실에 주목하고, 시종은 "중세의 영주인 무사와 백성인 농민과의 관계를 기반으로 한 종교"였다고 지적한다. 적송준수(赤松俊秀)씨는 무사에 기반을 두었더라도 도노바라(殿原)라고 불리는 중류층 무사만이 아니라 상층부 무사도 많이 포함되어 있었다고 말하고 있다(『겸창불교의 연구(鎌倉佛敎의 硏究)』).

타아(他阿;他阿彌陀佛)의 서간에는 "가마쿠라는 아주 시끄러운 상황이지만, 도량은 극히 한가한 상황이에요. 그 이유는 자주 나오는 도노바라들은 다 전쟁터로 가버렸기 때문이에요"(『금태사문서(金台寺文書)』)라고 쓰여 있다. 그렇더라도 역시 옛 서민신앙에 입각하면서 민중의 소망을 저속한 형태이며 낡은 반동적 이데올로기로서 재편되었을 본지수적(本地垂迹)에서 유지된 중단(衆團)은 무사와 마찬가지로 일반서민에게도 강한 지지를 받았을 것이다.

탄해(呑海)는 7년간 유행한 후, 정중2년(正中;1325)에 법등을 안국(安國)에게 이양하고, 후지사와(藤澤)에 청정광사(淸淨光寺;遊行寺)를 개산하여, 거기서 독주하기에 이르렀다. 이 때부터 유행상인(遊行上人)일 때는 유행화익(遊行化益)으로 전념하고, 전 상인이 시적하면 유행의 법등을 이양하고 스스로는 후지사와에 돌아가서 등택상인(藤沢上人;獨住)이 되는 관례가 생겨났다.

존관은 남조계에 소속되고 남북 양조가 병립한 시대에 늘 진홍색 법의를 걸치고 유행할 때의 관례였던 여승의 동행을 허용하지 않고, 머리도 깎지 않으며 생애를 유행으로 시종하였다고 한다. 이러한 행동은 남조의 재흥을 기도한 존관이 초라한 유행승으로 변장하여 엄격한 북조 쪽의 탐색을 피해 다니다가, 유사시가 되면 법의를 벗고 전쟁을 지휘하려는 은밀한 의도가 있었다고 한다. 유행은 전국적으로 연고가 있는 땅을 따라 거의 같은 경로로 순회하였으며, 이에 의해 각지 도량의 실상을 장악함과 동시에 신앙의 심화와 포교의 확대를 가져왔다. 또한 시중은 예능인과 관련을 맺고 문예를 수득하면서, 문화사상 공헌에 큰 역할을 하였다.

3) 권세와의 영합

원래 서민에게 포교하는 것에 뜻을 두었던 시중은 탄해(呑海)에 의해 당시 육바라탐제(六波羅探題)로서 교토의 정국에도 정통한 호우조우 사다아키(北條貞顯)의 요청에 따라 호우조우 정권에 접근하여, 유행을 통해서 호우조우씨에 공헌하고, 나아가 청정광사의 세속적 발전을 가져왔다.

원홍3년(元弘;1333) 5월 신전의정(新田義貞)이 가마쿠라를 공격한 직후, 타아 안국(他阿 安國)이 증아미타불(證阿彌陀佛)에 보낸 편지에 "격렬하게 온 무사들은 지금은 다 싸움터에 나갔기 때문에 사람도 없고 별일이 없는 상황입니다"라고 쓴 것은 북조씨 편의 무사를 의미한다고 생각되는데, 그 당시에는 일단 전쟁이 일어나면 공격하는 자도 수비하는 자도 염불칭명하였고, 또 이런 인생 말로의 비참함을 목격한 사람들의 염불에 대한 신심이 증가되었다고 한다. 북조씨 정권이 붕괴하고 대각사통(大覺寺統)이 천황 지위를 계승하자, 그 때까지 보호를 받았던 북조씨가 괴멸되어 시중 교단은 손실을 입게 되었다. 이에 대한 반성으로 남북조 이후에는 어느 쪽에도 소속하지 않았지만, 안국을 외호한 후제호천황(後醍醐天皇)의 딸인 경자내친왕(瓊子內親王)이 백기(伯耆)에 안양사(安養寺)를 개산하고, 아들인 종양친왕(宗良親王)도 또한 흥국3년(興國;1342)에 고강(高岡)에 극락사(極樂寺)를 개산하는 등, 선종이 북조에 접근한 것에 대해 시종과 연계를 가지게 된 남조는 존관(尊觀)을 8대 타아인 도선(渡船)에 입문시킴으로써 더욱 견고한 연계를 맺으며 남조 정권의 만회를 획책했다.

『왕고과거장(往古過去帳)』에는 '남제 칭아미타불(南帝 稱阿彌陀佛)'을 비롯한 남조 쪽이라고 보이는 황족·무장의 이름이 보이고, 연호도 남조의 것이 사용되고 있는 것은 그러한 사정이 있었기 때문일 것이다. 원중9년(元中;1392) 남북 양조가 합체했을 때에는 후소송천황(後小松;북조 쪽) 앞에 알현하고, 이후 대대의 유행상인은 남조문도로 취급된다는 칙명을 받았다고 하며, 1394년에 존관의 유행은 순수(巡狩, 천자의 지방순찰)와 같이 각 역참에서 상당한 대우를 제공해야 한다는 지시를 전국에 내렸다고 한다.

그리고 시중은 화가(和歌)나 연가(連歌)를 통해서 차츰 제국의 전국대명에게 접근하여, 그들의 외호를 받게 된다. 그 후 북조씨는 170여 관의 영지를 청정광사에 기증하였고, 북조씨직(北條氏直)은 그 절을 재건할 때 "도량을 건축하기 위해 영지 안에서는 누구나 절에서 요청된 용목을 제공해야 한다"며 시주할 것을 권장하고, 원구2년(元龜;1571) 7월 무전신현(武田信玄)은 가까운 마을의 300관을 절 영지로 기증했다.

당시 후지사와 도량의 본당은 12칸과 10칸의 규모를 지녀, 문명13년(文明;1481)에 렌뇨가 건설한 야마시나 본원사(山科 本願寺)의 본당 3칸 4면(3間4面)과 어영당(御影堂) 5칸4면과 비교하면 교단위세의 한 단면을 보여준다. 그러나 시중(時衆) 교단을 지탱한 것은 전국대명을 정점으로 한 무사층이어서, 무사의 성쇠가 또한 교단의 성쇠를 의미하였다. 또한 유행회국(遊行廻國)하는 시중승을 대접하는 과정에서, 시중이 끊임없이 전해지는 이웃 나라의 상황을 주의깊게 경청한 사람도 있었던 것 같고 永正9년(1512) 상삼정실(上杉定實)이 "북조조운(北條早雲)도 전보다 건강이 좋지 않은 사정을 후지사와(藤澤) 도량에서 돌아오는 시종의 사람이 말한 것을 엄아(嚴阿)가 얘기해주었습니다"라는 소식을 쓴 것에서도 이러한 사정을 짐작할 수 있다.

시중이 권력에 연합하고 접근을 도모했을 때, 이미 시중은 민중편이 아니었다. 이 상황 하에서 민중이 찾은 것은 바로 진실로 민중의 소리를 들으면서 복음을 주는 종교였을 것이다. 민중의 소리를 경청하고, 민중과 같이 법을 말하는 종교를 설한 진종의 렌뇨야말로 그들이 기대하는 승려였다. 렌뇨가 교토에 있었을 무렵 본원사를 참배하는 사람이 적었는데, 문명 3년(1471) 그가 에치젠 길기(越前 吉崎)를 본거지로 결정하자마자 가능월(加能越)과 멀리 출우(出羽)에서도 많은 참배인이 모여들어, 절에 숙소까지 설치해야 하는 상황이 되었는데, 그 이유는 어디에 있었을까?

렌뇨가 생애의 전반에 걸쳐 노력했어도 참배인이 모여들지 않았던 본원사의 교세는 그가 요시자키로 진출한 이후 급격히 확대되었다. 말기가 되면, 오우미에서 에치젠까지의 북쪽지방의 시중도량은 『왕고과거장』에서 점점 사라져 감소되는 듯한 추세를 보여 이러한 시중의 쇠퇴는 렌뇨 교단의 성행이라는 형태로 나타나게 됐다. 민중 편이던 시중이 복음을 주지 않는다는 것을 알게 되자 민중과 같이 법을 말하는 렌뇨 편으로 가는 자가 출현했다. 렌뇨가 자기 교단에 대해서 "원래 우리 유파를 누구나가 모두 일향중이라 부르는 것은 큰 잘못"이라고 되풀이하며 자기 종파를 일향중이라고 호칭하는 것은 좋지 않다고 말했음에도 불구하고, 무애광중(無礙光衆)라고 불린 신란 문도가 이 무렵으로부터 일향중이라 불리기 시작하였다. 이는 신란이 렌뇨가 오우미부터 에치젠지역에 걸쳐 구축한 일향준성(一向俊聖)의 말류인 일향중을 석권하고, 중도가 렌뇨 교단에 소속된 결과, 일향중 명칭에 걸맞은 형태로 정비한 것이라 생각된다.

물론 북륙지방에 시중이 많이 진출하고 있었기 때문에, 신란 문도 중에는 시중에게 배워 '명장(名帳)'이나 '회계도(繪系圖)'를 사용한 사람도 있었던 것으로 보인다. 또한 각여(覺如;번원서 3세)가 상무의(裳無衣)와 흑가사를 입는 것을 금지한 것, 에치젠의 대정(大町) 문도가 용약염불(踊躍念佛)을 행한 것, 지식귀명(知識歸命)이 본원사 말단의 신도 사이에서 이안심(異安心)으로 중대한 문제가 된 것도 모두 시종교단이 영향을 준 결과일 것이다. 더욱이 단지 유수직(留守職)에 지나지 않았던 본원사 종주가 후생어면(後生御免)의 권위까지 부여받음에 이른 것도 귀명계(歸命戒)와 불왕생(不往生)을 결정할 수 있었던 유행상인(遊行上人)의 권위에서 영향을 받은 것이 아닌가 생각된다.

종래 종파 안에서는 시종이 좌죽소동(佐竹騷動)에 의해 쇠퇴하기에 이르렀다고 말해지고 있지만, 소동(騷動)은 전설에 머무르며 진상은 확인할 수 없다.

관영(寬永)연간(1624~1642) 초에 사타케(佐竹)씨의 집안싸움이 원인이 되어서 몰락의 일로를 걷게 되었지만, 관영 10년(1633)의 『청정광사말사장(淸淨光寺末寺帳)』에는 말사로 686개의 절이 기록되어 있고, 무로마치시대 말기의 『왕고과거장』의 기록과 비교해도 그 수에 있어 큰 증감을 볼 수 없으므로, 쇠퇴는 그 이전에 시작되었을 것이다. 과거장에

의 기입이 성행한 것은 문명3년(文明;1471) 6월에 유행을 시작한 타아존호(尊皓)때까지이고 그 이후 차츰 감소하였다. 이 시대가 렌뇨가 길기(吉崎)로 진출한 시대였다.

기타 전국무사 중에는 살마(薩摩)의 비지도구범(比志島久範)·도진씨구(島津氏久), 대우(大隅)의 간부겸상(肝付兼尚)과 같이, 용약염불에서 보이는 비속화와 윤리적 문제에서 지두영주층이 가지는 현실성에 배반된다는 이유에서 선종으로 전환한 경우도 있었다. 또한 이예의 하야통성(河野通盛)과 같은 사람은 일시적인 영락을 위해 등택도장(藤沢道場)에 의지했다가 건장사(建長寺)의 남산사담(南山士曇)에 의지하고, 족리존씨(足利尊氏)의 존경을 받고 있는 점을 이용하여, 영지의 보증을 얻은 후 이예 풍조(伊豫 風早)에 선응사(善應寺)를 창건하고 사담(士曇)의 제자 정당사현(正堂士顯)을 초청하여 개산의 주지로 한 경우도 있었다.

이것은 명백히 시대의 위정자나 권력자의 신앙을 이용하고, 접근하기 위해서 선종으로 전환한 사례인데, 선종만이 아니라 정토종으로 전환한 사례도 있었다. 시중이 위정자에게 접근했을 때, 민중은 시중에서 떠나 렌뇨의 밑으로 가고, 지두영주층도 충분히 종교적 충족을 얻을 수 없는 시중과 결별하고, 간명하고 위정자(아시가가씨)가 신앙하는 선종으로 전환했다. 이런 종파의 전환에는 자기 자신의 영달과 보신이라는 의도가 있었던 것을 생각할 수 있겠다.

4. 임제종(臨濟宗)

1) 능동적으로 탐구한 선종

가마쿠라불교란 중세 초기에 당연히 일어나야할 필연성으로 일어난 혁신적 경향을 띤 불교의 여러 종파를 가리키는 말이다. 그런데 선종은 외래종파이다. 따라서 국내적 변화에 의해 일어난 '가마쿠라불교'와는 그 역사적 의의가 다르다. 적어도 선종에는 두 유형이 있고, 그들 중의 한 유형은 어쨌든 가마쿠라불교의 종파로서 분류할 수 있는 성격의 것이지만, 다른 하나의 유형은 완전히 다른 것으로 생각된다. 전자는 여기서 말하는 '능동적으로 받아들인 선종'이고, 후자는 다음 항목에서 설명하는 '수동적으로 수용된 선종'이다.

그렇다면 선종은 어떤 요청에 의해 능동적으로 받아들이게 되었는가. 그것은 가마쿠라불교가 발생한 여러 방식 중에서 주로 구불교의 개량 수정주의자들에 의해 탐구된 것으로, 그들은 그 자극을 외국에서 탐구한 결과, 송나라의 선종에 관심을 가지게 된 것이다. 그래서 선종 그 자체를 순수하게 받아들이는 목적에서가 아니라, 오히려 그들이 소속한 구불교에 활력을 불어넣는 수단으로 채용하려는 자세였다.

　말하자면 그들은 누구도 구종파와의 관계를 끊지 않으면서 동시에 한 편으로는 외국 종파의 신선함을 열렬히 동경하여, 천신만고 끝에 바다를 건너 입송(入宋)하고, 스스로 송나라의 불교를 배운 후에 전법귀조(傳法歸朝)하였다. 당시 송나라 불교의 상황을 말하면, 교·율·선의 3종이 정립되어 있었는데, 그 중에서도 선종의 세력이 압도적이었다. 선종에도 많은 파가 있었는데, 특히 임제종이 북송 시절부터 성행하고, 그 대부분에 아직 종파적 젊음이 있었다. 그 젊음이란 교단의 규율이 엄격하고, 동시에 종지가 직절간명하고, 아직 전법이 형식화되어 있지 않기 때문에 선택의 자유가 있었던 점이고, 가마쿠라불교에 공통하는 특질인 교단의 부정·계율 엄수·종지의 단순화 등의 성격과 통하는 점이 많았다. 게다가 이국 종파인 매력도 추가되어 있었기 때문에 당시 개혁론자에게는 수득(收得)하고 싶을 만큼의 자극을 준 것은 당연한 일이었다.

　송나라 선종을 처음 일본에 소개한 사람은 조우넨(奝然)이었다고 말해지지만, 단지 조우넨만이 아니라, 헤이안시대 말기에 입송한 불적순례자들은 송나라 땅에 선종이 성행하는 것을 목격했을 것이고, 선종 초전자(初傳者)로서 유명한 민난 에사이(明庵榮西)도 다소간에 이들 순례자의 연장선상의 인물로 해석할 수 있다.

　에사이(榮西)는 천태종 사람으로, 두 번 입송하여, 첫 번째에는 천태종의 장소(章疏)를 가져왔고, 두 번째는 처음으로 천동산(天童山)의 허암회창(虛庵懷敞) 밑에서 참선하고 임제종 황룡파(黃龍派)(송나라 황룡혜남(黃龍惠南)에서 분파된 1파이고, 에사이의 스승 회창도 그 말류임)의 선을 전법받았다. 천태종에서는 사종상승(四種相承)이라고 해서 원(圓)·밀(密)·선(禪)·계(戒)의 4종을 겸학하여 전승하도록 하였다. 그 중 선의 전법은, 종래는 당나라 선법인 북종선이었다.

그런데 중국에서 송대에 이르러 당(唐)대의 것과 완전히 변화된 중국화한 불교가 행해지고, 선도 송조선(宋朝禪)은 당조선(唐朝禪)과 완전히 달랐기 때문에, 에사이는 이 선의 상승을 송나라의 새 것으로 대치하는 것으로 천태종을 갱생시키려 한 것으로 보인다. 즉『흥선호국론(興禪護國論)』을 저술하고 에사이가 새로 도입한 남종선은 기존에 있던 북종선과 동일한 것이었지만, 신흥 분파였기 때문에 활력에 찬 것이었다. 이를 채용함으로써 천태종을 갱생하고 천태 원래의 근본사상의 하나인 진호국가에 공헌하려는 취지를 갖고 있었다.

또한『출가대강(出家大綱)』와『일본불법중흥원문(日本佛法中興願文)』을 저술하여 승려의 파계무참을 훈계하고 계율엄수를 주장했다. 또 귀국한 후 가시이(香椎) 보은사를 창건하여 처음으로 선종사원의 규구(規矩)를 실행한 적도 있지만, 교토에 건인사(建仁寺)를 개산하고 가마쿠라에 수복사(壽福寺)를 개산한 것은 모두 태(台)·밀(密)·선(禪) 삼종겸학(三宗兼學)의 도량으로 한 것이었고, 건인사의 경우 연력사(延曆寺)의 말사까지 되었다.

그리고 스스로도 동대사의 대권진직(大勸進職)의 임무를 맡기도 하고 권승정(權僧正)에 취임하기도 하여, 기존에 있던 제도를 시인하였음을 알 수 있다. 부분적으로 히에산의 압박을 받은 부분이 있더라도, 에사이는 구불교의 수정주의자로서 구 종파에서 독립할 생각 없이 그 안에 잠재하면서 점차 새 경향으로 나아가려는 노력을 하였다.

그런데 당시 신흥의 지배자가 된 가마쿠라 무가는 공가에 대해서 종교적 면에서도 독자적인 것을 추구하고 있었다. 그렇기 때문에, 에사이 등이 주창한 천태의 일파는 전술한 것과 같은 특징이 있었다는 이유에서 이것을 옹립하고 자기 종교로 하려는 시도를 하였고, 에사이는 원뢰가(源賴家)의 본원에 의해 가마쿠라에 수복사를 개산하였으며, 교토의 건인사도 단월은 무가였다. 에사이의 제자 영조(榮朝)는 신전의계(新田義季)의 요청에 의해 상야(上野) 세량전(世良田)에 장락사(長樂寺)를 개산했는데, 이것도 건인사나 수복사와 같이 3종 겸학의 도량이었다.

영조의 문인 중에는 동복사(東福寺)를 개산한 원이(圓爾;聖一國師)·신자영존(神子榮尊)·수복사의 장수랑예(藏叟朗譽) 등이 배출되었다. 특히 영조의 제자이던 행용(行勇)은 학강팔번궁(鶴岡八幡宮)의 공승(供僧)이 되었고, 미나모토(源賴朝)의 처 정자(政子)가 출가했을 때에는 계사(戒師)가 되었다. 그는 가마쿠라에 있는 천태종 사원인 영복사(永福寺)와 대자사(大慈寺)의 벳토우(別當)가 되어, 미나모토(源實朝)를 신앙으로 인도하였고, 정자를 통하여 북조(北條)씨 일문의 귀의도 얻었다.

또한 북조태시(北條泰時)는 처의 어머니의 추선(追善)을 위해서 가마쿠라에 동승사(東勝寺)를 건립했을 때 행용(行勇)을 개산으로 초청했다. 북조씨를 가까이에 섬긴 신하이던 아시카가(足利)씨도 그를 신앙하고, 아시카가(足利貞氏)씨에 의해 정묘사(淨妙寺)의 개산으로 초청되었다.

이들 예는 에사이를 개산조로 한 임제종 황룡파(黃龍派)의 전파라고 볼 수도 있겠지만, 오히려 에사이가 백기(伯耆) 대산(大山)의 기호(基好)

에서 받은 태밀(谷流인 蓮華院流)을 스스로 보충하고 수립한 엽상류(葉上流) 및 연화원류(蓮華院流) 그 자체가 전파된 것으로 보는 쪽이 훨씬 타당할 것이다. 이 태밀, 특히 연화원류는 에사이 및 영조의 문파에 의해 관동지방에 널리 파급되었다. 그래서 이것을 관동천태(關東天台)라고도 하고, 또 무가에 의해 신봉되었으므로 무가천태(武家天台)라고도 한다. 결국은 갱신된 천태라는 점에서 가마쿠라불교의 일파로서 그 존재를 주장할 수 있는 것이다.

영조로부터 연화원류 태밀을 얻고, 행용에게도 배운 사람에는 동복사를 개산한 성일국사(聖一國師) 원이가 있었다. 원이는 입송하여 경산(径山)에서 불감선사(佛鑑禪師) 무준사범(無準師範) 밑에 참선하고, 그 법을 계승하여 임제종 양기파(楊岐派;황룡파와 병립하는 임제종 이대 분파의 하나)를 전래받고 귀국하였기 때문에 선종의 법계에서 보면 에사이와 다른 계통이었지만, 태밀의 상승에서 보면 엽상류 및 연화원류를 주로 하였기 때문에 같은 계통이었다.

원이도 북구주(北九州;구주지방 북부)에서 에사이와 마찬가지로 비교적 순수한 선종 절인 승천사(承天寺)·숭복사(崇福寺)를 개산했지만, 횡악(橫嶽)의 담혜(湛慧)의 소개로 관백(關白)인 구조 미치이에(九條道家)가 귀의하게 되었다. 그때 마침 미치이에가 동대사와 흥복사 두 절을 합친 것과 같은 큰 규모의 절을 건설 중이었고, 이것을 동복사(東福寺)라고 명명하려 계획하던 무렵에 원이는 그 개산으로 초청되었다.

그런데 동복사에서도 천태의 공승과 선종의 양반[63]이 병존하고, 선종 양식의 7당 가람에 진언팔조상(眞言八祖像)이 걸리고, 절 안에서 밀교의 전법관정(傳法灌頂)도 행해졌다. 그는 항상 『종경록(宗鏡錄)』이나 『불법대명록(佛法大明錄)』과 같은 선교융합(禪敎融合)을 설한 책을 강의하였고 동대사나 법성사(法性寺)의 대권진직에도 취임했고, 가마쿠라에 하향했을 때 북조시뢰의 귀의를 받는 등 에사이 일문과 같은 경향을 보였지만, 원이의 성격은 에사이보다 훨씬 복잡하여 다음 시대의 여러 가지의 새로운 경향을 띠는 분기점에 놓여 있었다.

첫 번째로 시대가 흘러감에 따라 같은 태밀과 선의 겸학이라지만, 선의 비중이 늘고 있었다. 두 번째로는 한 때 무가의 불교로서 흥륭한 관동천태를 다시 공가 밑으로 되돌리는 중간 역할을 한 느낌이 있다. 세 번째로 섭관가(攝關家)라는 상류 귀족의 외호를 받고 동복사라는 일대 사찰에 의거하면서, 다시 교단을 조직화하려고 한 징조가 보인다. 그리고 교단이 확립됨과 동시에 선종으로서의 순도를 더해가는 방향에서 탈피하고, 다음 시대에는 교토에 선종사원을 많이 건립하여 경도오산(京都五山)이 형성되는 기운을 조성하였다. 이런 의미에서 가마쿠라불교의 특질을 차츰 상실하고, 앞에서 말한 두 번째 유형의 선종으로 이행하기 시작한 것처럼도 보여 주목할 만하다. 네 번째로 그 문하에 있던, 백운혜효(白雲惠曉)·옥계혜선(玉溪慧璿)·월선침해(月船琛海)·치올대혜(癡兀大惠)·무주도효(無住道曉) 등이 모두 밀교를 겸수하였는데, 특히 옥계·월선·치올·무주 등은 모두 지방에 숨어 종교적 체험에 힘쓰며 교

---

63) 兩班 : 兩序라고도 하며 선종 절에서 제사만반을 통제하는 직책을 말한다. 학덕에 뛰어난 頭首를 西班이라 하고, 世法에 통달하는 知事를 東班이라고 하는데, 이를 총칭하는 말이다.

단적 퇴폐로부터 멀리 떨어지려고 했던 것이 보이므로, 이 유파에는 역시 가마쿠라불교의 전통이 오래 흐르고 있던 것이 확실하다.

엽상류를 배운 다른 일파는 기이(紀伊) 유량(由良) 서방사(西方寺)를 개산한 무본각심(無本覺心)이다. 영조로부터 태밀을 배우고, 다시 고야산(高野山)에서 도범(道範) 및 행용에게서 동밀(東密)을 전수받고, 그 후 도겐 및 원이 밑에서 참선하였으며, 입송하여 항주(杭州) 호국사(護國寺)의 무문혜개(無門惠開)부터 임제종 양기파(楊岐派)를 전래받고 귀국하였다. 마침 미나모토노 사네토모(源實朝)의 구신(舊臣)인 가즈라야마 가게토모(葛山景倫; 入道願性)이 기이 유량의 지두(地頭)여서, 그의 외호에 의해 고야산중에서 금강삼매원(金剛三昧院)을 창건하고 행용을 초청하여 선밀을 겸행시켰지만, 각심(覺心)에게 귀의하여 2세 주지가 되었고, 따로 유량에 서방사를 창건하여 개산으로 청했다.

각심은 또 분하사(粉河寺) 안에 서도원(誓度院)을 건립했는데, 이곳에서는 좌선과 밀교가 겸수되었다. 원이보다 1세대 늦게 나타난 각심의 시대에 공가의 선종에 대한 열의는 더욱 깊어져, 마침내 황실에까지 그 종풍이 파급되어 구산(龜山)·후우다(後宇多) 두 법왕은 각심을 궁중에 초대하여 선요(禪要)에 관해서 물어보고, 가잔인 모로쓰구(花山院師繼)의 귀의에 의해 낙서(洛西) 나루타기(鳴瀧) 묘광사(妙光寺)도 개산되었다.

공가의 선종으로의 입신은 원이 및 그 문하(특히 無關普門은 龜山法皇에 의해 南禪寺 개산조로서 초청되었음)와 각심의 법등파(法燈派)에 의해 계기가 마련되었지만 모두 선밀 겸수의 종풍을 가졌다는 점에 주목해야 한다. 그러나 이 파도 은둔하는 경향이 강하고, 각심도 교토에 체류한 기간이 극히 짧아 생애의 대부분을 기이 유량(紀伊由良)에서 지냈다. 그의 문하에는 삼광선사(三光國師) 고봉각명(孤峰覺明)이 있었지만, 그는 출운(出雲) 운수사(雲樹寺)의 개산조이고, 이 종파는 출운 및 화천(和泉(大阪府))에서 후제호(後醍醐)·후촌상(後村上) 등 남조의 여러 천황과 깊은 관계를 맺었다.

덧붙여 능동적 구법의 유형 중, 극히 예외적이지만 구 종파를 수정하려는 입장과 달리, 외래 종파의 자극을 전면적으로 받아들이려는 의욕에서 외래종파 그 자체를 이식하려는 사람들도 있었다. 천태종 출신으로 미원경시(梶原景時)의 일족이라 말해지는 섭진(攝津) 삼보사(三寶寺)의 대일방(大日房) 능인(能忍) 등은 그러한 사람 중의 가장 대표적인 예이다. 능인 스스로는 입송하지 않았지만 선적(禪籍)에 의해 남송 선종을 체득하여 '달마종(達磨宗)'이라 명명하고 선종을 선포하였다. 그러나 선종에서 면수(面授)와 인가(印可)를 중요시하면서 능인에게 사승(師承)이 없는 것이 비난받게 되어, 제자인 동중(錬中)·승변(勝辯)의 두 명을 입송시켜, 임제종 양기파 대혜파(大惠派)의 불조선사(佛照禪師) 졸암덕광(拙庵德光)에게 인가를 얻게 되었다.

능인은 일본에서 처음으로 『위산경책(潙山警策)』이라는 선적을 출판하는 것과 같은 적극적 활동으로 인해 히에산은 그를 에사이보다 더 경계했다고 한다. 회감의 문하에서 의감(義鑑;후의 徹通義介)·한암의윤(寒巖義尹) 등이 나왔지만, 회장·의감·의윤 등은 후에 모두 조동종의 도겐 문하로 옮겼기 때문에, 이 파는 자연히 소멸된다.

그 이외에도 송나라에 들어가 임제종의 할당혜원(瞎堂惠遠)으로부터 인가를 받은 히에산의 각아(覺阿), 에사이 문하의 명전(明全) 및 그 문하에서 나와 명전과 같이 입송하여 조동종을 장옹여정(長翁如淨)부터 전래받은 도겐, 천태종 사람이면서 입송하여 경수거간(敬叟居簡)의 법을 계승하고 후카쿠사(深草)의 승림사(勝林寺)에 은거한 천우사순(天祐思順), 같은 천태종 출신이면서 입송하여 석계심월(石溪心月)의 법을 얻고 귀국하여 가마쿠라에 진제정사(眞際精舍)를 열어 은둔하며 『흥선기(興禪記)』를 저술한 무상정조(無象靜照), 그의 도반으로 입송하여 허주보도(虛舟普度)의 법을 배우고 귀국하여 천우사순의 뒤를 따라 승림사에서 운둔하며 『인천보감(人天寶鑑)』·『허주화상어록(虛舟和尚語錄)』 등을 출판하여 오산판(五山版) 출판의 선구가 된 계당경림(桂堂瓊林) 등이 모두 이 유형에 들어가는 사람들이었다. 이들은 전술한 여러 고승들보다 더 구불교와의 절연도가 강하고, 교단부정과 운둔성이 현저하였다. 그리고 전술한 고승들을 포함한 이 첫 번째 유형의 사람들이 교단부정과 은둔벽을 가진 결과로, 이 승려들의 법손들에 의해 지방에 잠재되어 있던 선종은 각 지역으로 전파되기에 이른다.

2) 수동적으로 수용된 선종

능동적 구법자들에 의해 중국 선종계는 일본에서 선종신앙에 대한 요구가 있고 전파의 소지가 있는 것을 인정하게 된다. 마침 당시 남송은 북방으로부터 몽골의 진출에 협박받고 내정은 붕당의 대립에 의해 난마와 같이 혼란하여 사회적 불안이 양성되어 있었으며, 선종교단 자체도 기성과 신흥의 교체로 인한 대립관계가 심하여 이로부터 벗어나려는 선승 중에 안주의 땅으로 일본에서 찾는 경우가 많았다. 실제로 난계도륭(蘭溪道隆:大覺禪師, 일본에서 첫 번째로 선사호을 받음)이라는 송나라 승려는 지우(知友)였던 일본인 입송 율승(律僧) 월옹지경(月翁智鏡)을 찾아 일본으로 오고, 지경이 거주한 천용사(泉涌寺) 내영원(來迎院)에서 잠시 동안 머문 후에, 호조우(北條時賴)에 의해 알게 된 가마쿠라로 하향하여 아와후네(粟船) 상락사(常樂寺)에 거주하다 마침내 건장사(建長寺)의 개산으로 초청되었다.

호조우씨도 처음에는 에사이 일파의 광동천태에 귀의하여, 그 말류의 진보적 인물인 대헐료심(大歇了心) 등에 의해 남송 선종 그 자체에 대한 관심이 점차 증대하고 있었는데, 그 때 마침 송나라 승려 도륭(道隆)이 일본에 내조하자 선종이야말로 무가의 종교로 가장 알맞은 것임을 알게 되었다. 그 후 올암보령(兀庵普寧)은 동복사 개산 원이가 입송했을 때의 동문이었고, 중국 경산의 불감선사 무준사범 문하 4哲의 하나였다가, 원이의 초청에 의해 일본에 온 후 북조시뢰의 깊은 귀의를 받았으며, 시뢰는 그의 지도로 진실오입(眞實悟入)의 경지에 도달했다고 한다. 보령은 건장사에 거주하며 교화를 크게 선양했지만, 전임 주지 난계도륭의 문하들이 건장사라는 새 절에서 일본 최초의 순수한 선종교단을 형성하던 도중이었기 때문에, 법계가 다른 보령은 이들 문도로부터 시기를 당해, 시뢰가 사망한 후 송나라로 귀국해 버렸다. 이어서 도륭도 시적했고, 호조우씨는 적극적으로 송나라 승려의 초청에 나섰다.

처음으로 초청을 수납한 자는 대휴정념(大休正念)이고, 다음에 초청된

자는 불광(佛光)선사인 무학조원(無學祖元)이었다. 시종(時宗)의 명을
받은 사승(使僧) 무급덕전(無及德詮) 등은 입송하여 처음에 환계유일(環
溪惟一)이라는 일류의 대가를 초빙할 것을 기도했지만, 노령이란 이유
로 거절당하자 대신 법제인 조원을 추선하여 자기 문인인 경당각원(鏡堂
覺圓)을 조원과 함께 가게 하였다. 시종은 조원을 처음에 건장사에 거주
시키고, 이어서 원각사(圓覺寺)를 개산하여 그 개산으로 초청하고, 자신
도 밑에서 깊이 참선하여 깨달음을 얻었다고 한다. 조원의 문하에 불국
(佛國)선사인 고봉현일(高峰顯日)이 나오고 현일의 문하에 몽창소석(夢
窓疎石)이 나와서 몽창은 일파를 형성하였다.

호조우 사다토키(北條貞時)의 대가 되어, 조동종 굉지파(宏智派)의 동
명혜일(東明惠日)을 초청하여 건장사·원각사·수복사 등에 거주시켰
다. 그 문하에 별원원지(別源圓旨)와 불문계문(不聞契聞)의 2명이 나와,
전자는 교토 건인사에, 후자는 가마쿠라 원각사에 거주하고, 각각의 법
계는 중세 말까지 두 절에서 계승되었다.

그리고 남북조시대에 들어와서, 아시카가 나오요시(足利直義)에 의해
동명혜일의 법질(法姪)이며 속계에서 무학조원의 질녀의 아들인 동릉영
여(東陵永璵)가 일본으로 와서 천룡사·건장사·남선사 등에서 거주하
였다. 이들 사람들은 조동종이면서도 중앙의 오산선림에 거주하였고,
각기 영평하(永平下;道元의 법계)의 조동종과 별파를 형성하였다.

이보다 앞서 한 명의 성격이 다른 내조자(來朝者)가 있었는데, 일산일
녕(一山一寧)이 그이다. 일녕은 원나라 외교사절로서, 친척이면서 문제
(門弟)인 석량인공(石梁仁恭) 및 이보다 앞서 와서 일단 송나라에 귀국

하고, 재내조한 서간자담(西澗子曇)을 수반하고 내조하여 사절 임무에
도 불구하고 호조우(北條貞時)의 신앙을 얻어 건장사와 원각사에 거주
하였다. 이어서 구산·후우다 양 상황의 귀의를 받으며 교토의 남선사
에 거주했다. 공가가 송나라 승려 밑에서 직접 참선한 것은 이것이 처음
인 것으로 보인다.

덧붙여 말하면 일녕은 학예에 정통하고, 문인인 설촌우매(雪村友梅)
와 함께 오산문학의 시조라고 말해지며, 문인 중에 호관사동(虎關師鍊)
도 있었다. 또 일녕은 일본 주자학의 조라고 평가되어 몽창소석도 일녕
에게서 배움을 받았다고 말해지는 등, 일본 선종사에서 차지한 위치는
높다할 것이다.

이밖에도 송나라에서 영산도은(靈山道隱)·동리덕혜(東里德惠) 등이
일본으로 건너오면서, 일본에서 입송하는 승려도 더욱 증가했다. 물론
능동적 구법자로서의 입송승은 앞 시대에도 많이 있었지만, 앞 시대의
입송자는 천태·진언 제종에 소속하는 사람들이었다. 그에 비해서 여기
에서 말하는 입송자는 처음부터 선승으로 출발한 사람들이었다. 그런
의미에서의 최초의 전법자는 남포소명(南浦紹明)일 것이다.

소명은 처음 난계도륭의 문하로 출가하여 입송하고 무상정조(無象靜
照)와 함께 허당지우(虛堂智愚) 밑에서 참선하여 그 법을 계승받고, 귀
조한 후에는 건장사에 거주했다. 후우다법황(後宇多法皇)은 그를 교토
로 불러 가원사(嘉元寺)의 개산으로 초청했지만, 천태종 승려의 반대에
의해 실현하지 못하고, 만복사(萬壽寺)에 거주하게 하였다. 공가의 선종
도 가메야마(龜山)천황이 남선사를 건립하고 모든 문파에게 문호를 열

어 주지시키는 제도를 채용한 후, 접촉면이 확대되고, 앞에서 말한 것처럼 일산일녕(一山一寧)과 같은 송나라 승려도 참선했지만, 이 무렵부터 밀교색을 떠난 순수한 선종에 귀의하는 공가가 증가하였다.

특히 화원(花園) 천황의 경우 선종의 깊은 경지를 획득하고 남포소명의 문인인 종봉묘초(宗峯妙超)를 깊이 신앙하고, 그가 개산한 대덕사(大德寺)를 외호하였으며, 매진(梅津) 장복사(長福寺)를 개산한 월림도교(月林道皎)에게도 귀의하고, 또 묘초의 제자인 관산혜현(關山惠玄)을 개산으로 초청하여 묘심사(妙心寺)를 창건했다. 공가의 선종신앙은 건무(建武)연간(1334~1338) 이후 후제호(後醍醐) 천황과 몽창소석과의 관계, 광엄천황(光嚴)천황 일족과 역대의 후시미노미야(伏見宮) 등의 황족과 몽창파와의 깊은 관계가 있어서 그 범위가 확대되었다. 그러나 공가가 외래종교로의 순수도를 유지하는 선종으로 과감히 입신한 의미에서의 정점은 화원천황이고, 이후는 오히려 공가의 뿌리깊은 전통에 의해 외래종교인 선종을 일본화하는 역할을 담당하게 되었다.

덧붙여 말하면 남포소명·종봉묘초·관산혜현으로 상승한 일파를 '응등관(應燈關)'의 법계라 부르게 되었고, 근세에는 우당동식(愚堂東寔)·지도무난(至道無難)·도경혜단(道鏡惠端) 등의 명승을 배출하였고, 특히 백은혜학(白隱惠鶴)이 나와 전일본의 임제종을 그 법계 밑에 소속시켜 현재에 이르고 있다. 그리고 종봉묘초의 다른 제자인 철옹의형(徹翁義亨)의 문파는 대덕사를 중심으로 존속하는데, 이 절은 중세 말에 다도(茶道)와 관계를 맺으며 특색을 발휘하였지만, 공가의 절인 이유로 무로마치막부로부터 압박을 받아 처음에 오산 또는 십찰에 열거되었다가 아시카가(足利義敎) 때에 스스로 그 지위를 포기하는 지경에 이르렀다.

묘심사도 사소한 이유로 한때 아시카가(足利義滿)에 의해 단절 처분을 받았지만, 후세 세천승원(細川勝元) 등의 귀의에 의해 재흥되고, 응인(応仁)의 난 이후 그 법계는 전국으로 확대되어 후술할 '임하(林下;지방의 대사)'의 중핵을 형성하고, 근세에 이르러서는 거꾸로 중앙의 오산파를 침식했다.

이상과 같은 피아(彼我)의 선승의 왕래는 시대가 흐름에 따라 성행하고, 벗이 벗을 부르고, 혹은 20 ~ 30명의 집단을 형성하여 도해하였다. 또한 동문이 함께 내조하는 상황도 연출되어 마침내는 일본이 요구하는 수보다 더 많은 선종 공세에 조우하기에 이르러, 다음 시대가 되면 그 소화에 관해서 고려해야 하는 상태가 되었다. 그런 이유에서 이들 남송 선종을 이식한 제파를 가리켜 수동적으로 수용된 선종이라고 하고, 이 유형은 마침내 종교 원래의 활동을 벗어나는 것과 같은 경향을 지니게 되었다. 그렇게 되자 소위 '가마쿠라불교'의 일환으로서의 성격도 잃게 되어, 이들 외래 종파의 이식이 없었더라도 가마쿠라시대의 종교개혁에 큰 영향이 없었을 것이라는 극언도 서슴치 않게 되었다.

3) 중국 귀족문화 소개자로서의 선승

중국에서 송나라가 멸망하고 원나라가 중원을 지배하는 시대가 되어 이민족에 의한 한민족의 정복이라는 사태가 야기되었다. 원나라에 의한 정치적 군사적 변동의 시기에 있던 송나라는 사회불안이 극한에 달했고, 난민의 성격을 가진 엄청난 내조자가 배출되었으며, 원나라가 지배한 후에는 일종의 망명자로서의 내조자가 생겼다. 일본으로서는 이들을 모두 수동적으로 받아들일 수밖에 없었다. 그러나 예전에는 후진적 입장이어서, 중국 선종에서 지위가 비교적 낮은 승려가 왔었는데 이러한 사태가 된 후에는 최고의 인물들이 끊임없이 밀려오게 되었다. 가마쿠라시대 말기의 가력(嘉曆)·원덕(元德) 연간(1326~1332)에 청졸정징(清拙正澄)·명극초준(明極楚俊)·축선범선(竺仙梵僊)이 도래하였는데, 이들은 원나라에서 일류의 선승으로, 그들이 몰려온 것은 일본 선종사상 특필할 만한 사항으로, 이로써 일본선림의 지위는 중국선림과 거의 대등할 정도로 상승되었다.

한편 가마쿠라시대 무사의 동량이었던 북조씨의 도키요리(時賴)·도키무네(時宗)·사다도키(貞時) 등과 그 일족 및 가마쿠라막부에서 근무한 근신 중의 일부는 진실로 선의 오의를 구명하려는 열의와 노력이 있었기 때문에, 이들에 의해 받아들인 남송의 선종은 약간 수동적인 경향이 있었다 해도, 아직까지 종교활동의 범위를 일탈하고 있지 않았다. 그리고 그 이외의 사람, 특히 지방에 거주한 제 무사들의 종교의식은 다만 밀교 또는 정토교에 의거했다.

그런데 남송이 멸망하고 원이 일어나자, 중국 선종도 그 때까지의 임제종 양기파 호구파 밑의 파암파(破庵派)는 쇠퇴하고 같은 양기파의 송원파(松源派)가 대신 일세를 풍미하였다. 게다가 전술한 바와 같이 중국의 송·원시대를 대표하던 고승들이 난세를 피하여 잇달아 일본에 왔다. 여기서 주목해야 하는 것은, 이들 망명승을 받아들인 자가 누구였는 가 하는 문제이다. 물론 앞 시대와 같이 호우조우씨도 이것과 약간의 관련이 있었지만, 그 주도권을 장악한 자는 앞 시대에는 선종과 관련이 없었던 지방에 거주하는 무사들이었다.

특히 지리적으로 중국과의 교통 요지에 있는 북구주(北九州)의 여러 다이묘우(大名)들, 예를 들면 오오토모(大友)씨·쇼우니(少弐)씨 등이 선두주자였던 것으로 보인다. 말하자면 선종은 무사들 사이에서 훨씬 광범위하게 확대되었다고 할 수 있다. 그러나 그런 상황에서도 선종을 종교로 수용할 만한 자질을 가진 자는 그다지 많지 않았을 것이기 때문에, 여기에 종교로서의 수용이라는 측면에서 일종의 소화불량을 야기했다. 이들 무사는 새로 정치적 권력을 장악하고 스스로의 귀족적 욕망을 충족시키기 위해, 문화적 교양의 매체로 선종을 수용한 것으로 짐작된다. 중국의 경우, 선종의 여러 파들은 성행과 동시에 사대부계급에 받아들여져 중국의 관료, 즉 귀족의 풍속을 선림 내부에 도입하게 되어 선승들은 모두 어느 정도 귀족적인 교양을 소유하게 되었기 때문이다.

명나라시대가 되면 중국 선림은 다시 융성하고, 남송에서 성행한 임제종 양기파 중의 대혜파가 다시 의의를 변경하며 성행했다. 이 파는 송원파보다 더욱 세속화되고, 사대부와의 관계가 훨씬 친밀하여, 그 계급의 일원이 된 것처럼 일상생활을 보낸 것으로 보이는데, 그 문예활동은 완전한 세속문학이 되었다. 중국 선림과 대등한 관계를 형성한 일본 선림은 이들 중국 선림의 시시각각의 변화 및 그 신사조를 곧바로 소개하며 그 영향을 강하게 받았다.

이상과 같이 원래의 고림파하(古林派下)를 중심으로 한 게송주의의 문예운동을 주축으로, 그것에 명나라 초기 사대부 계급의 세속문학을 가미한 곳에 일본의 선림문예가 성립되었다. 이것은 후대의 오산문학의 모체가 된다는 것에서 주목할 가치가 있다.

4) 오산(五山)의 성립

선종은 원래 한정된 고도의 지식계급에 의해만 이해된다는 제약을 가진 종파이고, 그 상태의 교의에서 진실한 민중화란 있을 수 없는 일이었다. 본질적으로 귀족종교라는 것이다. 따라서 중국에서는 일찍부터 위정자의 외호가 두텁고, 관헌의 비호에 의해 광대한 산림이 주어지며 존속한 선림이 많았다. 북송시대 무렵부터 확고한 관사(官寺)제도가 성립되어 남송시대에는 선림의 관사로 오산(五山)·십찰(十刹)·갑찰(甲刹)의 3계급의 사격(寺格)이 정해지고, 주지는 국가로부터 임명되었다.

주지는 때에 따라 관헌에 의해 일상의 수행 상황에 대한 감찰이 실시되어, 국가의 평안을 기도하고 천자의 만세를 축하하며 설법해야 했다. 매우 중국다운 사원의 관료화라 할 수 있다. 이 제도는 도래승이나 입송승에 의하여 서서히 일본으로 이식되었다. 건장사·원각사 등 순수한 선림도 처음에는 일본 고유의 관사제도인 정액사(定額寺)에 맞춰져 있다가, 가마쿠라시대 말기가 되어 비로소 건장사나 남선사가 오산에 포함된 기록을 볼 수 있게 된다. 이것은 주로 가마쿠라 무사가 실시한 것이었지만, 공가 측에 의해서도 모방되어 대덕사도 공가에 의해 오산에 포함되게 되었다.

그러나 이 제도는 무로마치막부 때, 수차례의 변천을 거쳐 확립하였다. 처음에는 단순히 5개의 사찰이 지정되었는데, 다음으로 오산 제1, 오산 제2라는 방식에 따라 '5계급의 사찰'이라는 의미가 되어, 1계급에 2사의 병립이 인정되어 5가지 이상의 절이 오산으로 열거되는 상황에 이르렀다.

그 다음에 교토와 가마쿠라에 각 1사씩 병립시켜 모두 10사를 오산으로 하였으나, 막부가 상국사(相國寺)를 창건하자 이것을 오산에 끼워 넣기 위해 남선사를 승격시키고 '오산지상(五山之上)'이라는 계급을 신설하여 지덕(至德) 연간(1384~1387)에 오산지상(五山之上) 남선사(南禪寺), 오산제1 천룡사(天龍寺)·건장사(建長寺), 제2 상국사(相國寺)·원각사(圓覺寺), 제3 건인사(建仁寺)·수복사(壽福寺), 제4 동복사(東福寺)·정지사(淨智寺), 제5 만수사(萬壽寺)·정묘사(淨妙寺)로 결정되었으며 이후는 거의 변동이 없었다.

그리고 장군에 직속되는 승록사(僧錄司)가 설치되어, 이들 3단계의 관사(전국에서 100여사)에 대한 주지의 임면, 양반승직(兩班僧職)의 교체, 승계의 승진, 사령(寺領)의 관리, 본사 말사 관계의 이동 등을 관장했다. 이 승록 직무를 수행하는 자는 후세에 상국사 녹원원(鹿苑院) 탑주(塔主)가 겸무하기에 이르렀기 때문에 세상에서 녹원승록(鹿苑僧錄)이라고 하였다. 그리고 주지의 임명 방식은 시방주지(十方住持)제도를 채용하는 것을 원칙으로 했다.

시방주지제도란 일사를 어느 특정한 일파가 독점 주지하는 것이 아니라, 널리 시방(十方) 천하에 인재를 찾아, 법계열과 상관없이 주지로 임명하는 제도였다. 선종의 일본에서의 전법은 다원적인 것으로, 에사이를 조로 하여 모든 임제종이 파생한 것이 아니라, 에사이 일류도 산재한 파 중의 하나에 불과하며, 세상에서 24류나 46류라고 불리는 정도로 많은 파가 어느 것도 중국의 별도의 조사부터 전법되어 병립되었다. 그 중의 약 30파가 오산(五山)·십찰(十刹)·제산(諸山)에서 거주할 수 있는 관습이 있었기 때문에, 이들을 총칭하여 오산파라 하였다.

오산파란 일종의 복합교단으로, 그 내부는 세분화되어 반드시 이해가 일치하는 것은 아니었으며, 상호간에도 대립이 있었다. 그들 중에서 불광파(佛光派;無學祖元이 개조)·성일파(聖一派;圓爾)·대각파(大覺派;蘭溪道隆)·일산파(一山派;一山一寧)·불원파(佛源派;大休正念)·대응파(大應派;南浦紹明)·법등파(法燈派;無本覺心)·황룡파(黃龍派;明庵榮西)·염혜파(燄慧派;明極楚俊)·대감파(大鑑派;淸拙正澄)·조동종굉지파(曹洞宗宏智派;東明惠日) 등이 그 주된 유파이다.

그 중에서도 특히 불광파의 분파인 몽창파(夢窓派;夢窓疎石)는 오산파가 과반 세력을 차지하고, 파조 몽창소석과 아시카가 다카우지(足利尊氏) 형제와의 사단(師檀) 계약에 따라 아시카가가씨 역대 장군 및 그 근신(近臣) 등의 융숭한 외호 속에서 천룡사와 상국사를 본거지로 압도적인 세력을 천하에 휘둘렀다.

이 몽창소석이라는 사람은 매우 중요한데 그의 스승인 고봉현일(無學祖元의 직제자)이 이미 황족 출신(後嵯峨天皇의 皇子)답게 공가적인 향기를 나게 한 사람이었고, 그 뛰어난 제자로서 세상에 알려진 소석은 공가 측에 호의를 가지면서 밀교에 향수를 느꼈다. 이미 중국 원나라부터 전래된 지적이면서도 고도로 세련된 선종 제파(金剛幢下 등)에 의해, 일본인으로서 정확한 이해의 절정에 도달해 있던 것을, 다시 가마쿠라시대 전기로 되돌린 듯한 느낌이 든다.

그리고 이를 지지한 사람으로는 황족 공가와 고도의 수준을 따라갈 수 없던 지방 출신의 무사인 족리존씨 등이 있었다. 이는 원나라 선종이 종교에서 일탈하여 귀족문화를 소개하는데 역할을 한 것에 비해, 질적으로 불손한 점이 있더라도 선종을 다시 종교적 분위기로 되돌린 공적이 있다고 할 수 있을 것이다. 그러나 그것도 소석 일대의 일이고, 이후는 극히 소수의 문제가 되었다. 가령 벽담주교(碧潭周皎)나 휴옹보관(休翁普貫)이라는 널리 알려지지 않은 인물들이 서방사(西芳寺)나 장광사(藏光寺)에 은둔하며, 소석의 특색인 은둔적이고 소극적인 행법을 쌓은 경우를 들 수 있다. 대부분의 문제는 제자인 춘옥묘파(春屋妙葩) 등을 따라 교토나 가마쿠라의 오산에 출입하며, 장군가를 비롯한 공가와 무가의 기도적 불사나 선림의 정기적 행사인 단망(旦望)의 상당(上堂)[64]·결제동지(結制冬至)의 병불(秉拂)[65] 등에 매달리고 있었던 것이다.

이들 행사는 물론 선종의 독특한 문답을 수반한 설법 형식으로 되어 있었지만, 완전히 형식화되고 의례화되어 승당에서의 참선이나 주지에

---

64) 旦望의 上堂 : 旦望은 매월 1일과 15일을 가리키며 上堂은 주지가 정식으로 수미단 위에 올라앉아서 실시하는 설법이다.

65) 結制冬至의 秉拂 : 結制는 冬安居(10월16일~1월15일)이며 秉拂(힌포쓰)은 선원에서 首座(修行僧 중의 수석)가 주지 대신 拂子를 손에 잡고 법좌에서 설법을 하는 것이다.

대한 입실참청(入室參請)이라는 것도 쇠퇴하였다. 심지어는 승당 내에서 행하는 일상생활인 고래 선림의 집단생활이 파기되어, 각 파의 파조의 탑을 중심으로 닷추우(塔頭)라고 불리는 소사원을 사원 안에 만들고, 각 파 별로 분숙하여 생활하기에 이르러 선림의 생활양식은 완전히 바뀌어 버렸다. 이로 인하여 파벌의 결속과 그 대립이 심해지는 것은 당연한 일이었다. 따라서 닷추우 안에서의 생활은 그 때 그 때의 본사의 행사에 나가는 이외는 오로지 문학적 교양을 열심히 쌓는 것이었다. 이러한 오산 선림을 온상으로 하여 오산문학은 번영되었던 것이다.

오산문학이란 일산일녕(一山一寧)·설촌우매(雪村友梅)·호관사동(虎關師鍊) 등 가마쿠라시대의 인물을 제외하고, 앞에서 말한 것과 같이 금강당하의 영향하에 있던 용산덕견(龍山德見)·석실선구(石室善玖)와 대혜파(大惠派)의 영향하에 있으면서도 금강당하에도 관계가 있던 중암원월(中巖圓月)을 선구자로 하여, 이들 모두 또는 2, 3명으로부터 가르침을 받은 의당주신(義堂周信)과 절해중진(絕海中津)을 융성의 선두주자로 볼 수 있다. 두 사람 모두 몽창소석의 문인이지만, 이 분야에서 선사(先師)인 소석의 영향이 전혀 없었다고 보아야 한다.

주신(周信)은 토좌(土佐)에서 태어났고, 어렸을 때 교토 천룡사의 소석 밑에서 참선하여, 소석이 시적한 후 건인사·남선사·천룡사에서 용산덕견·방우광림 밑에서 참선하였다. 중년시절 가마쿠라의 건장사와 원각사에서 중암원월·석실선구로부터도 가르침을 받아 순수하게 고림문하의 게송중심사조를 계승하고 있기 때문에 약간 낡은 유형의 사람으로 생각되었다. 그는 게송을 존중하고 속시(俗詩)를 경멸하였으며, 사륙 변례체를 배척하고 산문을 존중하였다.

또한 이들 작품은 뛰어나면서도 그 표현은 알기 쉬우며 원숙한 맛이 있었다. 말년에 교토로 돌아가 아시카가 요시미쓰(足利義滿)에 접근하여 그를 교도한 것으로도 유명한데, 건인사와 남선사에 거주하며 일생을 마쳤다고 한다. 그의 학통은 엄중주악(嚴中周噩)·서계주봉(瑞溪周鳳)·횡천경삼(橫川景三)·경서주린(景徐周麟)·유고묘안(惟高妙安)으로 전승되고, 주로 상국사 안에서 전통을 유지하며 오산문학의 정통파를 형성했다.

그러나 막부와의 관계가 깊었기 때문에 어용문학화되어 불사법어(佛事法語)나 외교문서(外交文書) 작성에 지나치게 힘을 기울인 경향도 있고, 또 너무 상식적이거나 변화가 없는 작품 성향을 엿볼 수 있지만, 한편으로는 건전하다고도 볼 수 있겠다. 이에 대해 절해중진(絶海中津)을 원조로 하는 반대파가 있었다. 중진도 토좌 출신이고 어렸을 때 교토에 올라가 천룡사와 서방사의 소석 밑에서 참선하다가 약 1년 후에 소석이 시적하자, 이후는 룡산덕견·방우광림·의당주신 등에게 사사받아 고림문하의 게송주의적 사조에 의한 훈련을 받았다. 그 후, 명나라에 가서 용장정준(用章廷俊)·청원회위(淸遠懷渭) 특히 계담종륵(季潭宗泐) 밑에서 대혜파의 가풍인 당대 세속 문학적 작풍을 배우고 귀국하여, 의당주신보다 새로운 명나라풍의 문예사조를 고취하였다. 그것은 완전한 중국 사대부의 사교수단으로써의 문예이며, 특히 사륙 변려체를 존중한 것은 주목할 만하다.

명시대 초기의 선림사육문(禪林四六文)의 체격을 대성한 소은대흔(笑

隱大訢)의 소법(疏法)을 전한 것으로 인해, 일본선림은 제소법(制疏法)의 규준을 삼게 되었다. 그리고 그 운문은 '게송'이 아니라 명백한 '시'이고, 세속의 주제를 거리낌없이 읊는 것이었다. 그의 작풍은 기교적이었고, 표현은 솔직하다기보다 난해한 것이었으며, 낭만적인 향기는 높지만 침울한 분위기가 있었다. 아울러 소극적이었지만 당대의 권력에 대한 반항적인 기개를 가지고 있었기 때문에 이따금 막부로부터의 탄압을 받는 경우도 있었다. 절해는 귀조한 후 주로 상국사에서 거주했는데, 그의 문하에는 건인사와 남선사의 사람들이 많았다. 그리고 그의 문파는 강서룡파(江西龍派) · 희세령언(希世靈彦) · 천은룡택(天隱龍澤) · 월주수계(月舟壽桂), 그리고 희세령언에서 정종룡통(正宗龍統) · 상암룡숭(常庵龍崇)으로, 주로 건인사에 전래되었다.

그 이외에 태백진현(太白眞玄) · 유초득암(惟肖得巖) · 심전청파(心田淸播) · 태극(太極) 등도 이 문류에 속하며 하나의 우사(友社)를 형성하였다. 건인사 자체도 스스로를 '국초(國初)의 선림'이라 부르며, 앞 시대에 가마쿠라시대 무사가 창건한 일본 최초의 선사찰로서의 긍지를 가지고, 무로마치막부에 예속하는 것을 그다지 떳떳하게 여기지는 않았다. 그렇기 때문에 그 사원 안의 '반주류파' 모임에 '군옥림(群玉林)'이라는 문아(文雅)의 우사가 생긴 것은 흥미롭다고 하겠다.

오산파에서는 단지 문학만이 아니라 학술의 강구(講究)도 행해졌다. 소위 오산문학이 융성하기 이전의 대가인 일산일녕이나 호관사동은 문학작품도 남겼지만, 박학다식한 학자로서의 면도 있었다. 그 전통이 호관사동을 통하여 주로 동복사를 중심으로 해서 남겨졌으며, 잇달아 강

학(講學)의 대가가 배출되었다. 그들은 내전(內典)·외전(外典)·선록
(禪錄)의 강의를 실시했다. 물론 이들에게도 문학작품이 있었지만, 본래
의 특성은 강학에 있었다. 이 강학 융성의 한 요인으로 앞에서 말한 사륙
변려체의 유행이 있었다. 사륙문은 고사성구(故事成句)를 교묘하게 연
결하여 작문하는 것이어서 그 소양으로 박식을 필요로 했다. 즉 고사(機
緣이라고도 말하고 있음)를 알기 위한 실리적 목적에서 청강한 것이 발전
하여 여러 전적의 전문적 강구들이 생겨나고, 드디어 강호(江戶)시대에
는 선림 학승 중에서 유학자가 되는 사람이 나와, 오산 학승이 불교와 유
교의 중개역할을 하는 상황까지 일어났다.

그밖에 오산 선승은 출판사업에도 관심을 가져 임천사(臨川寺)를 중심
으로 한 오산판의 개판이 성행했다. 또 선림의 종교 음악적 요소인 회향
소(回向疏)를 비롯한 소문(疏文) 독송의 곡절(曲節), 능엄회(楞嚴會)를
비롯한 풍경(諷經)의 곡절 등 이들을 총칭해서 '범패'라 하는데, 이 분야
는 고선인원(古先印元)·별전묘윤(別傳妙胤)·춘옥묘파(春屋妙葩)를 중
심으로 이루어졌다. 그리고 가라요우(唐樣)이라는 독특한 선종 양식에
의해 칠당가람(七堂伽藍)이라는 특별한 가람 배치를 가진 선림 건축이
성행하였다.

또한 그것에 수반되는 정원과 다음 시대 건축에 준 영향[書院造] 등도
중요하다고 할 것이다. 또 선림 안에서 정상(頂相)이라고 불리는 초상화
가 종지적 의미에서 필요로 했기 때문에, 선승 중에 그 분야의 전문화가
가 생기고, 또 사원경영을 맡은 동반(수행 방면에 專心하는 자를 西班이라고
함) 중에서 특히 사원의 영선(營繕)을 책임질 필요성이 생기자 그림을 잘

그리는 사람도 나오고, 대교여졸(大巧如拙)·천장주문(天章周文)·설주등양(雪舟等楊) 등 니치렌의 화승을 배출하였다. 북화 계통의 수묵화가 성행하였고, 그것이 선림문아의 우사(友社) 시회(詩會)와 연결되어 문필승들에게는 각인의 취미에 맞는 서재(書齋) 그림을 그리는 것이 요구되어, 그려진 그림에 우사에 참가한 승려가 시를 기입하는 시화축(詩畫軸)의 작성도 유행했다.

덧붙여 말하면 동반중(東班衆)은 교양적으로 비하되면서 우사의 참가가 허용되지 않았지만 경제적 실권을 장악하며 실력을 쌓아 오히려 서반을 위압하였으므로 동서 양반 사이의 알력이 끊이지 않았다. 한편 선림은 조형예술에는 서툴렀던 것으로 짐작되는데, 조각에서는 볼만한 것이 남아 있지 않다. 이것은 아마도 선종이 偶像에 대한 부정적인 시각을 가지고 있었기 때문일 지도 모른다.

앞에서 본 것처럼 능동적으로 탐구된 선종은 주로 지방에 은둔했지만, 그들 중의 일부는 교토와 가마쿠라에 머물었으므로 시대가 갈수록 차츰 변질되고, 수동적으로 수용된 중국에서 온 순수한 선종에 동화되었다. 이것이 중심이 되어 중앙에 오산파를 형성하고 점차 종교면을 벗어나 중국계통 학예의 계승자로서의 역할을 담당하고, 무가귀족 문화의 전승자가 되면서 불교사의 대상에서 멀어지는 양상을 보였다. 그와 반대로 지방으로 전파된 선종의 여러 종파들은 차분하게 종교의 본질에 들어가면서, 표면에 드러나지 않았지만 각각의 수행자는 진지한 자세를 잃지 않았던 것으로 보인다. 그것의 주체를 형성한 사람은 앞에서 말한 능동적 구법의 계통에 속한, 교단부정과 은둔이라는 성격에 철저했던 사람들이었다.

밀교와의 관련이 깊은 사람으로는 연화원류(蓮華院流)의 영조, 성일파(圓爾의 파)의 치올대혜·천계종호·무주도효(이 사람은 과연 선종 승으로 보아도 되는지 의문시 됨)·무본각심 등이 있고, 순수하게 남송의 선을 탐구한 사람으로는 영평도원(永平道元)·천우사순(天祐思順;이 사람에게는 약간의 천태적 성향이 있음)·요연법명(了然法明)·성재법심(性才法心)·오공경념(悟空敬念) 등을 꼽을 수 있다. 이들은 일본의 지방 전파 선종의 제1파를 형성한 사람들로 모든 교단을 부정하며 은일(隱逸)의 고고(孤高)함을 유지하였다. 고봉현일이나 남포소명도 제1파에 포함시킬 수 있겠지만, 어느 정도는 중앙과 연계되어 있었기 때문에 과도기적 성격의 인물들이라 할 수 있다.

다음으로 제2파가 파급되었다. 이들은 대개 중앙과의 관계가 깊은 사람들로, 은둔을 존중하는 것은 제1파와 동일하지만 그 사상을 중국에서 받아들이고 있었다. 원대 말, 중국에서는 중봉명본(中峰明本)·무견선도(無見先覩)·천암원장(千岩元長)·고매정우(古梅正友)·용암덕진(龍巖德眞) 등의 은둔자가 배출되었다. 이는 중국선림이 귀족화된 것에 대한 반동의 일환으로 보이지만, 이 사람들 중에 특히 중봉명본은 항주 서천목산(西天目山)에 은둔하며 관사에 거주하지 않고, 선과 염불이 습합한 선정일치(念佛禪)를 제창했기 때문에, 일본인은 중봉을 숭배하는 데에 열중하였다. 그 문하에는 많은 참선자들이 모여들었다.

이렇게 되니 다시 교단 발생의 싹이 움트게 되었다. 이들 지방에서 은둔한 종사(宗師)는 당시 '지식(知識)'이라고 불리고, 참선자는 그 지식들 중에서 자기에게 오입(悟入)의 계기를 주는 스승을 찾아다니며 차례로 행각하는 것이 예사였는데, 이것을 편참유방(遍參遊方)이라고 했다. 그들에게는 구법에 대한 진지함이 있었다. 이들 지식에는 임제종의 사람도 있고 조동종의 도겐(道元) 법계 사람도 있는데, 그들간에 차별이 없어 학인들은 양종에서 다 같이 참선하였다.

그리고 중앙의 대관사(大官寺)를 대방총림(大方叢林)이라고 하고, 그에 대한 지방의 수행기구를 수변림하(水邊林下)의 무리라 하였는데, 줄여서 '임하(林下)'나 '산림(山林)'이라고 했다. 편참의 무리는 행운류수(行雲流水)와 같이 여기저기를 배회하였기 때문에, 이들을 '운수(雲水)'의 무리라고도 했다. 그리고 각 지식의 문하에서 문답을 하고 오입의 기회를 찾으려고 하였는데, 그 문답의 결과에서 지식의 진짜와 가짜를 분간하는 풍습이 일어났다. 이것을 '감변(勘辯)'이라 하는데, 이 결과 무익하게도 지식을 설복하기 위한 악문답(惡問答)이 발생하고, 지식의 문하는 떠들썩한 희론의 장소가 되었다. 지식 쪽에서도 자기 권위를 유지하기 위해 인가라는 것에 특별한 의미를 부여하며 '득법(得法)'을 성취시킨 사례품을 받는 관습이 생겼다.

그리고 자기의 독특한 문답 해답법을 정하여 이것을 비전으로 하고 밀수(密授)하는 풍습이 생겼는데, 이것을 '밀참(密參)'이라고 했다. 운수(雲水)는 여러 지식의 '밀참'의 구결을 배우고, 많은 법을 한 몸에서 겸학하는 경향을 보였으며, 전법한 것을 증명하는 것으로 '대사(大事)'나 '혈맥(血脈)' 또는 '절지(切紙)'[66]를 주는 것도 행하였다. 선종의 "법은 단지 한 사람으로부터 계승한다"는 원칙이 파기되어, 모처럼 지방에서 종교적 영역에 머무르고 있던 이들 임하의 종풍도 상당부분 진언종적으로 변했다. 그런 상황에서 제3파가 밀려 왔다.

제3파를 일으킨 사람은 중앙의 오산에서 여러 이유로 추방된 사람들이었지만, 그들은 오산파와 같이 교단을 긍정하는 사람들이었다. 지방의 한 지역에 일단 적극적으로 교단이 성립하자, 다수의 참선자의 통제에 고심하고 있었던 제1파와 제2파의 법계의 사람들도 자극을 받고, 그에 대항하기 위한 교단 경영을 단행하기에 이르렀다. 그런 경우 처음에는 중앙과 같은 규구를 지방에서도 그대로 실시하기로 했다.

그러나 지방에서는 지적 수준이 낮았기 때문에, 중앙 그대로의 종지로는 외호자를 얻을 수 없었다. 그러나 일단 교단이 성립되면 그것을 유지하기 위한 신도를 획득해야 하였기 때문에 포교는 시작되었다. 포교 수단으로는 신인화도(神人化度)의 설화를 사용하는 경우가 많았다. 선종은 원래 인간 그 자체를 존중한다. 그러나 그것을 이해할 수 없는 지방 사람에게는 그 지방 고유의 토속신앙을 연결시켰는데, 토속신이 개조에 귀의했다는 설화를 만들어 개조의 인격이 위대했던 것을 알리고자 하였다. 풍천도하(豊川稻荷)나 추엽삼척방(秋葉三尺坊)·반승방(半僧坊) 등의 설화가 그것이다.

그렇게 해서 많은 신자의 보시를 얻어 교단을 유지했다. 보시를 얻는

---

66) 切紙(기리가미) : 切紙免許 또는 切紙傳授의 줄임말이다. 기리가미는 자른 종이라는 뜻인데, 한 장의 종이에 말로 한 秘說이나 중요사를 적어 전수한 것을 말한다. 일본 중세 예능이나 무예의 분야에서 스승이 자기가 습득한 오의를 기리가미를 주는 것에 의해서 제자에게 전수했다.

수단으로는 장례법식이나 친금제도(嚫金制度)의 확립도 있었다. 이것은 선림 일반 운수 장례의 방식을 적용하여 다비의식만을 중심으로 간소화한 것이었는데 장례의 일반화에 기여한 부분이 있어서 근세 불교가 장례불사의 친금(보시)에 의해 성립한 연원을 아마 여기에서 찾을 수 있을 것이다. 이러한 종풍에 귀의한 사람으로는 지방의 이름 없는 호족에서부터 신분이 높은 경우 장군 및 세천(細川)·산명(山名) 등의 대명에까지 이르는데 특히 주목해야 할 것은 신흥의 상인·연가사(連歌師)·의사 등 신 지식계급의 귀의였다(이들 사람에게는 神人化度보다 密參得法 쪽에 매력이 있었다).

그리고 나아가서는 전국대명(戰國大名)인 이마가와(今川)씨·오오우치(大內)씨·모우리(毛利)씨·우에스기(上杉)씨·다케다(武田)씨·사이토우(齋藤)씨 등이 관심을 가지게 되었다. 그들이 귀의한 종파에는 조동종의 제파도 있었지만, 임제종에서는 중봉파(中峰派) 밑의 원계조웅(遠溪祖雄)을 조로 한 환주파(幻住派) 및 대응파의 일부, 종봉묘초 문하, 묘심사 개산 관산혜현의 일파(관산파)가 있었고, 상인·다인(茶人)·연가사의 귀의도 받았으며, 임하 중에는 중앙과도 관계가 있어 총림과 임하의 중간에 위치한 대덕사 일파 등도 있었다. 이들은 교리적으로는 낮은 수준에 있었지만, 교단은 서서히 정비되고 있었다. 종교적 분위기가 완전히 없어진 오산파 중에서도, 특히 응인(應仁)의 난 이후 무로마치막부의 외호도 쇠퇴한 상황이 되자 임하로 옮긴 오산승이 속출했다.

이러한 사람을 오산에 둔 채 이중인격적으로 묵인한 파가 환주파(幻住派)이고, 쇠퇴한 오산의 말사를 흡수해서 팽창한 파가 관산파(關山派)이다. 안토도산시대(安土桃山時代)에 이르러 천하통일이 되었을 때 관산파가 마지막 승리를 획득하여, 전 임제종 사원의 과반수를 그 법계로 흡수하고, 오산파는 교토와 가마쿠라의 본산과 그 사원 안에 있는 탑두 및 약간의 말사를 소유하는 미미한 존재가 되고, 세상은 근세불교 전성의 시대가 된 상황에서 이들 임하에서 성립된 파들은 점차 밀교적인 부분에서 벗어나면서 전국적으로 통일된 대교단으로 개편되어 갔다. 근세불교로서 그러한 역할을 담당한 파가 임제종에서는 관산파(묘심사파)였던 것이다.

5. 조동종(曹洞宗)

1) 도겐(道元)의 사상과 그 특질

중세의 조동종에는 도겐을 종조로 한 영평사계 유파와 연경2년(延慶;1309)에 일본으로 온 동명혜일에 의해 전래된 굉지파, 이렇게 두 유파가 있었다. 전자는 오늘날 수 만개의 말사를 보유하고 있는 조동종의 원류를 형성하는 유파이고, 후자는 한 때 임제종 오산파와 함께 교토와 가마쿠라의 오산에서 꽤 융성했지만, 단월 아사쿠라(朝倉)씨의 죽음과 동시에 역사상에서 그 모습이 사라진 파이다. 이들 두 유파의 조동종은 중세사회에서 어떤 전개를 보였는지, 우선 영평(永平)문하의 조동선부터 살펴보기로 한다.

가. 정법선(正法禪)의 선양

도겐은 처음 히에산에 올라 천태교를 배웠지만, 마음을 충족시킬 수 없는 부분이 있었고 더욱이 남송불교의 주류를 형성하고 있던 선종을 배우고 싶었기 때문에 정응2년(貞應;1223) 스승인 명전(明全) 등과 같이 입송했다. 처음에는 임제종의 여러 스승 밑에서 임제선을 닦았지만, 천동산(天童山)에서 조동종의 거장인 장옹여정(長翁如淨)에 의해 대사(大事)를 깨달았고 그 법을 계승해서 귀국했다. 그때가 후굴천(後堀川) 천황의 1227년(安貞元年)이었다. 이리하여 도겐은 여정(如淨)으로부터 전래된 불법만이 불조단전(佛祖單傳)의 정법이라는 신념아래 이것을 선종이라고 부르는 것조차도 잘못이라고 생각하여, 독자적인 정법선(正法禪)을 내세우기에 이르렀다.

그가 설한 바에 의하면, 석가 교설의 진의는 법화경에 있으므로, 법화경이야말로 여러 경전 중의 大王이며, 다른 경전은 법화경의 신민권속(臣民眷屬) 혹은 방편에 지나지 않는다라고 단언하고 있다. 이런 점에서 도겐도 법화진실 여경방편(法華眞實 餘經方便)이라는 천태교학의 근본사상을 계승하는 것이 되지만, 도겐은 더 한층 나아가서 좌선이야말로 불법의 정문(正門)이라고 하면서 "대사 석존이 참으로 득도의 묘술을 정전(正傳)하고, 또 3세의 여래는 한결같이 좌선에 의해 득도하였다. 그런 까닭에 정문인 것을 서로 전하는 것이다.

뿐만 아니라 서천동지(西天東地)의 여러 조사들은 모두 좌선에 의해 득도하였다. 그래서 지금 정문을 인천(人天)에게 가리킨다"고 하여, 좌선 이외의 모든 행은 깨달음에 도달하는 하나의 방편은 되어도 불법의 진결(眞訣)일 수 없다고 설하며, 기타의 모든 행을 배척하고 좌선에 전념해야 할 것을 제창하고 있다. 도겐의 이와 같은 생각은 선사 여정의 "참선은 신심의 탈락이다. 기관타좌(祇管打坐)하여 비로소 얻을 수 있다. 소향(燒香)·예배(禮拜)·수참(修懺)·간경(看經)을 필요로 하지 않는다.”는 교시를 계승한 것이라고 볼 수 있다. 이와 같이 도겐은 기관타좌에 의한 참선제일을 표방하며, 당대(當代)의 송조풍(宋朝風)의 순수선을 지키려고 하였다.

그런데 종래 이러한 도겐의 기관타좌에 관해서는 참선에 공안을 쓰지 않고 다만 묵묵히 타좌하는 묵조선을 강조한 것이라고 이해하는 설이 있지만, 도겐의 주저인 『정법안장』에 의하면 도처에서 『벽암록』 등에 따라 참선을 위한 공안에 관한 고구평석(考究評釋)을 실시하고 있다. 그렇다면 기관타좌란 것도 종래 말해졌던 것처럼 간화선을 전면적으로 부정하는 것이 아니라, 도겐에 독자적인 순수선을 너무나 중시하였기 때문에 뒤에서 말하는 것처럼 대혜파를 비롯한 당세풍의 공안선에 대한 비판에서 나온 말인 것으로 보인다.

나. 제종 비판과 겸수선(兼修禪)의 부정

이와 같이 도겐은 여정으로부터 직접 전수한 순수선을 고취하고 앞에서 말한 바와 같이 소향·예배·수참·간경 등의 불교행사까지 거부하고 오로지 좌선 공부만 해야 하는 것을 역설했기 때문에, 다른 종파와의 겸수와 같은 것은 처음부터 인정하지 않았다. 한 문인이 좌선수행을 하기 위해서 진언·지관 등 기타의 행을 겸수할 필요에 관해서 물어보자, 도겐은 즉각 이것을 부정하고 “정말 하나의 일에 집중하지 않는다면 하나의 지혜로 도달할 수 없다”(『정법안장』)고 대답하여 진언·천태 등을 겸수하는 것을 강력히 배척했다.

에사이(榮西)가 건인사를 교토에 창건한 그 시기에 진언·지관의 양원

(兩院)을 병설한 것과 비교해 보면, 다른 것에 관해서도 대부분을 추측할 수 있을 것이다. 이리하여 도겐은 제종에 관해서 "다만 혀를 움직이고 소리를 내는 것을 불사공덕이라고 생각하는 것은 아주 한심스럽다. (중략) 입에서 목소리를 틈도 없이 내는 것은 마치 봄에 논에서 개구리가 밤낮없이 우는 것과 같고, 결국 이익이 없다"(『정법안장』)며 염불과 기도 등을 비난하고, 당시 일반에 유포되어 있던 삼교일치(三敎一致)사상에 대해서도 "귀를 막아서 삼교일치의 말을 듣지 말라. 사설(邪說) 중의 최사설(最邪說)이다"(『정법안장』)고 비판하고, 염불문이나 일련종 등이 설하는 정상말(正像末) 3시의 말법사상에 대해서도 정면으로 반대했다.

이와 같이 도겐은 모든 종파에 대해 매우 엄격한 태도로 대했을 뿐만 아니라, 같은 선종에 대해서도 임제종의 제 교단에서 상당히 중요시하는 능엄경과 같은 것조차도 기도적이라는 이유에서 배척하였다. 그리고 당대의 송조선 일반이 국가권력과의 연계가 긴밀한 것을 비판하고, 귀족적인 대혜파를 비롯한 당세풍의 선도 배척하며, 오직 선사 여정의 선풍뿐이고 진실의 불법임을 강조했다.

따라서 당시 중국 선종에서 가장 지도력을 발휘하고 있던 『선원청규(禪苑淸規)』에 관해서도 그의 당세풍 성격에 만족할 수 없어서, 전설이 되어 명칭만 남아 있던 당대의 『백장고청규(百丈古淸規)』로의 복귀를 역설했다. 이는 도겐이 이상으로 삼은 당대(唐代) 선림에 대해 사모하는 마음을 확실하게 보여주는 것으로, 여기에 바로 고불(古佛) 도겐의 진면목이 있다고 말할 수 있을 것이다.

다. 출가주의

도겐의 사상에서 특징적인 것은 출가주의일 것이다. 즉 도겐은 재가성불설을 부정하고 "중생은 친소의 구별없이 누구에게나 오직 출가 수계를 권장해야 한다. (중략) 이것이 바로 석존의 정법일 것이다. (중략) 성교 안에는 재가성불설이 있어도 정전이 아니다. 여신성불설이 있어도 이것 또한 정전이 아니다. 불조가 정전한 것이 출가성불이다"(『정법안장』)라고 재가성불과 여인성불을 부정하고, 출가주의를 선양했다.

아울러 "산은 초고초금(超古超今)부터 대성(大聖)의 거처이다. 현인도 성인도 산을 당오(堂奧)로 했다. 산을 심신으로 했다"(『정법안장』)고 하여 산거(山居)의 이상을 내세우고 있는데, 이것은 선사 여정의 "꼭 심산유곡(深山幽谷)에 거주하고 불조의 성태(聖胎)를 장양(長養)해야 한다. 반드시 고덕(古德)이 증득한 곳에 도달할 것이다"(『보경기(寶慶記)』)라는 교훈을 계승하여, 더 한층 발전시킨 것이다. 그래서 후에 도겐은 에치젠(越前;福井縣) 지비장(志比庄)의 산간에 운둔하면서까지 오로지 수도생활에 전념하면서, 불조(佛祖) 정전(定傳)의 법을 설령 뜻을 같이 하는 사람이 극소수일 지라도 전하려고 했다.

따라서 그 문하에 몸을 던지고 매우 격렬한 기봉(機峰)에 접한 사람은 종래부터의 일부 문인 이외에는 후술할 대일방(大日房) 능인(能忍)이 죽은 후 도겐 밑에 몸을 던진 대일방하(大日房下)의 사람 정도였다. 여기에는 안이한 타협이나 겸수를 허용하지 않은 순수선의 수도자만에 의한 동지적 결합 이외에는 있을 수 없는 일이었다. 이와 같이 도겐의 자세 중에는 에사이·원이·태밀처럼 겸수를 용인함으로써 선종을 널리 퍼뜨리는 것과 같은 협조성은 애초부터 없었던 것이었다. 이후에 도겐이 천태교단은 물론, 같은 선종 내에서까지 쫓겨난 것은 오히려 당연한 결과였다고 할 수 있겠다.

라. 『호국정법의(護國正法義)』의 저술

이보다 앞서 에사이(榮西)는 헤이안불교의 막다름을 타개하기 위한 보강책으로 송나라 선을 섭취하고 『흥선호국론(興禪護國論)』을 저술하면서, 선을 융성시키는 것은 국가를 호지하기 위한 이유라 하였다. 틀림없이 그것은 헤이안불교의 진호국가 사상을 계승한 것임에도 불구하고, 보수적인 천태교단에서 압박이 가해지고 얼마 안 있어 에사이는 그 탄압을 피하기 위해 가마쿠라로 옮기고, 막부에 의한 비호를 얻으며, 가마쿠라에 수복사를, 그 다음에 교토 로쿠하라(六波羅) 부근에 건인사를 창건했지만, 그때 에사이가 막부에 의해 받아들여진 것은 선승으로서가 아닌 태밀 엽상류(葉上流)의 기도승의 입장이었다.

이와 같이 천태적 색채가 짙은 에사이조차 천태교단의 압박을 겪은 것에서 볼 때, 공가 출신(久我씨 출신으로 전래됨)이었다 해도 송나라풍 순수선을 지키려고 한 진보파 도겐에게 더 격렬한 압박이 가해진 것은 당연한 일이었을 것이다. 『계람습엽집(溪嵐拾葉集)』에 의하면, 도겐은 선의 독립을 저지하려는 현밀제종(顯密諸宗)의 격렬한 압박을 묵시할 수 없었기 때문에, 순수선을 옹호하기 위해 『호국정법의』를 저술하고 자신이 설하는 선만이 국가를 호지하기 위한 정법임을 역설하였다고 한다.

그러나 이것을 알게 된 히에산 등 구불교측은 조정에 도겐이 설하는 내용은 성문·연각의 이승 중 연각의 이해일 뿐, 대승불교가 아닌 극히 자기중심적인 해석으로 오히려 호국의 취지에 어긋난다고 반발하여, 조정은 어쩔 수 없이 구불교측 의견을 받아들여 도겐을 후카쿠사(深草)의 극락사로부터 추방시키게 된다.

이외에도 도겐은 『정법안장』에서 선과 국가의 관련에 관해서 설하고 있고, 또한 그 발문에 ‘관음도리흥성호국사(觀音導利興聖護國寺)’라고 기입하고 있는 것을 보면, 후세 전해지고 있는 것처럼 도겐이 가마쿠라에 가서 호조우(北條時賴)에게 대정봉환(大政奉還)[67]을 진언했다는 것을 역사적 사실로 믿기는 어렵지만, 도겐이 정법선(正法禪)에 의한 호국사상을 가진 것은 의심할 여지가 없다.

2) 초기 조동교단의 성립과 영평사 개창

가. 도겐(道元)의 후카쿠사(深草) 은둔

귀국한 직후의 도겐은 히에산으로 돌아가지 않고, 히가시야마(東山) 건인사(建仁寺)에 기거하였다. 그러나 앞에서 말한 것처럼 송나라풍의 순수선을 고취하려는 도겐은 자신의 주장을 굽히며 타협하지 않았기 때문에 히에산 대중들의 미움을 사게 되고, 마침내 히에산 대중들은 그 주거를 파괴하고 교토 시내에서 도겐을 추방하려는 결의를 하였다.

---

67) 大政奉還 : 幕府가 가지는 정권을 조정에 반환하는 것이다. 일본사에서 이 말은 보통 1867년 에도막부 제15대 장군 德川慶喜(도쿠가와 요시노부)가 정권을 조정에 반환한 것을 의미한다.

도겐은 그와 같은 박해가 눈앞에 펼쳐지는 상황에서 교토 시내에 머무를 수 없어, 건인사를 떠나 후카쿠사(深草) 극락사에서 은둔생활에 들어갔다. 그 때가 1230년에서 1231년(관희(寬喜)2~3년) 사이였다.

나. 대일방능인(大日房能忍) 문하의 합류

이 시대 선의 선각자들에는 에사이를 비롯하여 여러 종을 겸학하려는 경향을 가지는 사람들이 많았지만, 그런 경향을 불만스럽게 여긴 묘견당도우(妙見堂道祐)·천우사순(天祐思順)·도겐(道元) 등은 소규모나마 독자적 교단을 결성하고, 그 순수성을 유지하려고 한 사람들이었다. 그 계열의 최초의 사람으로 대일방능인이 있었다.

그는 에사이와 같은 시대의 인물로, 일설에는 가지와라 가게토키(梶原景時)의 삼촌이라고도 하지만, 천태학을 수학한 후 일본에 전래된 선적(禪籍)과 경전 등을 통하여 선을 독학하고, 문치5년(文治;1189)에 제자 2명을 송나라에 보내 임제종 대혜파(大惠派)의 졸암덕광(拙菴德光)에게 깨달음의 심경을 쓴 편지를 전달하고 그로부터 인가의 증명을 받은 후 섭진(攝津) 삼보사(三寶寺)를 중심으로 선종의 일파를 제창하였다.

일본에서 간행된 선적 가운데 첫 번째로 알려져 있는 『위산경책(僞山警策)』을 출판한 사람이 능인이었는데, 일찍이 그도 순수선을 교토에 선양하려고 하여 천태종 중도 등에게 미움을 받게 되고, 그들이 조정에 한 호소로 인하여 건구5년(建久;1194) 7월5일에 선종을 선포하는 것이 정지되면서 교토 시내에서 추방되었다. 그의 문하에는 다무봉(多武峰)의 각안(覺晏)이 있었는데, 각안 문하의 고운회장(孤雲懷奘)과 그 문인인 철통의개(徹通義介) · 의연(義演) · 의준(義準) 등이 나오고, 파조 능인이 입멸하자 이들 대일방 문하 사람들이 송나라 순수선을 유지하기 위해 고루를 지키고 있던 후카쿠사(深草)의 도겐 문하에 모두 입문하여, 마침내 도겐 문하에서 주류파를 형성하게 되었다.

이들은 도겐과 함께 송나라의 순수선을 지키기 위하여 구불교 교단과 교류하지 않았기 때문에 교토에서 추방된 사람들로, 그 중심인물인 능인이 입멸한 후, 도겐에 친근감을 품고 문파 모두가 귀의하기에 이르렀다. 이리하여 순수선을 제창하는 도겐 중심의 조동종 초기교단이 교토 남쪽 후카쿠사에 탄생했다.

다. 도겐의 에치젠(越前) 입주와 영평사의 창건

대일방 문하가 합류함으로써 도겐 문하의 교단은 갑자기 활기를 띠기 시작하고, 다시 천태교단 등의 눈에 띄는 존재가 되었다. 게다가 도겐은 더욱 순수선을 선양하고 『정법안장』과 『호국정법의』 등을 저술하면서 진언 · 천태 등 교종(敎宗)에 대한 비판을 완화하지 않았기 때문에, 히에산 등은 이것을 조정에 호소하여 시비를 결정하기로 했다. 그 결과 도겐이 설하는 내용은 대승 원래의 불법에 어긋난 곡해이므로 그 설법을 제지해야 한다는 결정이 내려져, 도겐이 거주하는 극락사를 파각하고 도겐을 그곳에서 추방하였다. 이리하여 천태교단으로부터 두 번째의 탄압을 맞은 도겐은 드디어 하타노 요시시게(波多野義)의 소령인 에치젠(越前)의 지비장(志比庄)에 내려가게 된다.

이와 같은 도겐의 에치젠 하향에 대해서는 파다야의중(波多野義重)의 요청에 의한 것이었다고도 할 수 있지만, 포교할 의사 없이 순수선 유지를 첫 번째 목표로 한 도겐이 단순히 하나의 지방 영주의 초빙에 의지해 수행지를 결정했다고는 생각할 수 없는 것이다. 이에 대하여 지비장은 후카쿠사에서의 집단 입문이 있기 이전에 대일방 문하의 회감(懷鑑) 및 그 문하들이 거주한 에치젠 파착사(波着寺)에 비교적 가까웠던 것, 대일방 문하 중에는 철통의개 등 에치젠 출신자들이 많았던 것, 도겐의 에치젠 입거가 대일방 문하 사람들이 도겐 문하에 입문한 바로 뒤였던 것 등 여러 사정을 생각해 보면 도겐의 에치젠 입거에는 회감 등 대일방 문하의 권유가 큰 힘을 발휘한 것이 아닐까 생각된다.

이렇게 해서 관원1년(寬元;1243) 7월, 도겐은 문도들과 같이 에치젠 지비장로 하향하여 그 곳에 대불사(大佛寺), 즉 훗날의 영평사를 창건하였다. 도겐은 비로소 안주의 땅을 찾아내어 자기가 생각해 온 정법선(正法禪)을 수행하기 위한 이상적 근본 수행도량을 설립할 수 있었다. 그의 문하에서 수많은 걸출한 선승들이 배출되고, 도겐 밑의 초기 조동 교단은 이 곳을 발상지로 하여, 이후 북륙(北陸)지방을 비롯한 각지로 전개해 갔다.

3) 초기 조동교단의 분열과 형산파(瑩山派)의 독립
가. 영평 초기교단의 동향

도겐을 중심으로 한 영평사에서의 초기교단은 순수한 송조선(宋朝禪)이 행해졌기 때문에 처음에는 대립되는 문제가 전혀 없었지만, 도겐이 입적(入寂)한 후에는 교단 안의 주도권을 둘러싸고 서서히 대립과 분파 행동이 보이기 시작했다. 즉 교단에는 처음부터 도겐 문하에서 참선하던 사람 이외에, 나중에 문하에 들어온 고운회장 및 파착사의 회감과 그 문하의 사람들, 그리고 도겐을 동경하여 일본에 온 적원(寂圓) 등이 있었다. 적원과 그 일파는 에치젠 보경사에 거주하였는데, 그 문파에서 후에 영평사를 중흥한 의운(義雲)이 나온 것에서 알 수 있듯이, 영평사를 중심으로 도겐류의 고담한 선풍을 유지하고 있었다.

그 밖에 구주(九州) 방면에서는 한암의윤(寒巖義尹) 일파가 비후(肥後) 대자사(大慈寺)를 중심으로 세력을 전개하고 있었는데, 도겐이 입적한 후 구 대일방 문하였던 고운회장이 초기교단의 주도자가 되었고, 그 다음으로 그의 제자인 철통(徹通)과 구 대일방 계통의 사람이 영평사 주지를 역임하였으며, 특히 그 중에서 철통 일파의 대두는 현저하여 초기교단의 주류파로서의 지위를 구축하게 되었다.

이와 같이 고운회장 이후의 초기교단은 여러 파들의 연합체로 성립되어 분열의 가능성을 다분히 가지고 있었다. 그러나 점진적으로 永平寺를 중심으로 한 초기교단은 에치젠(越前)·가하(加賀)·능등(能登)·월중(越中) 등으로 진출하였고, 가하의 대승사(大乘寺), 능등의 영광사(永光寺)와 더불어 총지사(総持寺)라는 확고한 근거지를 획득하자, 북륙지방 일대는 교세가 강력한 지역이 되어 이후에 이 교단이 비약적으로 발전하는 데에 확고한 기초를 정비해 갔다.

나. 삼대상론(三代相論)과 형산파(瑩山派)의 독립발전

철통의 대에 동문인 의연 등과 영평사의 상속권을 둘러싼 논쟁이 일어났고, 초기교단은 처음으로 분열의 위기에 직면했다. 이 사건은 표면상으로는 단순한 영평사의 세대 순위 분쟁이었지만, 실질적으로는 교단 발전책을 착실히 추진하는 철통일파와 도겐 고유의 고담한 선풍을 유지하려고 힘쓰는 의연, 두 파의 신구 대립항쟁이었던 것으로 생각된다.

결과적으로 논쟁에서 패한 철통파 사람들은 영평사를 떠나 가하의 대승사를 본거지로 하게 된다. 이로 인해 초기 조동교단은 영평사와 보경사 등을 중심으로 한 적원·의연 등의 일파와 대승사를 중심으로 후에 영광사·총지사 등을 추가한 철통파의 두 파로 분열하고, 이후 오랫동안 두 파는 관계를 거의 단절하고 별개의 발전을 이루어 갔다.

이렇게 초기 교단은 분열하여, 그 후로도 한동안 두 파는 모두 북륙지방의 가하·능등·에치젠을 중심으로 한 지역에서 한정적으로 활약하였다. 철통파도 처음에는 가하 대승사를 근본도량으로 세력을 전개하고 있었지만, 철통 문하에서 형산소근(瑩山紹瑾)이 나와 동파의 중심인물이 되어 능등에 영광사와 총지사를 개산한 것이 동파가 각지에서 발전하는 계기가 되었다. 형산 다음으로 그 문하에 아산소석(峨山韶碩)·명봉소철(明峰素哲)이라는 걸출한 인재가 배출되면서 한층 더 비약적인 발전을 이루고, 서쪽은 구주·중국지방, 동쪽은 동해·관동에서 동북지방에 이르기까지, 급속도로 교세의 확장이 이루어지게 되었다. 영평사 중심의 일파가 그다지 진전을 보이지 않았던 데에 반하여, 이와 같이 형산파(瑩山派)만이 획기적인 발전을 이룩한 원인은 무엇이었을까? 이 점에 관해서 생각하기 위해서는 우선 형산의 종풍부터 살펴볼 필요가 있을 것이다.

형산은 고운·적원·철통 등 조동종의 제사 밑에서 참선하고 결국 철통의 법을 계승했지만, 기타 동산담조(東山湛照)·백운혜효(白雲慧曉)·무본각심(無本覺心) 등 당대 임제종 오산파의 여러 선사에게서도 사사받았다. 그런데 이들 임제종계 사람의 경우, 동산은 정토교, 백운과 무본은 밀교와 특별히 깊은 관련이 있는 사람이었는데, 모두 겸수적 경향이 농후한 사람이었으므로 형산도 그 문하에서 영향받았을 것으로 보인다.

뿐만 아니라 형산의 본사(本師)인 철통도 원래 대일방 출신으로, 히에산에서 천태를 배우고 정토교를 겸수하고, 도겐이 기도적이라는 이유로 멀리한 능엄경을 궁구하였다. 또한 원래 진언종이던 대승사를 조동선으로 개편한 것에서 알 수 있듯이 여러 종들과의 접촉이 많은, 겸수적 경향이 강했던 인물이므로 그 문하에서 배운 형산도 철통의 그와 같은 성격을 계승한 것을 짐작할 수 있다. 게다가 형산은 처음에 대승사에 거주하고, 뒤에 능등으로 진출하여 영광사와 총지사를 개산했지만, 사실은 이들 두 절도 원래 진언과 율의 구불교 사원이었던 것을 형산이 선종으로 개종한 것으로, 이런 경과 중에도 형산은 밀교 등과의 겸수적 성격을 더욱 강화한 것으로 보인다.

이와 같이 철통·형산 등은 여러 종들과의 겸수를 거부하지 않았기 때문에, 여러 종들과의 융합을 곳곳에 찾을 수 있고, 형산 및 그 일파의 종풍은 도겐의 순수선을 관철하려는 초기교단의 그것과는 일변되어 버렸

다. 게다가 그 세력은 영평사 중심의 문파를 훨씬 능가하고, 대승사를
중심으로 해서 가하와 능등은 물론이고, 전국적으로 대단한 발전을 이
룩하기에 이르렀다.

다. 초기 조동교단의 수용층

임제종는 장군이고 조동종은 농민이라는 말이 자주 사용된다. 이것은
임제종과 조동종의 종풍이 상이한 것을 나타냄과 동시에 양종의 지지층
을 대비한 것이다. 그렇다면 조동교단의 수용자는 과연 농민층뿐이었을
까? 도겐이 에치젠 지비장에 대불사를 개산할 때에 이를 원조한 사람은
그 영주 파다야의중(波多野義重)이고, 이후도 파다야씨는 동지의 지두
(地頭)로서 영평사를 비호했던 것을 비롯하여, 그 외에 한암(寒巖)을 외
호한 비후(肥後)의 지두 원태명(源泰明), 대지(大智)를 비후로 초청한 국
지무시(菊池武時)·국지무중(菊池武重), 대지가 가하 기타사(祇陀寺)를
개산하기 위해 소령을 기부한 지두 등원중종(藤原重宗), 영광사에 지두
직을 기부한 길견뢰현(吉見賴顯) 등이 있다. 이런 상황을 고려하면 초기
조동교단을 지지한 주체는 토민이 아닌 각지의 지두 영주층이었던 것을
알 수 있다.

라. 불자선사호(佛慈禪師號) 문제

형산파의 전개에서 간과해서는 안 될 것은 십종칙문(十種勅問) 등 남
조와 특수한 관계를 가지고 있었다는 점이다. 형산이 총지사와 영광사
를 개산했지만, 영광사의 경우 역응4년(曆應;1341) 12월13일에 북조의

광엄상황(光嚴上皇)의 원선(院宣)에 의해 능등국(能登國)의 이생탑(利生塔)[68]이 설치되었으며, 그 밖에 북조 및 무로마치막부로부터 후한 비호를 받고 있던 것은 동사가 소장하는 문서에 의해 확실하게 알 수 있다.

덧붙여 말하면 이생탑은 지방마다 1기씩 설치된 것이었지만 일부를 제외하면 거의 진언·천태 등 구불교계 사원에 세운 것으로, 이것만 보아도 원래 진언종이었던 영광사가 이미 조동선으로 개편되었다 해도 아직 구불교적 색채가 강했던 것을 추측할 수 있다. 이와 같이 영광사는 명백히 북조계에 속해 있었으므로, 동사나 총지사 등에 거주한 형산파는 북조계였다고 생각된다. 그렇더라도 동파와 남조의 관계가 특별히 말해지는 데에는 무언가 이유가 있을 것이다.

이와 관련하여 형산 다음으로 총지사 주지를 계승한 아산소석(峨山韶碩)이 문화3년(文和;1354) 8월13일에 임제종 법등파(法燈派)의 고봉각명(孤峰覺明)에게 보낸 한 통의 편지가 매우 주목된다. 즉 이 편지에 의하면, 이보다 앞서 고봉은 남조와 긴밀한 관계를 가지는 법등파의 중심인물이라는 지위를 이용해서, 이전에 스승이었던 형산을 위해 남조의 후촌상천황(後村上天皇)부터 불자선사(佛慈禪師)라는 시호(諡號)의 받고, 이것을 총지사의 아산에 보내어 형산의 법을 계승하고 싶다고 제의했다.

그러나 형산파를 대표하는 아산으로서는 이미 고봉이 법등파의 본거

---

68) 利生塔(리쇼우토우) : 14세기 남북조의 전투에서의 전사자를 추선하고 국가안온을 빌기 위해서 전국의 지방마다에 건설된 安國寺에 세워진 탑이다.

지인 기이(紀伊) 유량(由良) 흥국사(興國寺)의 주지가 된 이상 법등파의 조인 무본(無本)의 법을 계승한 것이 틀림없는 사실이어서, 두 가지 법을 동시에 계승한다는 것은 있을 수 없는 일이므로, 새삼스럽게 조동종 형산의 법을 계승하고 싶다고 해도 그대로 믿을 수는 없었다. 또한 도겐이 영평사를 개산한 이래 조동종에 시호가 내린 사실도 없었고, 선사 형산의 본의를 모르는 상황에서 남조의 시호를 받을 수 없다고 하여, 선사호(禪師號)의 칙서를 반각해 버렸다(雲樹寺文書). 후술하는 바와 같이 조동종 사람이 실제로 선사호를 받게 된 것은 무로마치시대 말기인 문구(文龜)·영정(永正)연간(1501~1521) 이후의 일이었다.

특히 남조가 선사호를 내리는 것은 앞뒤에 유례가 없는 사건이고, 또한 두 파 이상의 법계를 계승하는 겸수가 실시된 것도 무로마치시대 말기의 환주파(幻住派) 이외에는 전혀 없는 일이어서, 남북조시대 초기에는 그러한 겸수사상은 도저히 생각할 수 없었던 일이었다. 따라서 이보다 앞서서 비후의 남조 쪽 무사인 국지(菊池)씨와 대지파(大智派)와의 접근이 있었으므로, 상술한 선사호 거절 사건의 배후에는 북륙지방에서 전국적으로 세력을 확대한 형산파의 융성을 알게 된 남조 쪽이 고봉을 통하여 형산파에 협력을 제의한 것을 생각할 수 있다.

전술한 바와 같은 고봉의 모순된 자세에서는 단순히 법의 계승을 받으려고만 하였다고 볼 수 없는 부분이 있다. 이러한 관계 속에서 총지사를 중심으로 한 형산파와 남조 쪽과의 관계가 전승되어, 십종칙문(十種勅問)을 비롯한 몇 가지의 위조문서가 만들어진 상황이 되었다고 생각된다.

4) 교단의 중앙진출과 영평사 중심의 재통일

가. 오산(五山)으로의 진출

이상 살펴본 바와 같이 남북조시대 이후 조동교단은 전국적으로 전개되어 각 지방에서도 눈부신 발전을 보였지만, 한편 그들 중에는 중앙에 진출하여 아시카가 장군을 비롯해서 수호대명(守護大名)의 귀의를 받은 자도 있었다. 이 배경에는 동 교단의 사람 중에 수행을 위해서 오산에서 배우는 사이에 발탁된 경우도 있었겠지만, 전반적으로 보면 교단의 세력 자체의 신장을 보이는 것이었다.

이와 같이 교단이 성장함에 따라 중앙과의 접촉도 잦아졌으며, 동 종파의 제 대찰에는 아시카가 다카우지(足利尊氏)·요시아키라(義詮) 등에 의해 사령기진이 행해졌다. 다음 시대의 요시미쓰(足利義滿)는 사령기진 이외에도 천응조우(天鷹祖祐)를 북야(北野) 법화만부경회(法華萬部經會)에 초대하거나, 축산득선(竺山得仙)·천덕담정에게 선요(禪要)를 물어보거나, 또 매산문본(梅山聞本)·호천현성(壺天玄晟) 등을 초청하였고, 이후 요시모치(足利義持)·요시마사(義政)도 같은 관계를 가졌다.

뿐만 아니라 무로마치시대 초기에는 형산파(瑩山派)의 득옹융영(得翁融永)이 수복사(壽福寺)와 교토 안국사(安國寺)에, 그리고 한암파(寒巖派)의 무등口륜(無等口倫)이 비후(肥後) 정토사(淨土寺)의 주지가 되었다. 이와 같이 도겐 문하의 조동종 승려가 오산파와 대등한 처지에 서고, 게다가 오산파가 독점한 오산 십찰 제산의 官寺에 거주한 것은 당초부터 오산파가 전개한 굉지파(宏智派)를 제외하면 영평하(永平下)로는 참으로 획기적인 일이었다. 이는 당시 조동교단의 지지층이 이미 오산파와 대등해졌던 것을 보여줌과 동시에 교단의 내용이 얼마나 충실해졌는가를 말해준다.

나. 선사호(禪師號) 하사와 영평사의 대두

조동교단내의 파들은 전국적으로 눈부시게 성장하여 오산에 거주하는 자도 나왔는데, 무로마치시대 중기가 되면 무림지번(茂林芝繁)·눈계우영(嫩桂祐榮) 등 형산파 사람들이 삼대상론(三代相論)[69] 이래 오랫동안 관계를 끊었던 영평사에 거주하기에 이르렀다. 그것은 이미 전국적 대문파로 성장한 형산파가 일부 소문파에 의해 유지되어 온 영평사 교단을 누르고 실력에 따라 영평사로 진출하기에 이른 것을 의미하는 것이며, 일찍이 삼대상론에 의해 영평사를 떠난 이후 처음의 복귀로, 조동교단의 발전사상 주목할 만한 일이다.

처음에는 하나의 地頭와 소수의 문파에 의해서만 유지되었던 영평사가 무로마치시대 후기에 이르러 전국적으로 활약하는 대문파인 형산파를 산하에 포용하는 조동종 교단 전체의 본산이 되었고, 총지(総持)·대승(大乘)·영광(永光)·영택(永澤)·최승(最乘) 등의 큰 절들의 총본산으로 갑자기 각광을 받기에 이르렀다.

이렇게 조동교단은 영평사를 근본도량으로 하여 재통일되었기 때문에, 형산파 사람들도 잇달아 영평사에 거주하기에 이르러, 그 결과 유력

---

69) 三代相論 : 가마쿠라시대 후기의 永平寺 교단에서 발생한 3차에 걸치는 후계자를 둘러싼 내분사태이다.

한 자는 영평도원(永平道元)의 제 몇 세 말손이라는 자격으로 조정에서 시호(勅謚號)를 하사받을 수 있게 되었다. 즉 문구3년(文龜;1503) 8월 21일에 오우미(近江) 신풍사(新豊寺)의 월계린역(越溪麟易)이 진흥정속선사(眞興正續禪師)로 칙시(勅謚)된 것을 시작으로, 이후 잇달아 선사호를 하사받게 되었다(諸宗勅號記).

이와 같이 교단내에서의 중심적 지위를 확보하게 된 영평사는 자의칙허(紫衣勅許)의 출세도량이 될 것을 희망하여, 이것을 조정에 신청하였는데, 결국 영정4년(永正;1507년) 12월16일에 전 관백 이치죠우 후유라(一條冬良) 등의 알선에 의해 본조조동제일도장(本朝曹洞第一道場)이라는 칙액을 하사 받고, 교토 오산의 남선사와 같이 칙명에 의해 주지가 결정되는 자의칙허의 출세도량으로 처음으로 승진하게 되었다(宣胤卿記). 이보다 앞서 실질상 조동교단의 근본도량으로 되어 있던 영평사는 이로 인해 선찰로서는 최고의 영예와 격식을 겸비하기에 이르러, 마침내 조동교단의 대본산이 되었다.

이와 같이 영평사는 정식으로 천황에 의해 주지가 임명되는 칙주(勅住)의 사원이 되었는데, 정규의 역대 주지 이외에 후세에 서세(瑞世)라는 명칭으로 가람수리 등을 위해 일정액의 비용을 부담하면 형식적으로 전영평주지(前永平住持)라는 칭호를 주는 제도도 설치하게 된다(龍谷院文書). 또한 1511년(영정8) 1월16일 쯤에는 영평사처럼 총지사도 자의의 출세도량이라는 자격을 얻으려고 조정에 신청했지만 허가 받지 못했다. 이후도 이 운동을 계속한 결과 천정17년(天正;1589) 6월27일에 이르러 출세의 본사(本寺)인 것을 인정받았고, 또한 원화1년(元和;1615년) 7월

강호(江戸)막부에 의해 영평사와 총지사 두 사찰 모두 자의의 출세도량임이 확인되었다.

5) 굉지파(宏智派)의 전개

일본의 중세에 전파된 조동종에는 상술한 바와 같이 영평사를 중심으로 주로 지방에서 전개한 도겐 문하 이외에, 오산파 내에서 일시 융성을 본 굉지파란 일파가 있었다. 이 파는 연경2년(延慶;1309)년 중국의 굉지정각(宏智正覺)의 법손인 동명혜일(東明惠日)이 호우조우 사다토키(北條貞時)의 초빙에 의해 내조한 이래, 원각사(圓覺寺) 백운암(白雲菴) 다음에 건인사(建仁寺) 동춘암(洞春菴) 등을 근거지로 삼아 오산에 거주하는 사람이 많아졌다.

그밖에 에치젠(越前) 홍상사(弘祥寺)를 비롯해서 비후(肥後)·무장(武藏)·미장(尾張) 등의 지방에도 교세를 확장하였고, 특히 홍상사는 오산 관사의 십찰위(十刹位)에 포함되어 있는 것을 비롯하여, 비후 수승사(壽勝寺)·에치젠 선응사(善應寺)·미장 광음사(光音寺) 등도 제산(諸山)으로 열거되었다. 이와 같이 굉지파는 도겐 문하의 조동교단과 전혀 관계가 없는 상태로 오산파에 개재하면서 전개했는데, 이 파 사람 중에는 동명(東明) 이외에 최후의 내조자인 동릉영여(東陵永璵)가 있었다.

또한 별원원지(別源圓旨)·불문계문(不聞契聞)·동백원서(東白圓曙)·소림여춘(小林如春) 등 많은 중국 유학승을 배출하였으며, 오산파에도 원명(元明)문화의 소개자로 알려진 중국통이 많았다. 그러나 그들이 전한 종풍은 같은 조동종이었지만, 도겐 문하와는 완전히 다른 것이었다. 이들은 주로 당대 중국의 임제종인 고림청무(古林淸茂) 등의 금강당하(金剛幢下)의 가풍을 계승하였기 때문에, 그 영향을 받아 문예에 뛰어난 사람을 많이 배출하였고 당시 오산 문예에서 활약한 사람도 많았다. 그리고 이 파의 발전에서 간과할 수 없는 것이 그 외호자이다. 원래 전래되었던 당시에는 북조(北條)씨 일문의 후우를 받았지만, 그 후 에치젠의 수호가 된 시바(斯波)씨나 그 가신인 아사쿠라(朝倉)씨를 단월로 하여 발전하였고, 이후에는 니조우(二條)·아수카이(飛鳥井) 등 공가의 외호도 받게 된다.

특히 조창(朝倉)씨와는 긴밀한 관계에 있었고, 다카카게(朝倉高景)의 아들 자암여림(紫岩如琳)이 이 파에 출가한 이후 동족 출신자가 속출하였다. 또한 동춘암(洞春菴)과 홍상사를 중심으로 일종의 혈연적 결합이 생겨났으며, 아사쿠라씨가 사파씨를 대신하여 대두한 후에는 굉지파가 한층 눈부신 발전을 이룩하여, 천문(天文)연간(1532~1555)에는 융성의 극치에 이르렀다. 이렇게 해서 굉지파는 오산파와 어깨를 나란히 하고, 임제 계열의 오산파와 같은 전개를 하여 종풍에 귀족화와 고정화도 보였지만, 그 외호자인 조창씨가 중세 말에 발흥한 전국대명의 하나였기 때문에, 다른 오산의 여러 파들이 거의 다 쇠퇴하는 길에 있던 당시 오히려 이례적인 세력의 신장을 보여주었다. 만약 조창씨가 그대로 교토에 올라가는 것에 성공하였다면, 오다(織田)·사이토우(齋藤)씨에 의해 번영한 묘심사(妙心寺)계를 대신하여 후세의 선종계 패자가 되었을 지도 모른다. 그러나 1574년(天正2) 아사쿠라씨는 오다 노부나가에 의해 패망한 후, 이 파도 갑작스럽게 쇠망하여 지금은 이 종파가 추구한 풍류운사(風流韻事)에 관해서 아는 사람도 적다.

6. 일련종(日蓮宗)

1) 니치렌(日蓮)의 생애

니치렌(日蓮)은 승구(承久)의 난 다음 해인 정응1년(貞應;1222) 아와국(安房國) 동조향(東條鄉)에서 어부의 아들로 태어났다. 12세 때 같은 곳에 있는 천태사원 청징사(清澄寺)에 올랐다. 출가의 동기에 관해서는 후에 생사의 무상을 떠나려고 한 것과 수영(壽永)·승구(承久)의 하극상(下剋上)[70]의 현상을 해명하려고 한 것 등을 열거하고 있다.

니치렌은 어렸을 때부터 나무아미타불의 명호를 외우며 정토교를 배웠고, 후의 법화경 신앙은 이 염불신앙을 극복하는 과정에서 확립되었다. 니치렌이 당시의 민중에게 넓고 깊게 잡고 있던 정토교와 결별하고 천태승려가 될 수 있었던 계기는 천태종 소의 경전인 법화경에 대한 신앙의 재발견이었다. 니치렌은 법화경으로의 복귀와 제경(제교)에 대한

---

70) 壽永·承久의 下剋上 : 壽永연간(1182~1185)에 平家가 조정에 대해 반항한 것과 1221(承久 3)년 가마쿠라막부 토벌을 기도한 後鳥羽上皇 등이 오히려 北條씨에 의해서 유배된 사건을 가리킨다.

법화경의 우위성의 확신을 건장5년(建長;1253)년 청징사에서 피력했다.

당시 니치렌의 고향인 동조향은 니치렌의 보호자인 영가(領家)의 비구니의 영지(領地)이었다. 그렇지만 이 땅의 지두(地頭)이며 동시에 염불자이었던 도조우 가게노부(東條景信)는 자신의 영주권을 확립하기 위해 영가에 대해서 여러 가지 비법(非法)을 행하였고, 영가 쪽의 니치렌은 경신(景信)과 항쟁을 해 왔기 때문에 고향에서 추방되어 가마쿠라에서 포교하기에 이르렀다.

정치중심지에서의 포교와 당시 잇달아 일어난 천재지변에 의한 인민의 참화는 니치렌에게 법화신앙에 뒷받침된 선정(善政)이념을 생각해내게 했다. 니치렌은 이 주장을 『입정안국론(立正安國論)』에 정리하여 문응1년(文應;1260)년 호우조우 도키요리(北條時賴)에 헌납했다. 이 책 중에서 그는 '천태사문일련(天台沙門日蓮)'의 입장에서 기성교단이나 정토교단을 통렬하게 비판하고, 내란과 외구(外寇)가 반드시 일어나게 될 것임을 예언했다. 그 결과, 그는 홍장1년(弘長;1261)년 5월 이즈(伊豆)로 유배되었다. 1263년에 사면되어 가마쿠라로 돌아간 니치렌은 그 다음 해에 고향을 방문했다가 도우조우 가게노부에게 습격을 당하여 상처를 입었다. 이러한 체험에 의해 그는 말법의 세상에서 법화경을 홍법하려는 자는 여러 박해를 받는다는 법화경의 내용에 종교적으로 감동받게 된다.

이리하여 니치렌은 지두계급의 신자(후술)를 주변에 두면서, 이들 영주 계급의 동족적 단결이나 총령제(總領制)[71]적 재지지배(在地支配)를 통해서 '대사강(大師講)'[72] 등의 강을 조직하고, 그들이 종래부터 가지고 있던 지경신앙(持經信仰)을 깊고 순수한 것으로 하는 노력을 했다.

문영5년(文永;1268)년 1월 몽골에서 첩장(牒狀)이 보내지고 일본 국내에서 외구(外寇)에 대한 긴박감이 강해짐에 따라, 니치렌과 그 지지자들의 예언이 적중되었고, 그 결과 타종파를 배격하는 분위기가 더욱 고양되었다. 1271(문영8)년 10월 니치렌은 체포되어 사도(佐渡;新潟縣)로 유배되었고, 교단은 탄압을 받게 되었다.

그러나 사도에서의 인고의 생활은 오히려 니치렌에게는 사상체계를 정비하는 절호의 기회가 되었다. 그의 사상이나 생애를 사도 유배를 중심으로 하여, 전후 2기로 나누어 고찰하는 것은 일찍부터 행해지고 있었다. 사도에서 저술된 『개목초(開目抄)』와 『관심본존초(觀心本尊抄)』는 그의 체계적인 저작 중에서 가장 중요한 것이다. 전자는 유외교(儒外內) 3교 중 불교가 가장 뛰어난 것과 자신이 '법화경 행자' 인 것을 설한 것이고, 후자는 말법시대의 중생은 나무묘법연화경의 제목을 외고 행해야만 비로소 법화경 수량품(壽量品)에 설해진 절대적 본불과 서로 통하여 성불할 수 있다는 것을 설한 것이다.

1274(문영11)년 사면되어 가마쿠라에 돌아온 니치렌은 호우조우씨의 가신인 평뇌강(平賴綱)과 회견하고 막부에게 법화경 신앙을 채택해 줄

71) 醐領制(소우료우세이) : 가마쿠라시대에서 分割相續에 의해서 분립된 일족을 醐領(嫡嗣) 밑에서 결합시키는 在地地主의 동족 결합 형태. 무로마치시대가 되어서 嫡子單獨相續制로 이행했다.

72) 大師講(다이시코우) : 고래 전래해 온 민속행사에 空海나 最澄이 결합한 講(종교적 단체 조직) 정도의 의미이다.

것을 요구했지만 받아들여지지 않자, 같은 해 5월에 신자 하키이 사네나가(波記井實長)의 소령인 가이국(甲斐國) 미노부산(身延山)에 은둔하게 되었다. 미노부산 은둔 이후의 니치렌은 막부의 권력을 이용하여 모든 인민을 법화경 신앙으로 통일시킨다는 종래의 방침을 전환하여, 자기 주변에 결집한 제자와 문도의 교도에 역점을 두었다.

홍안2년(弘安;1279)년에는 준하국(駿河國) 부사군(富士郡)에서 '아쓰하라(熱原)법난' 이라고 불리는 사건이 일어나, 천태종 사원 내부에 거주하며 니치렌의 가르침을 신봉하던 제자와 그들의 신자들이 박해를 받은 일도 있었다. 또 법화경의 기도에 의해 몽골 내습을 배제를 외치는 것도 계속되지만, 미노부산에서의 9년 동안에 니치렌의 생활은 대체로 조용하였다.

1282(홍안5)년 고향으로 돌아가기 위해 미노부산을 출발했지만, 가는 도중에 무장(武藏)의 신자 이케가미(池上)씨의 저택에서 60년의 파란 많은 인생을 끝냈다.

2) 니치렌의 교설

니치렌이 주창한 교설 중, 후에 니치렌교단 발전의 지레가 되었다고 생각되는 사항에 관해서 설명하려고 한다.

니치렌의 신앙과 종교활동의 기반이 된 것은 입종의식이 아니라, 재발견한 법화경에 대한 절대적 믿음이었다. 니치렌은 법화경의 정신을 묘법연화경의 다섯 글자에서 탐구하고, 법화경을 경제적 관점에서 해석하는 데에 하나의 귀착점을 보여주었다. 즉 법화경은 석존이 살아오면서 니치렌에게 말한 혈육의 소리이고, 석존과 니치렌과의 접촉은 대화적 실재로 확인되었다.

여기에서 관념지를 버리고 신심위본의 입장을 내세워, 내관(內觀)에서 실행으로 가는 신과 행이라는 니치렌의 종교를 떠받치는 2대지주가 확인되었던 것이고, 신앙의 초점이 현재·금일의 입장에 맞추어져 생활 그 자체가 종교의 장소라고 주장되는 근거가 되었다.

세기말적 종교관인 말법사상에 관해서 니치렌은 위와 같은 입장이었기 때문에, 말법인 현실을 사는 것이 반대로 말법인 현실을 극복하려는 의욕을 고양시키려고 하였다. 말하자면, 제목을 외는 것에 의해 말법인 금일을 석존이 설법하는 이상적인 시기로 되돌리고, 말법의 근기를 이상시의 설법을 듣는 자와 동질화하하여, 석존 설법의 이상적 시기와 말법의 오늘을 동체로 할 수 있다는 법화일경말법위정론(法華一經末法爲正論)을 주장하였던 것이다.

니치렌은 정토교가 돌보지 않았던 현실 문제를 법화경에 설해진 현실 긍정의 제법실상 입장에서 새롭게 거론했다. 즉 구체적으로는 무사의 주가(主家)에 대한 봉공(奉公)과 기타의 생활 일반이 법화경을 믿는 것에 의해 이상세계(寂光淨土)로 지양된다고 설했다. 그렇기 때문에 살생을 필연적으로 수반해서 악인으로 규정되는 무사의 구제도 창제(唱題)에 의해 약속되고, 상행위나 부를 추구하는 일도 긍정하는 경향을 가지게 되었다.

법화경에 대한 절대적 귀의가 창제로 간략화 되자 자연히 창제 이외의 제행은 비방받게 되어 여타의 종파와 타불(他佛)에 대한 배격으로 전환되었다.

중세에 발전한 니치렌교단의 기본적 성격의 하나는 타의 종파와 타불의 배격과 신기(神祇)의 불배불신(不拜不信)을 중심으로 한 법화창제(法華唱題)의 전수성에 있었고, 이 전수성 때문에 일향염불(一向念佛) 전수의 무리와 동일시되어, 일연종이 진종과 같이 '폐쇄된 종파'로 "불교사 전체를 통해서 타에 유례가 없는 독선주의(獨善主義)"라는 혹평까지도 받게 되었다. 그러나 이 전수성의 고양은 자칫하면 타의 종파와 타불과 습합하고 권력과 타협할 경향이 있는 종파내의 동향을 바로잡고, 법화신앙에 의해 국토와 인민을 통일하려는 이념을 추진하여 교단을 발전시키는 근원적인 추진력이 되었다.

교주 석존은 니치렌의 입장에서는 법화경 신앙을 매개로 하여 요청된 대화적 실재자였기 때문에, 법화경을 소지하는 사람이면 성별이나 직업과 귀천의 차별을 묻지 않았으며 석존 앞에서는 모두 평등한 법우였다. 이런 불교적 평등이념은 현실의 도키요리씨 정권, 즉 국주(國主)에 의한 통치권을 절대적인 것으로 받아들이지 않게 하였다. 국주가 석존 출세의 본회(本懷)인 법화경으로 귀의해야만 이 통치권이 무조건적으로 긍정되는 것이었다. 물론 이와 같은 생각이 가능했던 이유는 가마쿠라막부에 의한 국가적 통치권의 불완전성, 즉 이중정권적(二重政權的) 구조에 대응하는 것이었다.

위와 같은 관점에서 석존은 제천(諸天)·제왕(諸王)·제신(諸神)의 주사친(主師親)이므로, 일본국의 진정한 영주는 석존이고 일본국은 석존의 소령이라는 석존지상(釋尊至上)의 불교적 세계관이 전개되었다.

이 '석존어령(釋尊御領)'의 주장은 교단내부로는 굳은 동신결합(同信結合)을 가져 오고, 밖으로는 격렬한 공격적 성향을 띠게 되었다. 중세 사회에서의 공동체적 결합을 나타내는 지역의 사회경제적 기구·특질과 대응하고, 일동족(一同族)·일향(一鄕)·일촌(一村)은 모두 법화라는 현상을 가져왔으며, 심지어는 중세 말기의 법화일규(法華一揆)의 운동이 되었고, 더욱이 근세 초기에 국가권력에 끈질기게 대항한 불수불시(不受不施)[73] 운동의 고양을 야기하였다.

3) 중세 니치렌 교단의 전개

니치렌이 입멸한 후 전국시대 말기까지의 교단 전개에 대한 특징적인 사항을 기술하고자 한다.

니치렌이 입멸한 후 가마쿠라시대 말에서 남북조시대까지의 교단은 소위 6노승을 중심으로 한 직제자가 각기 교세를 신장한 시대였다. 일흥(日興)이 신연산(身延山)을 떠난 후의 관동파와 부사파의 대립 및 천목(天目)과 일변(日辯)의 분립이 이 시대의 주된 현상이었고, 일지(日持)가 대륙에서 포교한 일에 관해서는 그것을 증명하는 유품도 소개되었다.

니치렌의 직제자를 비롯한 초기 니치렌교단의 승려에는 재지의 호족

---

73) 不受不施 : 법화종의 승은 타종의 신자의 보시 공양을 받으면 안 되고, 신자는 다른 종파의 승려에게 공양하면 안 된다는 制誡이고, 법화신앙의 순수성을 지키기 위해 일련 이후 훈계해 온 신조이다.

인 무사의 자제가 많았다. 6노승을 보아도, 일소(日昭)는 하총(下総) 인동우소(印東祐昭)의 아들이고, 일랑(日朗)은 하총(下総) 평하유국(平賀有國)의 아들이고, 양자는 동족 관계에 있었다고 전해지고 있다. 또 일흥(日興)은 갑비(甲斐) 대정장(大井莊)의 관리인 모(某)의 아들이라고 하고, 일향(日向)은 안방(安房) 조원(藻原)의 등삼랑실장(藤三郎實長)의 아들이며, 일정(日頂)은 준하(駿河) 남조시정(南條時定)의 아들이라고 전해지고, 일지(日持)는 준하(駿河) 송야육랑좌위문(松野六郎左衛門)의 아들이다.

이상과 같이 지방 영주 무사들에 의한 일련종 사원의 설립과 그 유지를 위한 토지 시주 및 그들 자제의 일련종 승려로의 진출과 그들 무사들의 가문 번영과 무운장구(武運長久)를 빌기 위해서 일련종 사원을 보리사(菩提寺)[74]화한 것 등을 통해 니치렌교단 발전의 원형을 말해도 좋을 것이다.

구체적으로 교단 발전의 실태를 살펴보기로 하겠다. 먼저 관동교단 중 니치렌이 재세한 당시로부터 현저한 발전을 보인 것이 하총(下総) 나카야마(中山)의 법화경사(法華經寺)를 중심으로 한 교단이었다.

이 교단은 약궁(若宮)의 재지 영주 도키 조우닌(富木常忍;日常)을 중심으로, 그와 결연적, 지연관계에 있었던 증곡교신(曾谷敎信)·태전승명(太田乘明)·추원태랑좌위문위(秋元太郎左衛門尉) 등의 무사들이 앞장서서 형성하여, 교의적으로 고도의 질의를 니치렌과 교환하면서 각각이

74) 菩提寺 : 조상 대대의 위패를 안치하여 명복을 비는 절이다.

소유한 영지를 기반으로 포교세를 확대해 갔다. 상인(常忍)이 창립한 약궁의 법화사는 법사(法嗣) 일고(日高)로 계승되었고, 일고는 나카야마에 사는 아버지 태전승명(太田乘明)의 저택을 승방으로 하여, 뒤에 이것을 본묘사(本妙寺)라 하고 여기에 약궁의 법화사를 합병하여 법화경사로 명명하게 된다. 3대 주지 일우(日祐)가 지바윤정(千葉胤貞)의 양자인 것을 보면 지바씨 일문 동신(同信)의 형태로 법화경사는 이 씨족의 외호를 받게 되어 교단의 경제적 기반은 풍족하게 되었다.

지바(千葉)씨와 지바씨의 지배를 받는 자 또는 혈연관계에 있는 영주들에 의한 일련종 사원의 건립, 그리고 지바씨 친척 자제인 승려에 의한 지배 영지 안에서의 당(堂)·강방(講坊)·도장(道場) 등의 사원화, 혹은 이론적 논파에 의한 타종파 사원의 개종에 의한 말사화가 진행되었고, 이 교단은 비약적으로 발전했다.

관동교단의 중심이 된 니치렌의 제자는 일소와 일랑이었다. 일소는 가마쿠라에서 빈토묘버법사(濱土妙法寺)를 창건하며 풍간신소(風間信昭)의 외호를 받아 나뇌(那瀨)에 묘법사(妙法寺)를 개산하고, 후에 이것을 월후(越後) 촌전(村田)에 이축하여 이 지방에서 발전하는 기초를 구축했다.

정권의 소재지에 근거가 있는 관동교단은 막부의 탄압에도 대항해야 하고 염불과 선종이 유포된 안에서도 법등을 상속하고 포교해야 하였다. 그렇기 때문에 천태적 입장을 주로 채택한 결과, 니치렌이 입멸한 후 신연(身延)을 관리한 준하(駿河)교단의 중심인물인 일흥(日興)으로부터 비판을 받게 되어, 이후 양자간의 대립은 교의면에서 깊어졌다.

그리고 신연의 관주권(貫主權)이 가즈사(上總)의 조원(藻原)에서 교세를 신장하고 있던 관동계의 일향으로 결정되자 권동의 제사와 대립하고 있던 일흥은 일향 등과 내통하는 신연의 외호자, 파목정실장(波木井實長)의 본존공양에서의 이법·신사참배·법을 비방하는 자에 대한 보시 등을 비판하였다. 결국 신연을 떠나 준하(駿河)로 나가 가즈사의 남조시광(南條時光)의 외호를 받으며 대석사(大石寺)를 개산하였고 또 북산의 지두 석천능충(石川能忠)의 요청에 의해 본문사를 개산함에 따라, 관동·부사 양파의 대립이 시작되고 제1차 교단분열의 현상이 나타났다.

부사문류는 갑비원씨(甲斐源氏)의 일파인 추산(秋山)씨의 소령 찬기(讚岐) 삼야군(三野郡) 고뢰향(高瀨鄕)을 본거지로 해서 시고쿠(四國)로 발전했다. 추산태충(秋山泰忠)은 찬기로 가기 전부터 일흥에 귀의하고 있었지만, 본종을 홍교하기 위해서 또 자가의 보리를 위해서 일흥에게 요청한 결과, 일화(日華)가 찬기로 오게 되어 구누하라향(柞原鄕) 전촌(田村)에 본문사가 건립되었다. 태충은 응영5년(應永;1372)년 3월2일의 유언서에서 추산씨 집 안에서 본문사 주지 이외의 승려를 스승으로 하는 자가 나온 경우 그 영지를 전부 몰수할 것과 백성에 이르기까지 본문사 주지에게 배반하는 일이 있는 경우 영지 안에서 추방하는 것을 엄하게 훈계하고 있다. 사실 본문사가 건립된 시절부터 고뢰향(高瀨鄕) 안에 형성된 6개소의 말방(末坊)을 중심으로 해서, 농민의 말단까지 동일 신앙 안에서 포괄되는 고뢰향 전체가 법화신앙의 양상이 나타나기 시작하였다.

이 유언서에는 13일강(十三日講)·15일강(十五日講)라는 이름도 보이고, 본문사를 지탱한 기반으로 강중(講衆)이 존재한 것이 동국의 경우와 마찬가지였다.

덧붙여 아키야마(秋山)씨는 영지 안의 각지에 번신당(番神堂)을 설치하고 가신인 마나베(眞鍋)씨에게 그것을 지키는 직무를 담당시켰다. 이들 번신당 중 한 곳에 가길연간(1441~1443)에 일륭(日隆)이 서국(西國) 지방을 포교할 때 거주하였고, 거기에 본문법화종(本門法華宗) 우다진(宇多津) 본묘사(本妙寺) 건축의 기초를 구축했다. 일련종 발달에는 민간신앙에 결집하는 민중을 파악한 것에서 시작한 측면도 있었는데, 위 사실이 그것의 적절한 예가 될 것이다.

그런데 승려와 신도의 열렬한 신앙과 그것을 지탱한 법난(法難)의식은 일련종 교단 전개의 기본적 성격의 하나이지만, 일승방일출(一乘房日出)을 중심으로 한 영향8년(永享;1436)년의 영향법난은 그의 구체적인 사례였다.

일출은 이즈(伊豆) 미시마(三島)에 본각사(本覺寺)를 건립하고 교세를 신장한 후에 가마쿠라에 진출하고 니치렌의 유적인 본각사를 근거로 해서 열심히 전도를 하면서 다른 종파를 공격했다. 1436(영향8)년 천태종의 심해(心海)와 종론(宗論)을 하여 그를 논파했다. 심해는 아시카가(足利持氏)에게 일출 및 법화종도를 참언했기 때문에, 소시다이(所司代)[75] 인 천엽개는(千葉介) 원월후수(原越後守)에게 가마쿠라에 있는 16사원을 파괴하게 하고, 무사의 경우 소령을 몰수하고 서민은 목을 자르고 법

---

75) 所司代(쇼시다이) : 무로마치시대에 侍所(사무라이도코로)의 所司(장관)의 가신이면서 소사의 대리로 사무를 처리한 사람이다.

사는 유배처분으로 하고, 불복하는 자는 황거(荒居)의 염마당(閻魔堂)에 집합시키는 명을 내렸다. 이에 상하를 고르지 않고 승려도 일문도 떼를 지어 모두 밖으로 나왔고, 이들 60여명이 모여서 호소함에 따라 바로 사면되었다.

당시의 관동지방은 가마쿠라시대 이래의 수호급의 호족이나 중소 호족들이 무로마치 장군직에 취임하는 것을 꿈꾸는 아시카가(足利持氏)씨에게 대항하여 반관령 세력을 결집하고 있었을 뿐만 아니라, 토일규(土一揆)[76]가 관령 지배의 기반을 흔들고 있었던 시절이었기 때문에 법화종도에 대한 탄압을 단행할 수 없는 상황이었을 것이다.

그러나 이 법난에 대처하기 위해 결집된 법사·무사·서민을 일체로 한 신앙결합은 종래의 법난의 대부분이 승려에만 한정된 것에 비해 현저한 특이성을 가지는 것이었다.

그런데 초기 니치렌교단의 발전 형태는 주로 동국지방의 총령제(惣領制)적 지배나 일족 결합의 양식을 가지는 무사군에 의해 수용된 데에 있었으므로, 정권의 이동이나 사회구조의 변화에 의해 교단의 발전도 질적으로 변화할 수밖에 없었다. 남북조에서 무로마치시대로 접어드는 시기에 니치렌교단 발전상에 주목되는 사항은 포교지역이 교토를 중심으로 한 기내(畿內) 및 뇌호내해(瀬戸內海) 일대의 제국에 이른 것, 포교의 대상으로는 귀족·막부 등의 권력계층으로의 접근이 적극적으로 행해진 것이었다. 교토에서의 급속한 교단세력의 발전은 교토 시내의 부유

76) 土一揆(도잇키 또는 쓰치잇키) : 무로마치시대에 빈번히 일어났던 농민 폭동이다.

한 마치슈우(町衆;도시 생활자)을 중심으로 한 도시 상공업자 신도와 도교시대 본산의 여러 말사들을 유지한 지방 재지 토호인 무사를 중심으로 한 지방신도의 지원에 의해 구축된 것이었다.

　이러한 변화의 기본적 방향을 확립한 사람은 일상(日像;1269~1342)이었다. 일상은 도성(都城)으로부터 삼출삼사(三黜三赦)라고 일컫는 추방을 당했지만, 원홍의 난[77]을 이용하여 건무1년(建武;1334) 창건된 묘현사(妙顯寺)가 칙원사(勅願寺)로 되어 법화종의 공인을 받았고, 아시카가 장군에게 접근하는 것도 성공했다. 일련종 내부에서는 "마치 사자악(獅子樂)이나 원악(猿樂) 등과 다름이 없다"고 비판하였지만, 니치렌교단 발전사상 특필할 만한 업적이었다.

　귀족·막부에 대한 접근은 일상(日像)의 후계자로서 근위가(近衛家) 출신이라고 하는 묘실(妙實) 대각대승정(大覺大僧正)에 의해 진행되었다. 이 시대에 일련종 승려 중에 귀족출신인 자가 나타나서, 공가(公家) 중에 신자를 얻고 종세를 신장시켰다. 월명구각(月明具覺)은 삼조실동(三條實冬)의 4남으로 승정으로 임명되었고, 그의 아우 구원(具圓)도 입본사(立本寺)에 거주했다. 입본사 주지에는 이십가(裏辻家) 출신인 일실(日實)이 있었고, 묘련사의 일응은 정전중유(庭田重有)의 아들이었다.

　공가와 무가에 대한 접근은 권력을 통하여, 국토와 인민을 법화경 신

---

77) 元弘의 亂 : 1331(元弘원)년에 일어난 後醍醐天皇이 가마쿠라막부의 전복을 기도한 사건이다. 발각된 후 천황은 隱岐(오키)島으로 유배되었다. 천황은 1333(元弘3)년에 隱岐島를 탈출하고, 가마쿠라막부는 足利尊氏(아시카가 다카우지)·新田義貞(닛타 요시사다) 등에 의해서 도괴되었다.

앙으로 통일하려는 국가동효(國家諫曉)의 방법이었고, 이 시대에는 각 문류의 관주(貫主)[78]에 의해 빈번히 행해졌으며, 새 주지가 취임할 때의 관례로도 행해지게 되었다.

이런 과정을 거쳐서 가길(嘉吉)연간(1441~1443)에 교토 시내의 일련종 사원은 58개사에 달하고(『전등초』), 응인의 난 무렵에는 교토의 반은 법화종이라고 말해져[응인2년(應仁;1468) 7월오서『동효시말기(諫曉始末記)』], 점차로 법화종의 번영이 교토 시내 사람들의 이목을 놀라게 하였고[『선윤경기』 문명13년(文明;1481)년3월26일], 문명의 난[79] 이후 법화종이 교토 시내에 가득차고 선종 다음에 일련종이 번영했다고 말해졌으며(『일운기(日運記)』), 천문1년(天文;1532)년 경에는 교토시내가 거의 다이모쿠(題目)의 거리가 되어, 모든 종파를 대신하여 일련종이 그 왕좌를 차지하기에 이르렀다.

사카이에서의 일련종의 발전에는 또한 호소카와(細川)씨 및 그 가신인 미요시(三好)씨의 외호도 큰 역할을 하였다. 무로마치시대에 사카이에 건설된 62개사 중 33퍼센트가 일련종 사원이었다고 할 정도로 융성하였는데, 천문법화의 난[80] 이후에 일향종(一向宗)이 대신해서 진출하게 되었다.

---

78) 貫主 : 天台座主의 별칭이었으나, 후세에 각 종파의 본산이나 대찰의 주지의 경칭으로 되었다. 管主라고도 한다.

79) 文明의 亂 : 應仁·文明연간에 일어난 應仁의 亂을 應仁文明의 亂이라고도 한다.

80) 天文法華의 亂 : 1536(天文5)년 비예산 연력사의 승병 등 18만명이 교토의 법화종도를 습격한 사건으로, 일련종 21사가 불타고 교토의 대부분이 소토가 되었다.

중세 말기 서국지방에서의 일련종의 발전에는 교토를 기점으로 한 대각·일륭·일친 등의 포교에 힘입은 바가 컸고, 서국지방 일련종의 유력 사원은 비전(備前) 우창(牛窓)의 본연사(本蓮寺), 병(鞆)의 법선사(法宣寺), 미도(尾道)의 묘선사(妙宣寺), 찬기(讚岐) 우다율(宇多津)의 본묘사(本妙寺), 하쿠다(博多)의 법성사(法性寺) 등 주로 세토우치(瀨戶內海) 항로의 중요한 지점으로 집중되어 있어, 이 지역의 일련종 발전의 배경에 교역상인의 원조가 있었던 것을 생각할 수 있다.

다음은 구주(九州)에서의 일련종 전개에 관해서 살펴보기로 한다.

구주에서의 일련종 교단의 전개 초기에 속하는 것은 원홍연간(1331~1333)과 흥국연간(1340~1346)의 사이에 절의 기반을 확립했다고 보이는 휴우가(日向) 정선사(定善寺)를 중심으로 하는 전설이다. 즉 사국 토좌(土佐)의 번다(幡多)에서 교세를 확장하고 있던 부사문류(富士門流)의 일선(日仙)이 사국의 건너편에 있는 일향의 조전(早田)의 도증방(道證房)을 교화하고, 도증방은 행등산(行騰山)의 별당 살마법인(薩摩法印)을 개종시켰다. 살마법인은 1331(원홍1)년에 일지옥(日知屋)의 아미타당을 개축하고 법화당으로 하였으며, 다음 해에 동지 18명과 같이 부사문류에 귀의했다. 살마법인은 부사 대석사(大石寺)의 일선 밑에 가서 일도의 제자가 되었고, 뒤에 일향에 귀의하여 이름을 일예(日睿)로 고치고 일향 일지옥을 중심으로 한 지역에서 교세를 확장하고, 이동우안(伊東祐安)의 외호를 얻어서 법화당을 확대하여 정선사로 개명했다.

이와 같은 원격지에서의 부사문류의 포교는 이 유파의 수험도(修驗道)적 유행성에 의한 것이었다. 정선사에 소장된 『일예제계(日睿制誡)』에 학문계고(學文稽古)와 백일수습(百日手習)과 아울러 한 달에 세 번 관현(管絃) 연가(連歌)가 있어야 한다고 규정하는 것도 폭넓은 수학 규정으로서 흥미가 있다.

히젠(肥前)에서 니치렌교단의 발전은 구주 지바(千葉)씨의 외호에 의한 것이었다. 지바씨는 상윤(常胤)이래 구주에 소령을 소유하고, 뢰윤(賴胤) 때 몽골군 공격을 방비하기 위해 구주에 하향하여 비전 소성(小城)에 본거지를 두고, 뢰윤이 전상한 후 종윤(宗胤)은 호주임에도 불구하고 천엽개의 사무를 아우 윤종(胤宗)에게 맡기며 대우 수호로 임명했다. 윤정은 종윤의 아들로 소성을 본거지로 하여 남북조의 동란을 틈타 재지영주제(在地領主制)를 확대했다. 이 윤정의 양자인 일우가 파견한 중산 법선원 일정에 의해 소성에 송미산 광승사(光勝寺)가 건립되었다.

그러나 창건 당시는 절 기반도 불안정하고, 지바씨의 종교정책은 각 영지에 맡겨진 유연한 것들로 법화 1종으로 한정한 것이 아니었기 때문에, 광승사의 신앙도 관음보살이나 약사여래를 본존으로 하는 것과 같은 통일성이 없는 신앙형태를 보이고 있었다. 이러한 상황을 각성시키고 비전교단을 비약적으로 발전한 사람이 일친이었다.

일친(日親)은 상총(上総) 식곡(埴谷) 묘선사(妙宣寺)의 외호자이면서 이 토지의 재지영주인 식곡좌근장강(埴谷左近將監) 일계(日繼)의 양자이고 중산법선원 일영의 고제로서, 일영에게서 계승한 식곡 묘선사를 중심으로 한 교단을 배경으로 중산 법화경사 안에서 중요한 위치에 있던 것으로 보인다.

구주의 도사로서 비전 송미산 광승사에 거주한 일친이 당면한 문제는 영주 천엽윤진(千葉胤鎭)의 조상인 윤정이 남긴 기청(起請;맹세)과 상위한 신앙 상태였다. 윤진은 영지 내에 신사를 세우고 신기의 제례로 인해 가신들과 같이 분주하였으며, 무사들을 비롯해서 서민에 이르기까지 일련종을 비방하는 상태였다.

비전국(肥前國)에서 여러 종파를 법화로 개종시킨 것은 일친의 조사인 니치렌에 대한 신격적 귀의 및 거기서 나오는 다른 종교와 종파에 대한 파절을 근원으로 한 열렬한 종교활동이었다. 더욱 그가 포교의 대상으로 잡은 사람은 히라다(平田)씨를 비롯하여 지바(千葉)씨를 대대로 섬겨온 가신들이었다. 윤진이 아우인 윤소와 가신인 나카무라(中村胤宣)에게 빼앗긴 지배권을 탈환한 것도 이들 대대로 섬겨 온 가신의 지지에 의한 것이었기 때문에, 윤진·원윤 부자가 법화경에 귀의하고, 현세와 내세에 걸쳐 안락을 빌기 위해 일친의 설교를 수용한 배경에는 이런 상황이 있던 것으로 보인다.

이리하여 일친은 재지의 최고 지배 권력자인 지바씨와 그 밑의 유력한 가신을 파악하여 비전교단을 비약적으로 발전시켰다. 일친은 교단 외적으로는 정법국가를 실현하기 위해 법화경 지상주의 대시(大施)를 내걸고 『입정치국론(立正治國論)』을 상서(上書)한 것을 비롯하여 막부와 조정에 동주(諫奏)한 것이 8번, 타종과 종론을 한 것이 66번, 각지에 건립한 사원은 30여개라고 말해진다. 또한 교단 내적으로는 가마쿠라 묘법사의 일간과 중산 법화경사의 일유를 방법힐책(謗法詰責)하고, 불수불시(不受不施)를 큰 소리로 제창하는 것으로 숙정을 기도하는 등 많은 활약을 했다. 그는 장군 족리의교(足利義敎)에게서 심한 고문을 받고, 소위 나베카무리(冠鑷) 일친이라는 별명을 얻었다.

덧붙여 구주에서의 니치렌교단의 교세 확대 중에서 특징이 있는 사례는 다네가시마(種子島)의 경우이다.

이 섬 출신의 율승 임응(林應)이 아마가사키(尼崎) 본흥사의 일륭에게 가르침을 받아, 일전(日典)이라고 개명하고 1463(관정4)년 고향에서 전도하다가 섬 주민에 의해 살해되었는데, 제자 일량이 다도의 스승으로 섬의 영주 시씨(時氏)를 섬기고 그를 교화한 후 일가족과 섬 전체가 모두 일련종으로 개종하였다. 섬 전체가 모두 법화의 상태가 되어 섬의 생활 모두가 법화종의 규칙을 중심으로 한 종교색으로 채색되었다. 본능사의 승려가 종자도를 왕래했을 때, 본능사의 유력한 외호자였던 종자도씨가 외래의 신식 조총이나 강력 화약을 본능사를 통하여 장군과 관령에게 헌납한 것은 법화교단 발전의 한 단면을 볼 수 있는 것이다.

그런데 앞에서 본 바와 같이 가마쿠라 말기에서 남북조에 걸치는 시대에 일련종이 지방으로 발전한 경우, 무엇보다도 먼저 지두급의 재지 무사 영주층에 수용되어 그들의 보호를 받았지만, 무로마치시대 후기가 되면 수용하는 무사 중에 전국대명(戰國大名)적인 큰 규모의 존재가 나타났고, 주민 모두가 법화라고 불리는 지역도 앞 시대에 비해서 넓은 지역으로 확대됐다. 상총칠리법화(上総七里法華)나 비전법화(備前法華)와 같은 것도 그 예가 된다.

문명연간(1469~1487)에 경도 묘만사의 일태(日泰)가 관동지방 포교에서 기도에 의해 상총(千葉縣)의 주정정륭(酒井定隆)을 입신시켰는데, 그때 정륭은 일태에게 '전도청운(前途靑雲)'의 기원을 의뢰했다. 일태는 빈야(濱野)에 본행사(本行寺)를 개산하고 교세를 확장하였고, 정룡은 이 견의성(里見義成)을 섬기고 무공을 세워 상총국의 절반을 영유하게 되었다. 토기성(土氣城)을 축조하여 그곳에서 거주하며 일련종의 주요한 사원을 전략적 거점에 배치하는 것으로, 농민이 독립하는 길을 막았으며 각 마을에 정착한 무사를 군사조직의 구석구석에 편입시켰음과 동시에 영지 내의 모든 주민을 일련종으로 강제로 개종시키고 정교일치적 영국(領國)지배의 체제를 확립했다. 이것이 소위 상총칠리법화(上總七里法華)이고, 검과 코란의 일본적 축쇄판이라고도 볼 수 있을 정도였다.

길비(吉備)에서의 일련종 발전은 이미 역응(曆應)·강영(康永)연간(1338~1345)의 대각에 의해 전도가 시작되었고, 그 때부터 비전의 재지 호족 송전씨는 비전지역에서의 일련종 발전의 유력한 지지자가 되었다. 송전씨는 남북조시대에 한 때 비전수호(備前守護)가 되어, 비전의 수호대로서 응인문명의 난 이후에는 비전국의 서쪽 절반의 실질적 지배자가 되었다. 문명연간 이후 특히 일련종을 보호하고 영지내의 타종 사원을 개종시켜, 이에 따르지 않은 절을 태워 버리는 등 영지 내의 종교를 통일하여 일원법화(一圓法華)로 하는, 이른바 비전(備前)법화를 출현시켰다.

비전(備前)법화는 전국(戰國)시대에 들어가서 전성기를 맞이했지만, 영록11년(永祿;1568) 마쓰다(松田左近將監蓮盛)가 우희다직가(宇喜多直家)와의 전쟁에서 전사한 후부터 쇠퇴기로 들어갔다. 그러나 근세 초기에 비전문도의 지도적 입장에 있던 사람들은 송전(松田)·포상(浦上)·우희다(宇喜多) 등 비전 전국대명의 가신에 계보가 있는 사람들이었기 때문에, 이 지방에서의 일련종 발전에 중세적 재지 토호의 역할은 매우 중요했다(그들은 근세 초기에 비전에서의 불수불시 운동의 중핵이 되었다).

문명연간(1469~1487)의 미장(尾張)에서의 일련종의 발전도 미장 수호대 직전(織田)씨와 그 가신의 지지 밑에서 진행되었다. 그리고 사국의 삼호(三好)의 보호에 의한 발전도 두드러졌다. 삼호씨는 계 묘국사의 일광의 유력한 외호자였는데, 삼호실휴(三好實休)의 아들 장춘(長春)은 그 영국 아와(阿波)에서 천정연간(1573~1592)에 "아와국의 인민은 갓난 아기까지 포함하여 일련종의 법화경을 접하게 하고, 타종 절에 출입하는 것을 허용하지 않는다"는 지배 방법을 채택했다.

중세 말기의 니치렌교단 발전의 기초구조를 살펴보면, 1532(천문1)년부터 1536(천문5)년에 걸쳐 교토 시내의 일련종 본산 21개사를 중심으로 산성(山城)·하내(河內)·화천(和泉)·섭진(攝津)의 지역에서 봉기하였는데, "그 당시 교토 시내에서 법화종이 권력을 장악한 일이 있었다. 장군도 관령도 정치를 포기하고, 교토 시내도 시외도 정치는 오직 법화종이 의사하는 그대로였다"(『좌중천문물어(座中天文物語)』)고 말해질 정도였다. 이것이 교토시의 안과 밖을 지배하고, 일종의 공감대를 형성하기까지 한 법화일규(法華一揆)였다.

일규는 세천청원(細川晴元)·목택장정(木澤長政)·삼호정장(三好政長) 등 기내의 전국 대소명과 긴밀한 연락을 유지하면서 본원사 세력(一向一揆)과 천태 이하의 구불교 세력을 공격하고, 교토를 방위함과 동시에 넨구(年貢)·지자전(地子錢)을 납부하지 않고, 타 영지에 있는 전답을 빼앗으며 자기 지배권을 확립하였다.

법화일규의 기동성 있는 전투능력은 잔존세력을 보유한 畿內의 구불교와 일향일규(一向一揆)·토일규(土一揆)를 봉쇄하여 당시 령국 형성을 완성하려고 했던 기내의 전국 대·소명의 군사력을 보강하기에 적합하였을 것이고, 법화일규 자체도 자기의 세력을 신장하는 데에 그들과 결속하는 것이 가장 최선의 방법이었을 것이다.

그러나 법화일규는 1536(천문5)년 여름에 히에산의 무력을 중심으로 한 구불교 세력의 총반격을 맞아서 괴멸했다.

법화일규의 일시적 지배는 봉건영주 간의 대립항쟁을 교묘히 이용하고 결속을 굳힌 데에 실현된 것이었지만, 그것은 동시에 법화일규의 한계가 되어 법화일규의 주체였던 도시 주민 세력이 장원영주의 세력을 철저히 배제할 수 없었던 것에 그 패배의 원인이 있었다. (본 절을 저술하기 위해서는 등정학(藤井學)·중미효(中尾堯)·영산요웅(影山堯雄)·고목풍(高木豊) 각각의 노작에 의지한 바가 많았다.)

제6장

가마쿠라(鎌倉) · 무로마치(室町)시대와 구불교의 동향

1. 천태종과 진언종

1) 천태종의 구전법문(口傳法門)

가마쿠라 신불교의 종조로 거론되고 있는 호넨·에사이·도겐·신란·니치렌은 모두 히에산에서 배우고, 그곳에서 자신의 종교적 중심과제를 발견하고 그것을 발전시켜, 각각의 새 가르침을 설한 것이라고 생각된다. 게다가 호넨은 흑곡류의 원돈계를 전래하고, 에사이는 엽상류의 태밀을 후대에 전래했다. 히에산과의 관계는 지극히 긴밀하였다. 이런 의미에서 신불교를 탄생시킨 묘상에 대한 히에산과의 관계가 밝혀져야 함에도, 지금까지 신불교에 관한 연구에 비해 뒤쳐져 있는 것이 사실이다. 특히 천태·진언 양종의 교단사적 연구에 대한 보고가 미약한 상황이다. 따라서 이 문제는 앞으로 활발히 연구되어야 할 과제로 남겨두고, 여기에서는 대략적으로 서술하고자 한다.

우선 신불교의 모태가 된 천태의 교학으로 소위 구전법문을 들 수 있다. 원정(院政)시대부터 시작했다고 하는 이 법문은 혜심류(惠心流)와 단나류(檀那流)의 둘로 나누어 있는데, 특색은 교리를 합리적으로 해석하는 것이 아니라 독단적이며 주관적으로 해석하여, 그것을 구전으로 비밀리에 전한 것이라고 말해진다. 교의의 경향은 이른바 본각문(本覺門)의 사상으로, 즉 인간이 원래 깨달아 있는 것인데, 다만 그것을 명백히 알지 못해서 미혹하다는 생각이 그 근저에 흐르고 있다.

이 구전법문은 밀교 사상(事相)과 섞이어 전수되다가, 가마쿠라시대 말기에는 재물로 매매되는 상황이 되어 타락한 상태가 되었다(이 점에서는 진언종의 전수에도 같은 경향이 있었다). 그러나 원래가 개념에 불과한 것이었고, 체험에서 온 것이 아니었다. 그것을 의심하는 것에서 신불교가 탄생하였음은 도겐에 의해서도 알 수 있다.

도겐은 "본래본법성(本來本法性) 천연자성신(天然自性身)"이라는 명제를 히에산에서 얻고, 이 명제에 대한 의문(그대로에서 좋다고 하면 왜 수행해야 하는가)을 지닌 채, 히에산을 내려가 건인사로 향했다고 전해진다. 『보경기』에 의하면 장옹여정(長翁如淨)에게 사사할 때 도겐의 첫 번째 질문도, 이와 같은 히에산의 본각문의 사상에 의거하여 일체중생은 무시본유(無始本有)의 여래라는 명제가 거론되었다. 그는 대륙까지 이 문제를 가지고 갔던 것이었다.

이 구전 법문은 가마쿠라시대 중기쯤부터 관동지방의 각지에 전래되고, 그의 담의소(談義所)가 차츰 생기게 된 것으로 보인다. 니치렌이 가정4년(嘉禎;1238) 안방(安房)의 청징사(淸澄寺)에서 구전법문의 책인 『원다라의집(圓多羅義集)』을 필사한 것은 유명한데, 무로마치시대에는 그 교세가 무장(武藏)·하총(下総)·상총(上総)·하야(下野)·상륙(常陸)에서 오주(奧州)·신농(信濃)에까지 확장되면서, 이른바 관동천태로 발전해 갔다. 그리고 전국시대가 되면 천태의 중심이 관동지방으로 옮겨 가게 된다.

2) 히에산의 승병과 교학의 부흥

히에산은 가마쿠라와 무로마치시대를 통하여 불교전체의 대본산과 같은 권위를 자임하고, 신불교의 운동에 승병들이 활동하며 자주 압박을 가하였다. 그것은 호넨의 교단에 대한 박해에서 시작하여 천문법화(天文法華)의 난까지 이르고, 정토교·선종·니치렌의 신불교 각파에 대해 행해진 것이었다. 이렇게 히에산 교권과의 타협을 통해서만이 신불교 전도가 가능한 측면이 있었는데, 예를 들면 지은원(知恩院) 주지의 임명은 원화6년(元和;1620)부터 에도막부의 명에 의해 행해졌는데, 그 이전에는 청련원문적(靑蓮院門跡)의 영지(令旨)에 의해 행해졌던 것이었다.

승병의 활동은 흥복사나 고야산 및 네고로지(根來寺) 등에서도 보였지만, 활동의 이유가 된 것은 교단의 사회적 권위를 침해하는 무사의 행동이나 교단 내부의 신분적 대립이었다. 히에산과 그 밖의 대사원은 광대한 장원을 소유하고, 그 경제력과 불입권(不入權)을 기초로 하여, 사회적·정치적으로도 공가와 무가에 대항할 만한 하나의 독립된 힘을 가지게 되었다. 승병의 활동은 그러한 현상의 하나였다. 승병은 절이 소유한 장원에 기원이 있고, 그 활동은 향촌제(鄕村制)가 차츰 형성되던 시대에 변화되는 사회질서의 일부를 구성하는 것이었다고 볼 수 있을 것이다.

히에산의 교학에는 기가(記家)와 석가(釋家)가 있었다고 한다. 기가는 이른바 구전법문이고, 석가는 이에 대한 경전의 합리적 주석을 지향한 학승의 일파였다. 가마쿠라시대 초기에 『삼대부사기(三大部私記)』라는 대저를 저술한 증진(證眞)이 나타났다. 그가 문치4년(文治;1188)년에 쓴 『천태진언이종동이장(天台眞言二宗同異章)』에서 현밀의 일치에 대해 논의하지만, 유상(有相)의 행(行)인 밀교 사상(事相)의 의미에 대하여 문제를 느꼈던 것을 알 수 있다. 또 말세에는 기(機;인간 각각의 소질 또는 성질)가 다르다. 대륙에서는 지금 달마종이 많은 인기를 얻고 있지만 일본에서는 여러 가지 행이 행해지고 있다고도 쓰여져 있다. 유심(有心)의 불교자들이 귀추에 헤매던 당시 사정을 반영한 말이라고 할 수 있겠다.

원정(院政) 말기에 학생과 당중(堂衆)[81] 간의 다툼으로 황폐화된 히에산에서 천태좌주(天台座主)가 된 사람은 섭관가(攝關家) 출신의 자원(慈圓)이었다. 그는 1195년(建久6)에 권학강(勸學講)을 시작하고, 승원2년(承元;1208)에 대참법원(大懺法院)을 지으며 현밀의 행을 행했다. 이것은 자원이 히에산의 불법을 중흥하려고 해서 시작한 것이었다. 그 후 가원3년(嘉元;1305) 흥원(興圓)이 12년간 옹산(籠山)을 부흥하고, 정화5년(正和;1316) 그것을 완료함과 동시에 원돈계의 부흥에도 노력하였다.

이들 히에산 불법의 부흥은 지방에까지 영향을 주었는데, 상륙흑자(常陸黑子)의 천묘사(千妙寺)를 관응2년(觀應;1351)에 중흥한 양수(亮守)와 가경1년(嘉慶;1387)에 근강백원(近江柏原)의 담의소(談義所)를 연 정순

---

81) 堂衆 : 사원의 諸堂에 부속하고 잡일에 종사한 하급의 승려를 말하며 堂僧또는 行人이라고
도 했다.

(貞舜)의 활동이 있었다.

그리고 문명15년(文明;1483) 히에산 구로다니(黑谷) 청룡사(靑龍寺)에 은둔하며 매일 6만회의 염불을 외운 진성(眞盛)은 염불과 함께 원돈계를 설하여 난세에 산 사람들에게 감명을 주었고, 일찍이 혜진(惠鎭)이 율원으로 중흥한 서교사(西敎寺)에 들어왔다. 진성도 구로다니의 원돈계의 흐름을 계승하고 있었다. 아울러 상륙흑자(常陸黑子)의 천묘사(千妙寺)의 존순(尊舜)은 『법화취림습엽초(法華鷲林拾葉抄)』 등을 저술했다. 그 후 상륙(常陸) 소야(小野) 봉선사(逢善寺)의 정진(定珍)은 『일본대사선덕명장기(日本大師先德明匠記)』를 저술하고 관동천태의 계보에 관해서 기록을 남겼다.

3) 진언종 교단의 전개와 동향

먼저 교단사에서 고야산의 대전법원(大傳法院)과 밀엄원(密嚴院)이 정응1년(正應;1288)에 근래(根來)로 옮긴 것에 대해 살펴보자. 각번(覺鑁)이 시작한 대전법원(大傳法院)의 승려와 본사인 금강봉사(金剛峯寺) 승려와의 싸움은 원정(院政)시대(가마쿠라시대 말기)에 시작했지만, 인치(仁治)·관원(寬元)연간(1240~47) 쯤에 양자간에 전투가 발생했고, 본사의 승려가 대전법원측을 격파한 결과, 본사 측의 도범(道範) 이하 26명이 각지에 유배되었다. 그 후 보치1년(寶治;1247)과 홍안7년(弘安;1284)에도 전투가 일어났고 결국 대전법원측이 스스로 고야산에서 물러나고 신의진언(新義眞言)으로 독립하기에 이르렀다(守山聖眞저,

『秘密佛敎講話』).

　다음으로 진언종의 교단사 중에 동국의 발전을 간과할 수 없다. 가마쿠라막부가 설치된 이후 막부의 귀의를 받은 승려 중에는 태밀의 에사이와 그 일파, 삼정사(三井寺)의 공현(公顯), 히에산의 관성(觀性) 등이 있었지만, 동밀(東密)의 승려도 많았다. 가정1년(嘉禎;235)에 가마쿠라 명왕원(明王院)의 별당이 된 정호(定豪)를 비롯하여 가마쿠라에 하향한 동밀의 승려가 꽤 많았다. 학강팔번궁(鶴岡八幡宮)의 별당에 취임한 승려로는 사문의 승려도 있었지만, 동밀의 승려가 더 많았다.

　그리고 무로마치시대는 진언종의 사원이 점점 본사 말사의 조직 밑에서 작은 향촌 단위까지 진출하는 과정이었다고 생각된다. 정토종의 파들 및 조동종 등과 함께, 그들 종파의 진출이 활발하지 않았던 지역에서 진언종의 지방 발전이 있었던 것을 간과해서는 안 된다. 그리고 신불교 제파의 교단이 발전하는 과정에서, 밀교적 색채가 각각의 교의 중에 첨가되어졌던 것도 생각할 수 있다. 민중과의 관계로는 조동종 사원이 혹은 토지신 신앙과 습합한 신비적 전설에 의해 혹은 현세의 기도와 타협하는 것에 의해 발전해 간 것을 알 수 있다. 또한 교학의 문제로는 임제종의 소위 임하(林下;지방으로 발전한 제파)에서 밀참록(密參錄)이 생기고, 구전로써 공안의 해답이 전수된 것과 정토종 진서파(鎭西派)의 오중상전(五重相傳)과 같은 것, 그리고 후세에 은념불(隱念佛)[82]로서 전해진 신

---

82) 隱念佛(가쿠시넨부쓰) : 비밀결사를 결성한 염불행자의 집단이다. 산속·창고·암실 등에 숨어서 비밀로 집회·염불을 행했다. 에도시대 동북지방에서 유행하고 탄압을 받았다.

란류(親鸞流)의 염불 비전(秘傳) 등등 열거하자면 끝이 없는 정도인데, 이는 이 시대의 교학 동향이 밀교적이었다는 것이다. 따라서 이 시대의 진언종 사원 발전은 시대사조에 합치한 것이었다고 말할 수 있다.

경장17년(慶長;1612)의 관동팔주(關東八州) 진언종사원 연판장 말비에는 252개의 절 이름이 적혀 있고, 그 중에서 하야(下野) 80, 상륙(常陸) 51, 하총(下総) 46이 많은 것이었다. 이 시대의 진언교학에서 제일 먼저 떠오르는 인물인 뇌유(賴瑜;1226~1304)는 대일여래의 가지신(加持身)이 설법하기 때문에 고야 쪽에서 말하는 것과 같은 본지의 법신은 설법할 수 없다고 하여, 대전법원(大傳法院) 쪽이 신의진언(新義眞言)으로서 교의상의 근거를 명백히 한 것이라 할 수 있다. 대전법원의 네고로(根來) 이전도 뇌유가 충준(忠俊)과 상의하고 실행한 것이었다고 한다. 뇌유는 매우 많은 저술을 남겼지만, 그 중에 『진속잡기문답초(眞俗雜記問答鈔)』를 보면, 선종과의 우열에 관한 것을 설하고 있으며, 달마에 관한 기술도 있다. 또한 가마쿠라시대 말기가 되면서 진언도 송나라 풍의 선종에 대처할 필요가 있음을 말하고 있다.

가마쿠라시대의 고야산의 학장으로는 각해(覺海)와 그의 제자인 도범(道範)이 유명하고 저술도 남아 있다. 무로마치시대가 되면서 유쾌(宥快)와 장각(長覺)이 고야산의 교의를 대성했다고 한다. 동사에는 고보(杲寶)가 나와 많은 저술을 남겼다.

교토 동산의 백호사(白毫寺)에 거주한 동사류(東寺流)의 승려인 지도(知道)가 홍안9년(弘安;1286)에 저술한 『호몽십인(好夢十因)』은 두솔상생(兜率上生)을 권장한 책이었지만, 그 후반 부분에 다음과 같은 점을 지적하고 있다. 밀교의 즉신성불의 교의에서 보면, 범부의 신구의의 삼업은 대일여래의 삼밀과 일치하는 도리, 즉 몸이 부처이고 번뇌가 즉 보리라는 것이다. 이 교리를 이해하면, 밀교에서는 현실의 미혹한 범부 그대로도 괜찮은 것이 된다. 그러나 지도는 그러한 생각은 단지 말뿐인 것으로 실제로 번뇌가 일어날 때에는 아무 소용없는 것이라고 하면서, 자기의 기(機;성질)을 반성하며, 도솔천으로 상생해서 그곳에서 불법을 습득하고 싶다고 말하고 있다. 밀교에서 말하는 본각문의 사상이 공리공론이며 단순한 자연주의로 빠지고 있다는 것을 한탄하고 비판한 것이다.

지도는 중년이 되어서 출가한 구도자인 만큼 실존의 문제를 해결하려는 실천적 욕구가 강했던 것으로 보인다. 지도는 스스로가 이미 위와 같은 잘못된 설을 믿었다고 말하지만, 이러한 입천류(立川流)라는 본각사상이 극단으로 전개된 자연주의적 교의는 가마쿠라시대 말의 진언종에 나타났던 것이라 생각되는 점이 있다. 시대사조로는 자연주의적 경향이 강했다고 말할 수 있겠지만, 지도가 가진 것과 같은 자세가 바로 신불교를 탄생시킨 계기와 상응하는 것이었다고 말할 수 있겠다.

2. 남도불교(南部佛敎)의 재기

1) 동대사(東大寺)와 흥복사(興福寺)의 부흥

치승4년(治承;1180) 12월 나라는 타이라 시게히라(平重衡)의 군대에 의해 불타고, 400여년의 전통을 자랑한 남도 불교도 새로운 전개를 펼칠 수 있는 전환기를 맞이했다. 다행히 동대사는 준승방(俊乘坊) 중원(重源)의 노력과 가마쿠라막부의 후원에 의해 서서히 부흥의 길에 오르기 시작하고, 흥복사의 당탑도 재흥되기에 이르렀다.

이들 양 절 중에서 흥복사가 경제적으로나 사회적으로도 동대사를 능가하고, 교토의 히에산과 남북으로 상대하여 불교계에서 권위를 갖고 있었던 것은 말할 것도 없다. 이 흥복사의 세속적 권위를 가장 잘 보여주는 것이 대화국(大和國)에는 수호가 임명되지 않고 흥복사가 그 지위에 있었던 것이다. 가마쿠라막부와 흥복사의 역학관계를 보여주는 사례는, 가정1년(嘉禎;1235)부터의 흥복사와 석청수(石淸水)가 대주(大住)와 신장(薪莊)의 수리권에 관해서 다툰 사건에 대한 막부의 처치였다. 그때는 호조우 야수토키(北條泰時)가 집권하고 있었고, 막부의 처치는 엄격했다.

이 사건에서 석청수 측은 신여(神輿)를 동좌(動座;출동)하고 흥복사 측은 가스가(春日)신사의 신목(神木)을 봉대한 승병들이 봉기했는데, 서로 상대방을 비난하며 그 처분을 막부에 요구하였다. 흥복사의 승병은 12월에 우치교(宇治橋)를 사이에 놓고 막부군과 대결하였는데, 그 대결은 다음 해인 1236년 1월까지 계속되었다. 그해 2월 고토 모토쓰나(後藤基綱)이 군사를 지휘하고 흥복사 승병에 대치하며, 엄격한 명령을 내려 승병들을 돌아가게 하였다.

그러나 흥복사 승병이 요구한 석청수 별당에 대한 처분이 행해지지 않았기 때문에, 7월이 되자 승병들은 신목을 금당에 옮기고 또다시 봉기했다. 8월에 막부는 후등기강을 파견하여 나라로 통하는 도로를 폐쇄하였지만, 승병들도 전쟁체제를 갖추고 항복하지 않았다.

그래서 막부는 대화국에 수호를 임명하고 흥복사의 장원을 몰수하였으며, 지두를 임명하고 가까운 지역의 어가인(御家人)[83]에 명령하여 나라를 포위했다. 7일 후에 흥복사 승병은 항복하고, 11월에는 신목도 돌아갔으므로, 막부는 야마토(大和)의 수호와 지두를 폐지하고 예전과 같이 흥복사 지배로 하였다. 가마쿠라막부의 권력이 가장 강하였던 당시이었기 때문에 야마토에 수호를 임명할 수 있었지만, 그러한 조치도 협박으로 보였기 때문에 곧 그만두었다. 이러한 사건을 통해 흥복사의 권위를 짐작해 볼 수 있다고 하겠다.

---

83) 御家人(고케닌) : 무가가 정권을 장악한 시대에 장군 譜代(대대로 같은 주군을 섬기는 일)의 무사이다.

2) 계율의 부흥과 남도계 불교

남도불교는 헤이안시대에 동밀과 교섭하였는데, 그 결과로 밀교를 기초로 하고 삼론·법상·화엄·률을 겸학할 수 있는 학풍이 발생했다. 이 학풍은 중세를 통해서 퍼져나갔는데, 밀교와의 겸학이라는 학풍을 배경으로 한 가마쿠라시대 남도불교의 두드러진 특징은 계율의 부흥이라 하겠다).

정경(貞慶)은 평치(平治)의 난[84]에서 유명한 후지와라노 신제이(藤原信西)의 손자이면서 흥복사의 승려였는데, 건구3년(建久;1192) 입치사(笠置寺)에서 은둔하고 다시 해주산사(海住山寺)로 옮겼다. 그가 은둔 후 공청(公請)을 위해 적어 놓았던 문장을 보고 만든 "이것이야말로 진실한 도라고 생각하였는데, 알고 보니 이것도 역시 세상을 살아가는 다리였구나"라는 화가(和歌)는 일반적으로 궁중을 출입하고 자의(紫衣)를 입으면서 승강(僧鋼)이 되는 것을 목적으로 한 남도 승려의 자세에 대해서 비판을 가한 것으로 유명하다.

정경의 계율재흥의 원문(願文)에서 흥복사 내에서 계율이 쇠퇴한 것을 한탄하고 계본을 한 권이라도 읽히고 싶다고 말하고 있다. 그는 제자인 각진(覺眞)에게 상희원(常喜院)이라는 계율 근본도량을 건립하게 하였다. 정경은 유식·인명에 관해서 저술하기도 하였는데, 이 시대의 흥복사는 법상과 인명의 절로 알려져 있었다. 정경은 또한 석가염불을 외고,

---

84) 平治의 亂 : 1159년에 발생한 내란이다. 이 내란에서 이긴 平淸盛이 이후 중앙에서 권력을 장악했다.

미륵보살의 도솔천으로 상생하려는 소망을 지닐 것을 사람들에게 권장하였으며, 전수염불에 반대하고 남도불교의 전통에 새로운 생명을 주려고 하였다. 전수염불에 대해 흥복사는 9개조의 문제점을 열거하며 그 정지를 조정에 호소했는데, 정경은 흥복사주상(興福寺奏狀)의 필자로 전해지고 있다.

정경의 다음으로 남도불교의 대표자로 세상에서 각인된 사람이 교토 도가노오(栂尾)에 고산사(高山寺)를 연 고변(高辯;明惠房)이었다. 그는 교토 다카오(高雄)의 신호사(神護寺)에서 배우고 동대사(東大寺) 존승원(尊勝院)의 화엄교학 전통을 받으면서 관행(觀行) 실천에 평생을 보내고 화엄과 진언의 일치를 이론화했지만, 역시 계율강의를 중요시하였고 도솔천 상생의 사상을 가지고 있었다. 명혜(明惠)의 말년에 고산사에서의 설계회(說戒會)는 매월 보름날과 그름날에 개최되어, 교토의 귀족 등 신자들이 운집했다. 그는 지계의 청승(清僧)으로 세간의 존경을 받고 있었던 것으로 알려지고 있다.

다음으로는 남도와의 관련이 적지만 천용사(泉涌寺) 준잉(俊芿)의 활약을 들 수 있다. 준잉은 비후(肥後) 사람으로 구주의 관세음사(觀世音寺)에서 구족계를 받았고, 건구10년(建久;1199)에 입송하여 천태와 율을 배우고 건역1년(建曆;1211)에 귀국해서는 천용사(泉涌寺)를 재흥하여 계율을 일으켰다. 북경률(北京律)이라 불리고 있다.

정경의 손제자에 상당하는 각성(覺盛)은 흥복사의 상희원(常喜院)에서 계율 부흥을 지향하다가, 1236년(가정2년)에 예존(叡尊)·원청(圓晴)·유엄(有嚴) 등과 같이 동대사 대불전에서 스스로 수계하였는데, 이것에 의해 한때 단절되었던 남도의 계율이 부흥했다. 이후 흥복사 송원(松院)에 거주하다가, 당초제사(唐招提寺)로 옮기고 계율을 설했다. 그의 문하에 료헨(良遍)·신쿠(眞空)·엔쇼(圓照) 등이 나왔다.

원조는 동대사 계단원(戒壇院)에 거주하며 계율을 일으켰다가, 동복사(東福寺)의 원이(圓爾) 밑에서 참선하고 인가를 받았다. 그 제자인 응연(凝然)의 기록에 의하면 원조가 근본적으로 의지한 것은 진언으로, 비유하면 진언을 적자(嫡子)라고 할 때 선법은 단지 3남에 불과한 것이었다. 즉 "몸은 율가(律家)에 있고, 종파는 삼론이고, 깨달음은 진언의 맛을 즐기고, 과보는 정토에서 논다"는 것이 그의 불법이었다고 한다. 이것은 원조만이 아니라 이 시대의 남도계 불교의 상황을 이야기하는 것이기도 하였다.

예존(叡尊)은 제호사(醍醐寺)·고야산(高野山)·동대사(東大寺)에서 배우고 각성(覺盛) 등과 스스로 수계한 후, 서대사(西大寺)에 들어가서 계율을 강의하였다. 1262년(弘長2) 가마쿠라로 하향하여 호우조우 도키요리(北條時賴) 등에게 수계하는 한편, 비인(非人)[85]을 구제하고 나병환자 등의 비인을 수용하는 시설을 만들며 살생금단을 권장한 것은 잘 알려져 있다. 예존의 제자에 인성(忍性)이 있는데, 그는 상륙(常陸) 삼촌사(三村寺)와 가마쿠라 극악사(極樂寺)에 거주하다가 섭진(攝津)의 다전원(多田院)과 사천왕사(四天王寺)에 거주하였으며, 스승과 마찬가지로 살생금단을 권장하고 비인의 구제에 힘썼다.

---

85) 非人(히닌) : 천한 신분의 사람, 특히 극빈자나 거지를 낮추어 일컫던 말이다.

료헨(良遍)은 흥복사에 거주하였고 유식·인명·계율·정토의 4종에 통달하여 저술이 많았으며, 말년에는 생구산(生駒山)의 죽림사(竹林寺)에 은둔했다. 또 신쿠(眞空)은 삼론·율·정토·진언을 겸학하고 저작하였으며 목번(木幡)의 관음원(觀音院)에서 거주했다. 동대사의 종성(宗性)은 구사·인명·화엄을 배우면서 저술 및 수초본(手抄本)을 매우 많이 남겼다.

이상과 같이 이른바 남도육종 중 성실(成實)을 제외한 나머지 교학은 가마쿠라시대가 되어 부흥한 것이다. 그 특징의 하나가 밀교를 근본으로 하여 각 종을 겸학하는 것이었는데, 나라시대와는 달리 흥복사는 법상·인명을, 동대사는 삼론과 화엄을, 서대사·당초제사는 율을 각각 중심으로 하였다. 그러한 각종겸학의 풍조의 유래를 보면, 송나라 불교학의 각종원융(各宗圓融) 사상에서 찾을 수 있으며, 송판일절경(宋板一切經)의 수입 등에 의한 자극으로 경전의 간행이 실행된 것도 남도불교의 특징이다.

이러한 가마쿠라시대 남도불교의 마지막을 장식하는 것은 응연(凝然)의 업적일 것이다. 그는 동대사 계단원의 승려로, 원조의 제자이며 화엄은 종성(宗性)으로부터 배웠다. 각종의 교학을 통달하고 127부 1,200 여 권의 저서를 남긴 학승이었다. 그의 저술 중에는 『팔종강요(八宗綱要)』와 『내전진로장(內典塵露章)』과 같은 각종 개론서 및 『삼국불법전통연기(三國佛法傳通緣起)』라는 불교사가 있는데 이 책들은 후세 널리 읽혀졌다.

또한 아울러 응연의 화엄 제자에 선이(禪爾;和泉의 久米田寺에서 거주함)

가 있고, 그 제자인 담예(湛睿)가 금택(金澤;神奈川縣)의 칭명사(稱名寺)
에 거주하면서 관동지방에 남도계 불교 교학을 전한 것은 주의 깊게 보
아야 할 것이다. 그의 학풍은 화엄을 근본으로 율을 겸하고 밀교를 받아
들이는 서방정토를 지향하였으므로, 호넨 문하의 장서(長西)와 융관
(隆寬)의 저서를 받아들인 것은 당연한 일이었다.

3. 구불교 교단의 쇠퇴

1) 구불교 사원의 권위 상실

원구2년(元龜;1571) 오다 노부나가(織田信長)에게 히에산이 화공을 당한 것은 구불교의 대사원 세력이 새로운 무가의 무력에 의해 무너지기 시작한 것이지만, 이미 그 이전부터 구불교 교단의 사회적 권위는 쇠퇴하고 있었다. 경제적으로 장원제가 붕괴되면서 궁핍해지고, 이를 기반으로 열렸던 법회나 논의가 뜸해지고 그 결과 교학도 쇠퇴하게 된다. 무의미하게 옛 형식을 지키는 상황이 되어 버렸던 것이다.

응인문명(應仁文明)의 난으로 이들 대사원에 직접적인 피해는 없었지만, 흥복사 대승원(大乘院)의 심존(尋尊)은 이 난에 의해 교토가 불탄 것은 왕법과 불법의 파멸이라 한탄하고, 승단에서의 하극상 사실을 목도하며 말세를 실감하게 된다. 특히 대사원으로서는 사사본소령(寺社本所領)의 회복 여부가 절실한 문제였다. 흥복사 다문원(多聞院)의 영준(英俊)과 같은 승려는 천정3년(天正;1575) 오다 노부나가(織田信長)의 에치젠(越前) 통합에도, 그 소령이었던 하구평강장(河口坪江庄)이 부활하는 꿈을 완전히 버릴 수 없었다. 그러나 현실은 1575년(천정3)에 노부나가의 가신이 수호로서 야마토로 들어오고, 1580년(천정8)에는 다키가와(瀧川一益)와 아케치(明智光秀)가 들어와 야마토 전지역에서 지출(指出)을 징수했으므로 흥복사도 그에 따라서 제출했다.

남도에 관해 살펴보면, 영록10년(永祿;1567) 마쓰나가(松永久秀)와 미요시(三好長慶)의 3가신 사이에 전투가 있었을 때 동대사는 전화로 불에 타고, 그보다 이전인 영정2년(永正;1505)에는 호소가와(細川政元)의 가신 아카사와(赤澤朝經)가 야마토의 사사령(寺社領)을 빼앗은 일이 있었다. 그 때 흥복사는 이에 돈을 주고 그 피해를 피하려고 한 사실이 있었다고 하는데, 실추된 권위를 여실히 느낄 수 있는 부분이다.

고야산에서는 영향2년(永享;1430) 학승와 수행승[86]의 분쟁을 시작으로 교단 내에서 승병의 투쟁이 발생하게 된다. 승병은 전국시대에는 지방의 호족과 같이 세천(細川)·삼호(三好) 등의 무사들이 전투에 가세하였다. 그 결과 사원 자체가 파멸되었다. 원구2년(元龜;1571)의 히에산의 멸망도 히에산이 아사이(淺井)·아사쿠라(朝倉) 쪽에 가세한 것이 직접적인 원인이었다.

오다 노부나가(織田信長)은 무력으로 히에산을 화공(火攻)하고, 경제적으로 남도를 억압했다. 도요토미 히데요시(豊臣秀吉)은 그것을 계승하여 대정13년(天正;1585) 근래사(根來寺)를 화공했다. 그리고 고야산

---

86) 學侶와 行人 : 高野山의 衆徒에 3파(高野三方)가 있는데, 그 3파 가운데 학업 중심의 學侶方과 俗務를 담당하는 行人方(교우닌가타)의 두 파를 의미한다. 나머지 하나인 聖方(히지리카타)은 전국을 勸進해서 유행한 소위 高野聖(고우야 히지리)이다.

을 제압하여 사령(寺領)을 3000석으로 삭감하여 안도(安堵)하고 무기를 몰수했다. 그리고 목식응기(木食應其)의 노력으로 파괴를 면했으니, 신의조영(新儀造營)하려는 마음을 가지라고 말했다.

이와 같은 과정을 통해, 중세에 걸쳐 유지되어 온 불입권(不入權)을 근거로 한 대사원의 세속적 권위는 상실되었는데, 새 통일자에 의해 주어진 사령(寺領)을 기반으로 통일자에게 복종하면서 새로운 걸음을 걷기 시작했다.

2) 구불교 사원의 재흥

도요토미(豊臣秀吉)의 시대에 구불교 사원은 각각 재흥의 길을 걷기 시작했다.

먼저 히에산은 천정12년(天正;1584)에 재흥의 허가를 받아 근본중당(根本中堂)은 1585(천정13)년에 건축을 시작하였고, 사령(寺領)은 경장6년(慶長;1601)에 5000석으로 규정되었다. 이것은 호성(豪盛)·전종(全宗)·전순(詮舜) 등이 노력한 결과였다.

근래사(根來寺) 학승인 전예(專譽)는 근래사가 불탄 후 화천(和泉)의 국분사에 숨어 있었다가 1587년(천정15)이 되어서야 히데요시의 명령을 받고 대화(大和) 풍산(豊山) 장곡사(長谷寺)를 재흥하였다. 그리고 현유(玄宥)는 고야산에서 고웅(高雄) 신호사(神護寺)로 또 북야(北野)에 옮겼는데, 1600년(경장5)에 이에야스(家康)로부터 풍국신사(豊國神社)의 방사가 주어지자, 원래 그곳에 있었던 근래사(根來寺)의 지적원(知積院)

을 재흥했다. 그리하여 신의진언(新義眞言)의 풍산(豊山)·지산(智山)의 양파가 성립된다.

또한 천태는 천해(天海)의 활동이 있었다. 천해(天海)는 1599년(경장4)에 선파(仙波) 희다원(喜多院)에 들어가서 교단을 재흥하고, 그 후 이에야스의 귀의를 얻어 히에산 동탑(東塔)에 들어갔다. 세전량(世田良)의 장락사(長樂寺)를 거쳐 1613년(경장18)에 하야(下野) 일광산(日光山)에 들어가 중흥하여, 그곳을 가강의 묘소(廟所)로 한 후 동예산(東叡山) 관영사(寬永寺)의 제1세가 되었다. 이에야스의 귀의승으로 에도막부의 깊은 귀의를 받고, 새 시대에 천태종의 지위를 확보했다.

제7장

메이지(明治)시대의 불교

메이지(明治)시대에도, 신도·불교·기독교의 근대사회로의 대응은 각각의 종교적 성격이나 객관적 조건에 따라 다르다. 일본의 근대사회는 구미의 근대사회와 비교해 볼 때, 그 후진성[특히 봉건성과 근대성의 이중구조를 가지고 있는 점 등]이 지적되어 왔는데, 일본은 오랫동안 봉건제도를 유지해 왔기 때문에 근대사회로의 이행과정에서 복잡성을 가질 수 밖게 없었다. 이 복잡다양한 일본근대사회와 각 종교가 교섭하여 일본근대종교사는 성립되었다.

불교는 막번(幕藩)권력에 의한 어용종교화로 근대국가나 근대종교에서 부정되어 근대불교는 근대화 노력에 박차를 가해야 할 필요성이 있었다. 그러나 근대자본주의사회와 불교를 대치해 보면, 종교의 본질적 의미에서도 무조건적으로 자본주의를 긍정할 수 없는 입장임에도 불구하고 불교의 초역사적 성격을 바탕으로 근대성 획득을 위한 노력을 게을리하지 않았다.

이러한 견지에서 근대불교로의 메이지불교를 다루려 할 때, 다음 세 과제가 중심점으로 떠오른다. 즉 폐불기석(廢佛棄釋)과 불교의 각성, 국가주의의 대두와 불교혁신운동, 근대불교 형성의 3가지이다. 첫 번째는 메이지유신(明治維新)을 둘러싼 문제이고, 두 번째는 메이지20년대(1887~1896) 전후의 정세에 대응하는 문제이고, 세 번째는 메이지30년대에서 말기에 걸친(1897~1912) 문제이다. 따라서 첫 번째를 메이지 전기불교사, 두 번째를 메이지중기불교사, 세 번째를 메이지 후기불교사로 정리한다.

1. 배불훼석(排佛毁釋)과 불교의 각성

에도시대 불교는 사원제도의 제정에 의해 특권적 보호를 받았다. 즉 막부는 기독교도를 조직적으로 소멸하기 위하여 단가[87]제도(檀家制度)를 채용했다. 각 사원이 단가(檀家)의 가족 전원의 이름을 기록한 종문 인별개장(宗門人別改帳)을 관리하였는데, 불교가 막부 권력의 말단기구를 담당한 것을 의미했다. 또 막부는 모든 종파의 본산에 사원법도(寺院 法度)를 폐지하고 모든 종의 법식을 혼란시키지 않을 것 등의 많은 조문을 규정하고, 사원을 통제해 갔다. 이로써 각 사원의 생활은 일단 안정되었지만, 종교로서의 불교는 정치에 종속되었다.

물론 에도시대 265년간의 치세 동안에 교학의 흥륭과 약간의 진보도 있었으나, 불교신앙의 관점에서 보면, 이같은 막부권력에 의한 불교의 정치적 보호는 불교의 부패와 타락을 초래하는 결과를 낳았다. 또한 폐

---

87) 檀家(단카) : 일정한 절에 소속하면서 그 절에 장례식 등 불사 일체를 맡기고, 시주에 의하여 그 절의 재정을 돕는 집. 또는 그런 신도. 명목상 일본의 각 절은 단가들의 보시에 의해서 경제적으로 성립한다.

불훼석이 초래되는 필연적인 이유기도 하였다.

에도시대의 폐불훼석은 사상의 초기부터 준비되어 있었다. 유학자와 국학자에 의해 그리고 경제적 욕구에 의해, 세속적 번영을 자랑하는 불교계에 폐불론이 가해졌다. 에도시대 초기의 폐불론에 대한 주장은 임라산(林羅山) 등을 비롯하여 수없이 많았는데, 그 논점은 불교의 운둔적이고 해탈적인 교리가 유해무익하다는 것, 신불습합은 국세가 쇠미해지는 원인이 된다는 것 등이었다. 에도시대 중기 이후에서는 국학의 발흥과 아울러 고신도(古神道)의 부흥을 목표로 한 폐불론이 성행하였다. 특히 평전독윤(平田篤胤)에 의한 폐불론은 격렬했다. 또 막번(幕藩) 경제가 악화됨에 따라 중정죽산(中井竹山)·정사고기(正司考祺) 등의 경제학자는 승려의 기생적 생활로 인한 국가의 경제적 부담을 비난하였다.

폐불론은 사상에서만 머무르지 않고, 존황양이[88](尊皇攘夷)론의 전개나 복고사상 등을 배경으로 한 구체적 시책으로 나타났다. 즉 수호번(水戶藩)[89]에서는 천보개혁(天保改革)이 실행되었을 때 사원의 폐합을 엄격하게 단행하고, 또 복고주의가 성행한 사쓰마(薩摩)·쓰와노(津和野) 등의 번[90]에서는 사원 정리나 신불 분리의 기운이 생겼다.

---

88) 尊皇攘夷 : 천황의 권위를 절대화하고, 開國을 강요하는 외국세력을 물리치자는 생각이다. 에도시대 말기의 쇄국주의적인 정치사상이었으며, 이윽고 막부 타도 운동으로 발전되었다.

89) 水戶(미토)藩 : 茨城縣 水戶市를 중심으로 한 지역을 에도시대에 지배한 大藩이다. 德川 御三家(尾州家·紀州家·水戶家) 중의 하나이며 水戶藩에서 발달한 학문을 水戶學이라고 하고 19세기 초의 尊皇攘夷運動에 큰 영향을 주었다.

90) 藩(한) : 에도시대 大名이 지배한 영지·인민·통치 기구의 총칭이다. 한의 지방 전체를 지배한 大藩도 있었지만, 보통 한 지방내에 몇 개의 藩이 있는 경우가 많았다.

이와 같은 불교의 정치적 보호, 나아가서는 폐불론의 전개 과정에서, 불교 측에서 신앙 획득을 위한 노력이 없었던 것은 아니었다. 에도시대 말기에 나온 자운(慈雲)은 계율운동의 진흥과 범학에 관한 연구자로 근세 서예사에도 잘 알려진 인물인데, 근대불교에 준 영향으로는 십선계(十善戒)를 중심으로 한 계율의 부흥을 꼽을 수 있다. 승려 풍속의 퇴폐에 대한 계율의 부흥은 메이지기의 후쿠다(福田行誡) 등에 영향을 주게 되었다.

자운 등의 고승과는 달리 에도시대 말기의 묘호인(妙好人)의 배출이 주목된다. 그것은 1818년(文政元年)에 서본원사(西本願寺) 말사의 앙서(仰誓)가 『묘호인전(妙好人傳)』을 저술한 이후부터의 일이지만, 특히 문화(文化)·문정(文政) 연간(1804~1830)에 농민이나 상인이 무지문맹임에도 불구하고 강한 신앙을 가진 것이 기록되어 있다. 그리고 현세의 고뇌를 체념한다는 형태의 『묘호인전(妙好人傳)』이 편집된 것이 큰 특징이었다.

에도시대 후기의 묘호인의 성격에 관해서는 논의의 여지가 있지만, 근대사회의 묘호인상에 많은 문제를 던진 것도 사실이었다. 그리고 폐불론이 거론되던 중에 불교측에서 많은 호법론이 나왔는데, 그 대다수는 기독교 금압이나 양이론(攘夷論)에 편승한 호국부종(護國扶宗)을 표어로 한 것들이었다.

에도시대 말기의 메이지 절대주의 정권의 확립과정과 불교의 관계를 거시적으로 보면, 이 시기가 에도시대 불교에서 메이지불교로 재편성된 출발점이었다고도 볼 수 있다. 불교는 에도정권과 밀착되어 있었기 때문에 절대주의 정권에 의해 배척된 것은 당연하였다. 그리고 그것을 사상적으로 말하면, 부국강병을 모토로 한 절대주의에서 염세적·부정적 혹은 탈속적인 성격의 불교를 배척한 것은 당연한 일이었다. 그러나 절대주의 정권은 불교를 배척하면서도 에도불교를 메이지불교로서 재편성하여 메이지정권에 유용하게 쓰려고 했다.

메이지 신정권은 왕정부고(王政復古)를 모토로 하고, 히라타(平田)파의 평전철윤(平田鐵胤)·평전연윤(平田延胤)·시야현도(矢野玄道)·대국륭정(大國隆正)·환산작악(丸山作樂)·복우미정(福羽美靜) 등이 그 지도력의 중심이 되었다. 그리고 신도의 국교화가 진행되었다. 즉 천황의 신성화, 신기관(神祇官)의 재흥, 신기사무국(神祇事務局)의 설치, 국가제사 및 신사제도의 확립, 씨자제도(氏子制度)[91]의 실시 등이 그것이었다. 그리고 천황을 제사지내는 신사나 충군애국자로 보인 사람들의 신사가 많이 창건되어, 국가와 신도의 결합이 강화되었다. 신식장제(神式葬祭)나 씨자조사(氏子調査)의 강행은 국가에 의한 신도신앙의 강제였다고 볼 수 있다.

대교선포(大敎宣布)의 조칙이 발포됨과 동시에 선교사가 임명되었다. 또한 신도 우선하에 승려 말고도 충원하여 교도직(敎導職)이 신설되었다. 포교의 중심은 3조의 교헌(敎憲)이었는데, 경신애국(敬神)애국의 취

---

91) 氏子(우지코)制度 : 불교의 檀家制度와 비슷한 제도이고, 하나의 신사에 소속하는 지역 주민이 氏子(우지코)가 되어서 그 신사의 유지·운영을 담당하는 제도이다. 근대 이후의 일본인은 檀家制度와 氏子制度에 의해서 자동적으로 불교와 신도 두 종교의 신자가 되는 장치 안에 놓여졌다.

지를 체득해야 할 것 · 천리인도(天理人道)를 밝혀야 할 것 · 천황을 봉대(奉戴)하고 조정의 취지를 잘 지켜야 할 것 등이 그것이다.

신도의 국교화 정책과 표리관계로 행해진 것이 신불판연(神佛判然)이었다. 신사에서는 불교적 요소를 일소하기 위하여, 경응4년(慶應;1868) 3월에 신사에서 봉사하는 사승(社僧) · 별당(別當)의 환속, 신체(神體)[92]의 불상 사용, 신명(神名)에 보살과 같은 불호 사용의 금지 등이 명령되었다.

원래 이 포령(布令)의 취지는 신불의 구별을 확연하게 하려는 것으로 폐불훼석이 아니었다. 그러나 오랫동안 신사의 실권을 사승(社僧)이나 별당에 빼앗겼던 신관은 신사에 소장된 불상 · 불구 · 경권 등을 파기 소각했다.

그리고 지방의 마쓰모토(松本) 번(藩)에서는 관내 사원을 폐기하여 승려를 귀농시키고, 도야마(富山)번에서는 1종파 1사만 남기고 나머지 사원을 폐합시키는 것을 시작으로, 폐불훼석의 폭풍이 휘몰아치게 되었다. 그것은 정부가 "오늘날 신관들이 갑자기 권력을 가지게 되어 겉으로는 조정의 의사라고 말하지만 실제로는 사사로운 분노를 푸는 것과 같은 행동으로 나타나 조정의 정치에 방해가 되고 있다"고 계고해야 할 만큼 심각한 상황이었다. 신도의 국교화는 봉건종교로서의 불교에 타격을 주는 것에는 공적이 있었지만, 근대종교의 입장에서 보면 시대착오일

---

92) 神體 : 신령의 상징으로서 신사에 모시는 예배의 대상물이다. 예부터 거울 · 검 · 옥 등을 사용하는 경우가 많다.

뿐이었다.

폐불훼석은 전통적인 서민감정에 큰 영향을 주었다. 그러나 유신정권의 서민정책이 반드시 서민의 공감을 얻은 것은 아니었다. 폐불에 대한 반항운동은 농민의 반항운동과 결부된 경우가 많았다. 메이지 초기에 불교와 관련된 일규(一揆;폭동)는 애지(愛知)·복정(福井)·신석(新潟)·부산(富山)·향천(香川)·도근(島根)·대분(大分) 등 불발로 끝난 것까지 포함하면 7건에 달한다. 그러나 이른바 종교일규(宗敎一揆)라고 할 수 있는 것은 삼하벽해(三河 碧海) 번두군(幡豆郡)·에치젠(越前) 대야 금립(大野 今立) 판정군(坂井郡)·신월토구봉기(信越土冠蜂起)의 3건인데, 엄밀한 의미에서 신월토구봉기도 종교일규라고 볼 수 없다. 이들 각지의 소요 사건의 발생 원인은 다르지만, 진종 특히 동본원사 교단과 깊은 관계가 있었던 것이 주목된다.

삼하(三河) 국간번(菊間藩)에서 일어난 1871년(明治4)의 종교일규는 절을 통폐합하는 정책에 대한 사원 측의 생활권 옹호와 불법을 지키려는 소원 및 농민 측의 국간번 소참사(小參事) 복부순(服部純)의 정치 방법에 대한 반감이 결합된 것이었다. 메이지6년(1873)의 에치젠의 대야·금립·판정 3군의 종교일규는 기독교는 에치젠으로 돌아오면 안 될 것·불법에 관한 이야기가 허용될 것·학교에서 서양 학문을 가르치면 안 될 것 등의 3개조의 요구를 내건 것이었다. 또 새 정치에 반감을 가지면서 조정과 막부의 관계·폐불관계·인민 과세의 3과제가 결합되어, 에치고(越後)에서 신월토구봉기 사건이 발생했다.

폐불 및 그에 대한 반항은 메이지유신 당초의 과도기적 사건이었지만,

근대불교는 실제적으로 이 폐불에서 어떻게 회복할 수 있는가가 관건이었다. 거기에는 절대주의정권에 의한 불교 재편성책에 적극적으로 참가할 것과 폐불훼석은 불교 스스로가 타락을 초래했다고 자인하는 형식에 의해·불도를 회복하는 두 가지의 양상이 나타났다. 전자는 시마지(島地黙雷)에, 후자는 후쿠다(福田行誠)에서 전형적으로 나타났다.

오오즈 데쓰넨·시마지 모쿠라이·아카마쓰 렌조우 등 방장 불교 출신자는 근왕승으로서 메이지유신을 초래하는 데에 힘썼다. 그러나 단순한 진호국가(鎭護國家)나 왕법위본(王法爲本)이라는 낡은 이념으로 유신 절대주의의 개화적 측면을 대응할 수는 없었다. 이때 진종 본원사파의 택융(澤融)·교아(教阿)·묵뢰(黙雷)·연성(連城)·위연(爲然)과 오오타니(大谷)파의 광형(光瑩)·백화(白華)·순태(舜台)·신삼(信三)의 서양 여행은 획기적 의의가 있었고, 그것이 메이지불교를 움직이는 원동력의 하나가 되었다. 그들은 5~6년 동안 서유럽 근대국가에서 종교의 존재 형태에 대해 자세히 견문했다. 그리고 정치와 종교의 분리만이 근대 종교의 본질임을 알았다.

1872년(메이지5) 교부성(教部省)이 설치되어 '삼조(三條)의 교헌(教憲)'이 발포되었다. 그리고 교도직(教導職)[93]이 임명되어 포교를 담당했다. 이 교도직의 양성기관이 신불합병대교원(神佛合倂大教院)이었다. 대교원에서는 신불혼효(神佛混淆)의 폐해는 물론이고, 정치와 종교의

---

93) 教導職 : 1872년에 教部省에 설치된 교화정책을 담당하는 역직으로, 신관·승려 등이 임명되었다. 1884년에 폐지되었다.

관계 또한 매우 혼란하였다. 모쿠라이는 파리의 호텔에서 유명한 '삼조교칙비판건백서(三條敎則批判建白書)'를 정부에 제출하고, 귀국 후에 이시카와 슌 다이(石川舜台)·오오우치 세이란(大內靑巒) 등과 협력하여 대교원 분리운동을 실행하고, 1875년(메이지8)에 분리하는 데 성공했다. 사실상 불교측의 신교자유에 대한 최초의 승리였다. 그러나 모쿠라이 등의 신교자유운동은 거시적으로 보면 근세불교에서 근대불교로의 재편성 과정에서 유신정권의 요망에 따른 것이었다고 할 수도 있기 때문에 민권적 입장에서 불교를 근대화하려고 한 것은 아니었다.

　폐불훼석 후의 불교의 표어 중의 하나에 '불교국익'이었다. 불교승려가 천하의 유민이라는 비난에 대응하고, 불교는 과거에도 사회적 활동을 실행해 왔으므로, 앞으로 국익의 입장에서 불교가 유익한 일을 증명해야 한다는 뜻이었다. 그것은 절대주의 정권의 부국강병에 대응한 것이었다. 예를 들면 동본원사의 북해도 개척이나 각종이 실시한 낙태·간인(間引)[94]의 방지, 요병원(療病院)의 설립이나 감옥교계(監獄敎誡) 또는 신문 발행과 같은 문화사업 등도 있었다. 특히 1875년(메이지8)의 '제사원련명건백서(諸寺院連名建白書)'에 나타난 10종 국익, 그 중에서도 8복전의 강조 등은 그것을 잘 나타내고 있다. 이런 면에서 특히 공적이 있던 사람은 오우치 세이란(大內靑巒)과 사다 가이세키(佐田介石) 등이었다.

　이와 같이 주로 사회적 형식에서 불교 회복과 각성을 도모한 사람에 비해, 계율의 부흥에 의한 형해화(形骸化)된 불교의 부흥보다 불도의 부

---

94) 間引(마비키) : 부양하여야 할 식구를 줄이기 위해, 어버이가 신생아를 죽이는 것이다.

흥을 생각한 사람들이 있었다. 이러한 인물의 대표자가 팔종(八宗)의 태두(泰斗)이고 불교의 주석(柱石)이라는 평가를 받은 후쿠다(福田行誡)이었다. 승려가 명문을 버리는 것이 지금 이때라는 후쿠다의 자각은 정치권력과의 타협에 전념한 근대불교에 청렴한 일맥의 계보를 제공한 것이었다. 호법과 자계견고(自戒堅固)를 면목으로 한 샤쿠 운쇼(釋雲照)나 기타의 보수파 안에서도 이와 같은 자세를 볼 수 있고, 또한 메이지 초년에 결성된 제종도덕회맹(諸宗道德會盟)에도 그런 의도가 나타나 있다.

메이지 10년대(1877~86)에 특히 주목되는 것은 사다(佐田介石)에 의한 국산품 애용운동과 하라 단잔(原坦山)에 의한 동경대학에서의 불교학강의 개시였다. 사다는 수많은 천문·지리·언어·종교·교화·정치·사회·경제 등에 관한 저술이 있고, 그의 수미산설이나 램프 망국론 혹은 시실등상의(視實等象儀) 등의 발명은 유명하다.

개석은 보수 반동의 인물로 평가되고 있지만, 그의 경우는 단순한 호법적 호국관과 달리 그 배경에는 구체적인 민중의 복지 문제가 있었다. 介石은 많은 결사를 만들어 자기의 주장을 선전했다. 오우치 세이란(大內靑巒)·아카마쯔(赤松連城)·시마지(島地黙雷) 등이 공존동중(共存同衆)에 가입하고, 대내청만은 명교사(明敎社)를 결성하고, 또 사마지는 1875년(메이지8)에 백련사(白蓮社)를 시작했다. 또한 1884년(메이지17)에는 사마지·아카마쯔 등이 영지회(令知會)를, 1885년(메이지18)에는 행계(行誡)·카지 호준(梶寶順) 등이 능윤회(能潤會)를 결성하여 각각 잡지 또는 신문을 발행했다.

하라 단잔(原坦山)은 1879년(메이지12)에 동경대학의 불서강독 강사가 되었다. 단산은 『혹병동원론(惑病同源論)』 등의 저술이나 그 기행으로 유명하다. 메이지 초기의 가장 위대한 호법 교학자였던 후쿠다(福田 行誡)와 비교하면, 단산은 실험 실증이나 과학을 존중하면서 『불교실험록(佛敎實驗錄)』 등을 저술하고 새로운 불교연구의 입장을 제시했다.

2. 국가주의의 대두와 불교혁신운동

메이지20년대(1887~96)의 초두는 국가권력의 확립기였다. 정치적 과정으로는 헌법의 발포와 제국(帝國)의회의 개설이 있었고, 국민정신이나 국민도덕의 기본으로는 교육 칙어(勅語)가 발포되었다. 이러한 정치정세를 배경으로 국수주의가 발흥하였다. 이것은 메이지10년대 후반의 서구화주의의 반동이었지만, 그 뿐이 아니라 국가주의의 일면도 가지고 있던 것이 그 특색이다.

불교는 서구화주의 시기에는 빛을 볼 수 없는 존재였다. 그리고 헌법에 "일본 신민은 안녕 질서를 방해하지 않고 신민으로서의 의무에 배반하지 않은 한계 안에서 신앙의 자유를 소유한다"는 신교의 자유가 보장되려면, 실력으로 기독교와 대행하지 않으면 안 되었다. 국수주의 사상의 대표적 존재이던 정교사(政教社)는 1888년(메이지21)에 미야케 유지로(三宅雄二郎)·시가 시게다카(志賀重昻)·스기우라(杉浦重剛) 등에 의해 결성되어, 시마지(島地 黙雷)·이노우에(井上圓了) 등도 가입했다. 정교사는 국민주의적 경향이 강하였지만, 일반적으로 불교의 국가주의는 기독교에 대항하는 관계에서 국가주의적 기운에 편승하면서, 폐불훼석 이후의 불교의 약세를 만회하려는 반동적 의도를 내포한 것이었다.

폐불훼석 이후 불교승려에 대한 국민의 신뢰가 쇠락하여, 진종을 제외하면 교화능력은 물론이고 교화수단마저 논의할 만한 사람이 없었다. 이런 상황에서 소위 '외호의 거사'라고 하는 재가불자들이 등장하게 된다. 야마오카(山岡鐵舟)·도리오(鳥尾得庵)·미우라(三浦梧楼)·가와세(河瀨秀治)·시마다(島田蕃根)·오우치 세이란(大內靑巒) 등이었다. 그들 중의 대부분은 정치활동을 할 때는 보수파 계열에 속했다. 즉 조미득암의 명도협회(明道協會)나 야마오카(山岡鐵舟) 등의 대일본국교대도사(大日本國敎大道社)가 그것이었다.

대내청만은 거사불교의 대표적 존재이면서 메이지 초기의 문명개척자였고 동시에 저명한 저널리스트이기도 했다. 따라서 초기 자유주의자의 한 사람이었었지만, 20년대 초기에는 반동적 사상가가 되었다. 그는 1889년(메이지22) 존황봉불대동단(尊皇奉佛大同團)을 결성했다. 그것에는 제1회 제국의회로 출마하려는 의도가 숨어 있었지만, 대동단의 서언에 "무릇 우리 대일본제국 고래의 정신인 정교(政敎)의 근본 즉 우리 황실과 우리 불교에 대해서 조금이라도 손상을 가하는 일이 있었다면 결코 우리 대일본제국의 독립 안녕을 유지할 수 없을 것이다"라는 것처럼, 대동단 설립의 목적 중의 하나는 기독교 배격에 있었다.

그리고 이 시기의 중심인물은 사실상 이노우에 엔료우(井上圓了)였다. 불교계 최초의 문학사(文學士)로서 서양철학의 깊은 조예를 배경으로, 불교의 특징을 철학적으로 조직하고 세인에게 드러냈다. 철학회와 철학관의 창립자로서도 유명하지만, 특히 122부에 달한 저술활동은 불교가 근대화로 향하는 노선의 하나가 되었다.

이노우에의 저작 중에서 영향력이 컸던 것은 『진리금침(眞理金針)』과 『불교활론(佛敎活論)』이었다. 후자는 「불교활론서론(佛敎活論序論)」·「파사활론(破邪活論)」·「현정활론(顯正活論)」·「호법활론(護法活論)」으로 구성되었는데, 특히 「서론」은 서구화주의에 기세가 꺾여 있던 불교를 소생시킨 저작이었다. 이노우에의 저작에서는 불교신앙 자체는 그다지 문제삼고 있지 않으며, 불교는 철학적 비판을 감당할 수 있고, 기독교는 감당할 수 없으므로 진리와 합치될 수 없다는 논법을 중심으로 펼치고 있다. 그리고 철학관의 교시(校是;교육방침)에서 보이는 호국애리(護國愛理)라는 표어도 이 시기에 유행된다.

이노우에 등에 의해 보여진 이론적 근거를 바탕으로, 신흥 불교운동과 불교 혁신운동이 성행했다. 다나카 지가쿠(田中智學)은 1880년(메이지 13)에 일찍 연화회(蓮華會)를 설립하여 후대에 국주회(國柱會)로 가는 노선을 준비하였고, 대도장안(大道長安)은 1886년(메이지19)에 구세교(救世敎)를 창립했다. 그것은 관세음보살만을 본존으로 하고 『묘법연화경』 「관세음보살보문품경」을 소의경전으로 하고, 염성해탈(念聖解脫)의 묘력문(妙力門)을 안심의 묘의로 하였다.

그러나 불교의 혁신운동에서 일세를 풍미한 사람은 나카니시 우시오(中西牛郎)이었다. 그는 1889년(메이지22)의 『종교혁명론』 이후, 90년에 『조직불교론』, 91년에 『종교대세론』, 92년에 『불교대난론(佛敎大難論)』, 93년에 『신불교론』 등 잇달아 불교혁신론을 발표했다. 그 중에는 주목받을 만한 것이 있었음에도 메이지30년대(1897~1906)에 일찍 사라져 버렸다. 이 밖에 북전법화소(北畠法話所)를 개설하여 불교개혁론을 외친 기타바다께(北畠道龍) 등도 있었지만 여기에는 한계가 있었다. 혁신운동가는 저널리스트여서 신앙도 없고 시대적 한계도 있어서 일찍 사라져서 역사적 위치를 확보할 수 없었다.

메이지20년대는 국수주의의 발흥을 배경으로 하여, 소위 파사현정 운동이 선행되었다. 사상적으로 말하면, 황실 및 일본국가와 기독교는 양립하지 않는다는 점, 기독교의 식민지주의나 평등박애론은 일본에게 위해하다는 점, 기독교는 과학과 일치하지 않는다는 점, 기독교의 사회윤리는 일본의 사정과 합치하지 않는다는 점 등이었다. 그리고 미노다(美濃田覺念)나 오우치 세이란(大內靑巒) 등 파사가(破邪家)가 활동하고, 일본 각지에서 전도상의 충돌이 발생했다. 그것은 아이치(愛知)·지바(千葉)·교토(京都)를 비롯한 진종이 성행한 지역에서 가장 많았고, 그 다음이 일련종이었고, 촌락공동체와 밀착한 교파에서도 두드러졌다.

이러한 배경 위에 1891년(메이지24)에 소위 우치무라 간조우(內村鑑三)의 불경사건이 발생했다. 이 사건의 문제 제기자는 불교자가 아니었지만, 우치무라를 공격하는 여론이 일어나자 불교 측이 그 공격의 중심이 되었다. 우치무라 사건 다음으로 웅본영학교사건(熊本英學校事件)·산록고등소학교사건(山鹿高等小學校事件)·공지집치감사건(空知集治監事件) 이하의 불경사건이 각지에 속출했는데, 불교도는 어떤 형태로든 모든 사건과 관련되어 있었다. 이러한 불경사건을 배경으로, 메이지 중기 사상사 중에 가장 유명한 이노우에 데쓰지로우(井上哲次郎)의 '교육과 종교의 충돌' 사건이 발생했던 것이다.

데쓰지로우는 1893년(메이지26)에 『교육과 종교의 충돌』을 발표하고 교육칙어와 기독교의 상위점을 국가주의와 비국가주의·충효관 중시의 차·현재와 미래에 대한 중시의 상위·차별적 박애아 무차별적 박애 등 4항목으로 했다. 불교 측에서는 고하용(古河勇;老川)의 「'교육과 종교의 충돌을 읽는다」를 제외하면, 이노우에의 『교육종교관계론(敎育宗敎關係論)』·『충효활론(忠孝活論)』과 나카니시 우시오(中西牛郎)의 『종교교육충돌단안(宗敎敎育衝突斷案)』을 비롯한 모두가 데쓰지로(哲次郎)를 지지하고 기독교 공격에 가세했다.

청일전쟁이 시작되자 동서 본원사를 비롯한 각 파에서 종군 포교와 상병병(傷病兵)의 유족 보호를 실시하고, 천태·진언의 고종(古宗)에서는 호마(護摩)·기도(祈禱)·수례(守禮) 등으로 전승을 기원했다. 특히 종군포교의 경우, 진종 오오타니파의 히라마쓰 리에(平松理英)은 본산을 설득하여 육군에게 허가를 받고 이토우(伊藤大忍) 등과 화장인부를 파견하고, 금주(金州)성 밖에서 적군과 아군의 전사 장병을 위해서 추도법요나 포교를 실시했다. 본원사파에서도 종군포교사에게 제1·제2군의 전투선내를 순차적으로 순회시키고, 각 병영이나 각 병원을 위문시키며 장례 등의 일을 담당시켰다.

청일전쟁은 일본근대사상의 전환점이었던 것처럼, 근대불교에서도 전환점이라 말할 수 있다. 청일전쟁을 계기로 해서 근대불교 노선의 출발점이 부설되었다고 말해도 과언이 아닐 것이다. 이런 의미에서 말하면, 1894년(메이지27) 1월에 고가 이사무(古河勇)가 『불교』에 발표한 「회의 시대(懷疑時代)에 들어왔다」는 획기적 의미를 가진 논문이었다. 그는 교조를 더없는 신앙대상으로 생각한 시대에서, 불교의 역사적 연구는 대승비불설 등에서 보이는 것과 같은 회의시대에 들어왔다는 문제의식을 내세웠다. 그리고 신사상을 외치는 것을 배척하면 안 된다는 것을 주장하며, 회의시대라는 질풍노도(Sturm und Drang)에서 새로운 불교가 탄생할 것을 역설했다. 이렇게 고가가 뿌린 씨가 20세기 초 신불교운동의 전개에 발단이 되었다.

한편 기요자와(淸澤滿之)를 중심으로 한 교단개혁운동인 백천당사건(白川黨事件)[95]도 1896년(메이지29)을 기점으로 일어났고, 근대적 신앙수립의 금자탑이 된 그의 회심도 1894년(메이지27)에서 1898년(明治31)에 걸쳐서 완성되었다. 만지의 회심에는 청일전쟁 등의 사회적 조건의 영향이 많지는 않았지만, 이같은 격심한 사상적 전환기에 내면적으로 고뇌하여 신념을 확립하기 위해서 다툰 것이 우치무라(內村鑑三)과 또 다른 의미의 근대사상에 대한 발언력을 부여하게 되었다.

그런데 교단불교로서는 1899년(메이지32) 내지잡거(內地雜居)[96]를 중심으로 불교와 기독교의 정치적 대결을 둘러싼 몇 가지의 문제가 발생했다. 또한 1898년(메이지31)에는 소압감옥교회사(巢鴨監獄敎誨師) 문제가 발생했다. 그것은 기독교신자였던 소압감옥(巢鴨監獄) 형무관 아

---

95) 白川黨事件 : 淸澤滿之가 한 때 교토 白川村에 침거하고 종문개혁을 주창했다가, 종문(정토 진종 오오타니파)에서 제명처분을 받은 사건이다.

96) 內地雜居 : (메이지시대 전기에서) 외국인에 대해서 거류지를 지정하지 않고 자유로이 국내에 살게 하는 것이다.

리마(有馬四郎助)가 자선사업가로서 평판이 높았던 기독교도 도메오카 고스케(留岡幸助)를 교회사로 임명하고, 그 때까지의 오오타니파 교회 사 4명 중의 3명을 사직시키려고 한 사건이었다. 이 사건은 이시가와(石川舜台)를 선봉으로 한 전 불교계의 문제가 되었는데, 유강(留岡)이 의 원면직됨으로써 불교계의 요구가 관철되게 되었다. 1899년(메이지32) 정부는 내지잡거(內地雜居) 실시 후 종교법안을 제14의회에 제출했다. 이보다 앞서서 불교각종협회에서는 불교를 공인교(公認敎)로 하는 내용 의 사원제도 초안을 준비하고 있었지만, 정부법안과 차이가 많았기 때 문에 불교계는 법안반대 운동을 전개했다. 특히 불교도국민동맹회·불 교공인교기성동맹회(佛敎公認敎期成同盟會) 등이 맹렬히 반대운동을 전 개하여, 정부가 제출한 법안은 귀족원에서 부결되었다.

메이지 20년대에서 프로테스탄트(개신교) 신자들은 근대 시민윤리 형 성이나 자선 또는 정치 사회의 여러 문제에 관해서까지 눈부신 활약을 보였다. 청일전쟁을 전후하여 일본에서는 산업혁명기에 들어섰다고 말 하지만, 이 시기에 사회문제가 본격적으로 발생하기 시작했다. 엔료우 를 비롯한 많은 불교자가 자선사업으로써, 기독교와 대결하려 했던 것 은 당연한 일이었다. 그것은 또 프로테스탄트의 영향에 의한 불교의 사 회적 개안이기도 하였다. 그러나 프로테스탄트에는 구미에서의 오래된 시민적 휴머니즘의 발전이라는 배경이 있었지만, 불교의 사회적 활동에 는 아직까지도 불교 국익관이라는 전근대적 측면이 짙게 남아 있었다.

불교의 사회적 활동으로는 오오미(近江)부인자선회의 창립, 농미(濃尾)대지진·삼륙(三陸)대해일 때의 활동, 청일전쟁 때의 청국 측 포로에 대한 원조, 복전회(福田會)육아원의 설립, 과생암(瓜生岩)의 타태 간인(間引) 방지 운동, 진종의 감옥 교회, 석방자 보호시설로서의 사이다마(埼玉), 자강회(自彊會)의 창립, 구보다(久保田量壽)에 의한 빈민 아동 교육, 지바(千葉) 감화원(感化院)의 창립, 금주(禁酒)단체반성회의 활동, 불교박애관자선(佛教博愛館慈善)병원의 설립, 본원사파의 간호부·양성소의 개시 등을 열거할 수 있다. 이러한 자선 구제뿐이 아니라, 1894년(메이지27)에 발회식을 거행한 대일본불교청년회는 이후 불교운동의 개척적인 역할을 담당해 갔다.

3. 근대불교의 형성

　일본제국주의 시작점에 관해서는 다른 논의가 있지만, 러일전쟁 경부터 그 경향을 나타내기 시작했다. 또 일본 자본주의는 산업혁명을 수행하면서 일찍 메이지 30년대부터 독점화의 일면을 가지기 시작했다. 이러한 변혁기 속에서 20세기를 맞이하게 되었다. 그러나 불교에서는 종교운동으로서도 또 불교교학으로서도, 종래와 같은 호국 즉 호법관이나 불교국익관에 의해서는 이 전환기에 대응할 수 없게 되었다.

　불교에서도 내적으로는 원시불교와 가마쿠라불교를 실마리로 하고, 외적으로는 프로테스탄트나 근대사상의 자극을 받아들이면서, 근대화하기에 이르렀다. 그러한 근대화의 중점은 오랫동안 유지되었던 정치권력과의 결합에서 분리하려고 한 것이었고, 따라서 제국주의 등과는 약간의 차이가 있어도 대치하는 자세로 향했다.

　이러한 근대화의 첫 번째의 지표는 신불교운동이었다. 이 운동은 청일전쟁 당시 발족된 『불교』지의 고가 이사무(古河勇)를 중심으로 한 경위회(經緯會)을 인계하여, 1899년(메이지32)에 불교청도(佛敎淸徒)동지회를 결성하고, 1900년에 『신불교(新佛敎)』를 발간했다. 불교청도동지회는 뒤에 신불교도동지회라고 명칭을 변경했다. 이 운동의 목표는 건전한 신앙·지식·도의의 진흥, 사회의 개선, 자유로운 토의와 연구, 미신과의 결별, 교단제(敎團制)의 부정, 정치권력부터의 독립 등 6항목으로, 주로 사회적 형식에서 구불교를 부정하고 신불교를 수립하려는 시도를 한 것이었다. 초기 동인은 사카이노(境野黃洋)「다카시마(高島米峯)」스기무라(杉村縱橫)·와다나베(渡邊海旭)·유이키(結城素明)·이토우(伊藤左千夫)·다나카(田中治六)·안도우(安藤弘) 등이었다.

신불교운동의 불교근대화에 대한 공적은 커서, 운조(雲照) 등을 중심으로 한 구불교 인사와의 논쟁, 유니테어리언(Unitarian)과의 교섭, 종교에 대한 정치간섭의 배격, 특히 삼교회동(三敎會同)[97] 비판, 러일전쟁에 대한 염전론(厭戰論), 사카이 도시히코(堺利彦)을 중심으로 한 평민사(平民社)와의 교섭, 족미광독사건(足尾 鑛毒事件)[98]의 구제활동, 창녀폐지운동 등 풍속개량 운동, 이노키(乃木希典)의 순사(殉死) 비판 및 일반 사회사업에 대한 공헌 등을 열거하면 대단히 많다. 그 주장은 꽤 급진적이었기 때문에 잡지 『신불교』의 발매금지도 있었고, 발행인들이 형사들에 의해 미행되기도 하고, 또한 불교 교단의 박해도 격심하였다.

97) 三敎會同 : 1912년 정부 주최에서 개최된 종교자 회의로 신도·불교·기독교의 관계자 71명과 정부 관계자 21명이 참가했으며 그 때 채택된 결의문에 대해 정교분리의 관점에서 여러 비판이 나왔다.

98) 足尾(아시오)鑛毒事件 : 足尾(아시오)銅山에서 유출된 광독의 피해를 받은 渡良瀨(와타라세)川 하류 농민들이 鑛業停止·손해배상을 요구하고 청원·반대운동을 일으킨 사건으로, 특히 1890년대 이후 큰 사회문제로 진전되었다.

이와 같이 사회적 형태에서 불교의 근대적 재생을 시도한 신불교운동에 대해, 내면적인 근대신앙의 수립을 시도한 것이 정신주의운동이었다. 정신주의는 기요자와(淸澤滿之)의 신앙경험을 중심으로 성립한 것이고, 기관지 『정신계(精神界)』는 1901년(明治34)부터 발행되었다. 다다(多田鼎)은 정신주의를 다섯 가지로 정리하였다.

첫 번째는 현실의 번민 고뇌를 해탈하는 실천적 수도이고, 그 목적 달성의 방법으로써 내관주의를 채용한다는 것이고, 두 번째는 자기는 절대 타력의 손바닥 안에 있고 내관내성(內觀內省)은 만물일체의 신념으로 진행하는 것이어야 한다는 것이며, 세 번째는 천(天)과 명(命)의 근본 본체는 절대 무한이고 그 여래의 정신주의는 타력주의이다. 네 번째 정신주의에서의 신(信)은 자각수순에 따른 자연주의이고, 다섯 번째의 정신주의는 여래의 대명(大命)에 따르는 것이므로 현재 안주주의라고 말하고 있다. 정신주의는 만지를 중심으로 사사키(佐佐木月樵)·다다(多田鼎)·아케가라스(曉烏敏) 등의 도움을 받아 동경 혼고우(本鄕)의 호호동(浩浩洞)을 본거지로 삼았다. 이 운동에서 소가(曾我量深)·가네코(金子大榮) 등 신앙계에 큰 영향을 준 사람들도 나타났다.

정신주의는 독점자본이나 제국주의가 가져오는 필연악이나 집착과 원차(怨嗟)를 수반하는 자아의 각성에 대한 구제로써 태어난 근대신앙으로, 교단불교나 학문불교 또는 사회불교에 대해서 신앙불교를 주장한 것을 특징이라 하겠다. 그러나 그 신앙은 후쿠다(福田行誡) 등에서 볼 수 있는 보수적인 것이 아니고, 근대인의 고뇌와 상대한 것이었다. "오직 여래의 노예가 되라. 그 이외의 노예가 되면 안 된다"고 말한 기요자와

에게는 국가권력과 불교의 관계가 눈에 띄게 해결된 셈이다.

　정신주의운동과 가까운 관계의 운동으로 지카즈미(近角常觀)의 구도학사(求道學 舍)가 있었다. 지카즈미는 처음에 정치와 종교의 문제에 흥미를 가지고 있었다가, 해외에서 귀국한 후 잡지 『구도(求道)』를 발행하고 근대적 불교신앙을 주장했다. 그리고 기요자와·조우칸과 같은 오오타니파에서 탈종한 뒤, 1905년(메이지38)에 무아애(無我愛)운동을 시작한 이토우(伊藤證信)도 이런 점에서 주목된다.

　이토우는 운동을 시작한 해부터 잡지 『무아애(無我愛)』를 간행했다. 무아애란 그 '신조(信條)'에 있는 "이제, 우주의 진상은 무아의 사랑이다. 우주를 조직하는 하나하나의 개체는 그 진상에서 무아애의 활동이다. 즉 1개체가 자기 운명을 전적으로 타의 사랑에 맡기고, 동시에 온 힘을 이바지하여 타를 사랑한다. 이것을 무아애의 활동이라고 함"이라는 말에 단적으로 나타나고 있다. 하상조(河上肇)가 무아원(無我苑)에 들어간 것과 이토우가 대역사건(大逆事件)[99]을 평론한 문장 때문에 감옥에 간 것은 유명하다.

　이와 같은 근대적 종교운동과 아울러 불교학 연구에서도 근대불교학 수립의 시도가 시작되었다. 그들 중의 하나는 원시불전을 통한 근본불교의 해명이었고, 다른 하나는 불교학의 역사연구법을 도입한 것이었

---

99) 大逆事件 : 메이지천황 암살계획의 발각에 수반한 탄압사건이다. 1910(明治43)년 일부 사회주의자의 천황암살 계획을 이유로 많은 사회주의자·무정부주의자가 검거되어, 26명이 大逆罪로 기소되어 무관계자를 포함하여 24명이 사형선고를 받았고, 다음 해에 幸德秋水(고우토쿠 슈우스이) 등 12명이 처형되었다. 幸德事件이라고도 한다.

다. 그러나 이들 둘은 사실 표리의 관계이기도 했다. 메이지 초기에 사마지(島地黙雷) 등의 유럽행을 효시로 하여 많은 불교학자들의 유학이 이어졌다. 19세기 전반으로부터 영국·프랑스·독일을 중심으로 인도 고전의 연구가 현저하게 진행됐다. 호지손(B. H. Hodgson, 1800~94), 뷰르느프(E. Burnouf, 1801~52), 막스 뮤러(Max Muler, 1823~1900), 리스 데비즈(Rhys Davids, 1843~1922), 로이만(E. Leumann, 1859~1931)등의 학장이 배출되었는데, 막스 뮤러에 의한 『동방성서(東方聖書;Sacred Books of the East)』의 간행은 불후의 업적이었다.

이와 같이 유럽이 근대불교학을 배우는 것으로 인해 난조우(南條文雄)·가사하라(笠原研壽)·다카쿠수(高楠順次郎)·아네자키(姉崎正治)·오기와라(萩原雲來) 등에 의한 세계적 업적이 생겨났다. 이들은 종래의 연구방법이었던 한역불전을 매개로 하지 않고, 범어나 팔리어를 통하여 직접 원시불교를 알고자 하였는데, 이후 불교연구에 많은 영향을 주었다. 무엇보다도 호교교학(護敎敎學)이 주류였던 일본불교학에 과학적 연구법이 도입되는 결과를 가져왔다.

더욱이 근대적 불교연구법은 교리의 철학적 파악과 종학의 교상판석(敎相判釋)이 불교학의 중심이었던 것에, 역사적 연구법을 도입하는 결과를 가져왔다. 그것은 인간으로서의 석가 존재의 구명을 시작으로, 대승과 소승의 관계 등 다방면에 이르렀다. 아네자키(姉崎正治)의 『현신불과 법신불』이나 『근본불교』도 이 경향을 대표하고 있지만, 특히 1894년(메이지27)에 무라카미(村上專精)·와시오(鷲尾順敬) 등이 최초의 불교사학잡지 『불교사림(佛敎史林)』을 창간한 것은 획기적인 것이었다. 그리하여 후지이(藤井宣正)·사카이노(境野黃洋)·모치즈키(望月信亨) 등 불교사 연구 업적이 탄생하게 되었다.

이러한 경향 아래, 일세를 풍미한 것은 대승비불설이었다. 무라카미(村上專精)는 1901년(메이지34)부터 『불교통일론』을 저술하고 대승비불설론을 주장했다. 그것은 대승교전은 불설이 아니라고 논하며, 통일불교를 제창한 것이었다. 이런 생각은 촌상 이전에도 있었지만, 정연된 연구 위에서 이루어진 그의 논설은 세간에 큰 충격을 주었기 때문에 동본원사(東本願寺) 종문 당국부터 승적사퇴를 강요받아, 그는 「고백서」를 발표하고 스스로 승적을 이탈하지 않으면 안 되었다. 한편 무라카미의 대승비불설론을 비판 반박한 마에다(前田慧雲)의 『대승불교사론(大乘佛敎史論)』도 기억되어야 할 저작이었다.

러일전쟁은 일본의 정치체제와 근대사상에 있어 중요한 전환점이 되었다. 전쟁이 발발하자 신도·불교·기독교 3교 대표 1506명은 대일본종교대회를 거행했다. 각 종파는 임시부(臨時部) 등을 설치하고, 군대 포교사나 군대 위문사를 파견했다. 기타 병들거나 부상당한 병사를 위문하고 또 초혼(招魂) 법회 등을 실시했다.

군대 포교는 전쟁이 시작하기 전부터 실시되고 있었는데, 1905년(메이지38)의 조사에서 따르면 포교사는 본파 본원사(西本願寺) 38, 오타니파 본원사(東本願寺) 3, 정토종 5, 흥정사(興正寺)파(진종) 1, 일련종 1, 조동종 5, 임제종 및 황벽종(黃檗宗) 1, 묘심사(妙心寺)파 1, 진언종 4, 건장사(建長寺)파 1 등 합계 60명으로, 본파 본원사가 절대다수를 차지했다.

러일전쟁 전후부터 제국주의 체제를 확립하는 과정에서, 국가권력과의 타협을 통해 불교의 교세를 유지하려는 방향과 근대사상이나 근대불교로 재생해 가려는 두 가지의 면이 나타나기 시작했다. 전자는 주로 교단불교에 많았고, 후자는 지식층에 많았다. 이러한 양극 분해는 이후의 불교를 규정해 갔다.

1904년(메이지37) 내무성 조사에 의하면 당시 불교 제 종파의 교세를 알 수 있다. 거기에 나오는 숫자의 신빙성은 충분하다고 말할 수 없겠지만, 교단 불교의 대략의 상황은 알 수 있다. 단신도(檀信徒)가 특히 많은 진종 등은 촌락공동체적 성격이 농후하였고, 전체적으로 말하면 기독교가 비교적 상층부에서 전도를 확대한 것에 비해서, 교단불교 특히 진종 등의 전도불교는 오히려 국민의 대다수이던 빈곤한 신도층을 기반으로 성립되어 있었다고 말할 수 있겠다.

러일전쟁 후 교단불교 중의 어떤 것은 국가권력의 어용종교로 타락하고, 사회주의 내지 자연주의의 방파제의 역할을 담당한 것을 부정할 수 없다. 그것은 야마가카(山県有朋)의 영향 아래에 있던 가츠라내각(桂太郎內閣)의 시대에서 특히 현저했다. 1911년(메이지44) 제27의회에서, 정부는 위험사상 방지책으로써의 종교(신도·불교)의 역할을 강조했다. 1912년(메이지45) 하라 다카시(原敬) 내무대신 주최의 3교회동에 불교는 적극적으로 출석하고 "우리는 각각 그 교의를 발휘해서 황운을 부익하여, 더욱이 국민도덕의 진흥을 기도하기로 한다" "우리는 당국자가 종교를 존중하여 정치·종교 및 교육 사이를 융화하여, 국운의 신장에 협력하는 것을 희망한다"고 결의했다. 그리고 일본의 제국주의체제가 동

아시아에 신장됨에 따라, 대만·사할린·한국·만주·중국으로 개교가 진전해 간 것도 주목된다.

그러나 한편 교단불교와 달리, 근대사상의 발흥이나 사회문제의 발생과 아울러 적극적으로 이러한 여러 문제와 교섭을 가지려고 한 기운도 생겼다. 첫 번째로 사회주의운동과의 관계에 관해서 말하면, 아직 마르크스주의가 충분히 이해되어 있지 않았던 시기였기 때문에, 불교의 범신론과 유물론이 가깝다는 이유에서 신불교도 동인(同人)들은 사카이 도시히코(堺利彦)이나 고토쿠 슈스이(幸德秋水) 등의 평민사(平民社) 그룹과 친한 관계를 가졌다.

그러나 불교에는 과학적 사회주의와 결합하는 역사적 사회적 조건이 없고, 또 새로 등장해 온 노동계급도 파악할 수 없었다. 오히려 불교의 아나키즘적 측면이 전면에 강하게 부각되었다. 1910년(메이지43)의 대역사건에 직접 관련된 승려는 3명이었고, 1명은 사형, 2명은 무기형이었다. 처형된 우치야마(內山愚童)은 같이 처형된 12명 가운데에서 가장 의연한 태도로 형장의 이슬로 사라졌다. 본 사건에서 특히 주목되는 것이, 선과 무정부주의와의 결합이다. 사회주의 운동이 아니었지만 사회운동적 측면을 가지는 것으로, 신불교도 중에는 러일전쟁에 대해서 소극적이었지만 비전론이나 염전론을 나타낸 사람이 있었다.

사회개량도 불교도에 의해 채용되었다. 노동운동에 대해서는 거의 발언권을 가질 수 없었지만, 자선사업의 면에서 동경양로원(東京養老院)을 비롯한 각 지방의 양로시설이나 양호시설, 감옥교회나 석방자 보호, 빈민 아동 교육이나 육아 교육, 특히 감화 교육이나 맹인교육, 아사구사

(淺草寺) 구호소를 비롯한 의료시설이나 심경병원(深敬病院)에서의 구라(救癩)사업, 무료숙박소나 노동공제회, 혹은 대일본불교자선회재단의 창설, 대곡파(大谷派) 자선협회나 불교동지회 등 연락기관의 설립도 있었다. 이들 중에는 와타나베(渡邊海旭)에 의해 지도된 정토종노동공제회와 같은 근대적 시설도 있었지만, 대역사건 후 정부가 채택한 '엿과 매' 정책인 자선사업의 장려에 자발적으로 참가한 측면도 부정할 수 없다.

교풍사업인 창녀폐지운동에 대해 살펴보면, 불교의 단가에 창가(娼家)가 있어 종래의 기독교로부터 불교는 창녀를 용인하는 입장이라고 알려져 있었지만, 신불교도는 대일본폐창회(大日本廢娼會)를 가명했다. 그리고 신불교도는 이노키(乃木希典)의 순사(殉死)를 야만인 풍습이라고 강하게 비난하여, 국가주의자 등으로부터 공격을 받았던 것도 기억될 것이다.

20세기 초기는 말하자면 '번민의 세대' 라고 불릴 만한 시대였다. 메이지 초년에서 중기에 걸쳐, 불교는 기독교와 비교하면 일반 지식인의 흥미를 끄는 대상이 아니었다. 그러나 20세기 초두는 계급 분화가 전개된 시기임과 동시에 인텔리겐치아의 탄생기이기도 했다. 그리고 그들은 구도자적 경향을 가지고 있던 것도 특색이었다. 그들은 시대사상에서 오는 번민의 해결책으로, 교단불교를 매개로 하지 않고, 석가모니나 호넨(法然) · 니치렌(日蓮) · 신란(親鸞) 자체에 주목하기 시작했다. 문학작품에서 불교자나 불교사상을 다룬 자도 있고, 다카야마(高山樗牛)와 같은 니치렌주의자는 말할 것도 없이, 오니시 하지메(大西祝) · 쓰나시마 료센(綱島梁川) · 기노시타 나오에(木下尙江) · 우치무라(內村鑑三) 등 기독교적 경향을 가진 근대사상가도 어떠한 의미에서는 불교를 거론하기도 했다. 그리고 그 절정이 니시다(西田幾太郎)의 『선(善)의 연구』이었던 것이다.

이와 같이 근대사상가들에 의해 불교가 재평가되기 시작한 것은 불교사상이 근대화에 공헌한 바이다. 그러나 국민생활의 하층부에게는 교단불교가, 반대로 지식층에는 근대불교사상이라는 양상은, 즉 불교가 중산층의 종교로서 자리매김하지 못한 결과를 초래했다. 그래서 어떻게 하면 중산층의 신앙으로서의 불교를 형성할 수 있는가하는 점이 이후의 불교가 가진 가장 큰 과제가 되었다.

우리는 미지의 세계에 대한 동경을 품는 것처럼, 새로운 만남이나 새로운 분야에 대한 긍정의 호기심과 기대를 갖는다. 그러나 유독 ‘일본’에 대한 부분에 있어서는 예외적인 모습을 보인다. 물론 지난 시간, 우리나라와 일본 사이의 역사적 관계로 인한 어두운 감정의 그림자가 그 이유가 될 것이다.

그리하여 ‘일본’이라 하면 일단 거부감을 느끼거나, 무시하려는 경향을 보이게 된다. 아마도 과거에 있었던 부정의 경험들로 인해 무시당하기 전에 우리가 먼저 무시함으로써 애써 우월감을 느끼려는 것일 지도 모른다.

여기서 우리는 이러한 감정의 연장선상에서 ‘일본’의 ‘불교’를 바라보는 모순을 행하고 있는 것은 아닌지 냉철히 생각해 봐야 할 것이다. 이는 ‘불교’ 자체가 애당초 국가와 민족을 초월한 보편적 가르침인 것을 간과하는 크나큰 우를 범하는 것이기 때문이다.

더구나 우리가 발전된 ‘일본불교’의 연구 성과를 인용하고 참고하면서, 어느 순간 역사적 감정을 앞세워 그들에 대한 업적을 무시하고 애써 무관심하려고 하는 것은 올바른 학문적 자세가 아니기에 반드시 지양되어야 할 점이기도 하다.

그동안 대학원에서 『원형석서(元亨釋書)』를 텍스트로 하여 ‘일본불

교’ 수업을 하면서 몇 권의 일본불교사를 참고하였다. 주로 한 사람의 집필자가 각 시대를 다루는 것이 대부분이었는데, 마침 각 시대별 전공자가 책임성 있게 시대별로 나누어 집필한 책을 보고 번역하기로 하였다.

본문에 나오는 고유명사 가운데 인명, 지명, 사명(寺名) 연호 등은 원음에 가깝게 일본어 음으로 표기하였다. 익숙하지 않아 다소 혼란스러울 수도 있으나 요즘의 추세이거니와 후속세대를 위한 배려이다.

또한 이 책의 장점은 일본에서 유학 온 대학원생이었던 가와세(河瀬) 씨가 원문에 없는 각주를 세심하게 넣어줌으로써 훨씬 편리하고 유익한 내용이 되었다는 점이다.

이 책이 세상의 빛을 보기까지, 교정과 색인 작업 등을 도와준 고상숙, 장미란, 김영일 선생과 오명지, 이석환 군에게 고마운 마음을 전한다. 끝으로 번거로움을 마다하지 않고 꼼꼼한 편집을 맡아준 우리 출판사 직원들에게도 진심으로 고마움을 표하는 바이다.

2009월 2월

동악의 연구실에서

memo